隧道工程智能建造关键技术丛书

多冰雪寒冷地区长大螺旋隧道
保温控制与通风关键技术研究

王亚琼　任　锐　杜江林　罗燕平　李　坤 ◎ 著

西南交通大学出版社
·成都·

图书在版编目（CIP）数据

多冰雪寒冷地区长大螺旋隧道保温控制与通风关键技术研究 / 王亚琼等著. -- 成都：西南交通大学出版社，2024.11. -- ISBN 978-7-5774-0167-6

Ⅰ.U459.9

中国国家版本馆 CIP 数据核字第 2024JH6031 号

Duo Bingxue Hanleng Diqu Chang-da Luoxuan Suidao Baowen Kongzhi yu Tongfeng Guanjian Jishu Yanjiu
多冰雪寒冷地区长大螺旋隧道保温控制与通风关键技术研究

王亚琼　任　锐　杜江林	著	策划编辑／张　波　韩洪黎
罗燕平　李　坤		责任编辑／韩洪黎
		封面设计／曹天擎

西南交通大学出版社出版发行
（四川省成都市金牛区二环路北一段 111 号西南交通大学创新大厦 21 楼　610031）
营销部电话：028-87600564　028-87600533
网址：http://www.xnjdcbs.com
印刷：成都蜀通印务有限责任公司

成品尺寸　　185 mm×260 mm
印张　11.25　　字数　272 千
版次　2024 年 11 月第 1 版　　印次　2024 年 11 月第 1 次
书号　ISBN 978-7-5774-0167-6
定价　58.00 元

图书如有印装质量问题　本社负责退换
版权所有　盗版必究　举报电话：028-87600562

本书编写委员会

主　编：王亚琼　任　锐　杜江林　罗燕平　李　坤
编　委：（排名不分先后）
　　　　鲁正伟　白　茂　左孔海　张　睿　魏亚洲
　　　　汪碧云　席锦州　李亚舟　陈　刚　张成松
　　　　罗德高　刘小平　曾　斌　蒲　彬　陈维兵
　　　　郭新元　王　余　王绪刚　王志丰　常宏涛
　　　　孙一世　胡　荣　杨　君　肖臻郅

前 言 PREFACE

　　随着全球经济的快速发展和科技的不断进步，交通基础设施建设进入了新的发展阶段。在我国，伴随着基础交通设施建设水平的飞速提升，交通建设已逐步由以往的规模速度型发展模式转向质量效率型发展模式。同时，随着我国西部大开发政策的实施以及经济的快速发展，西部高海拔和北部高纬度地区的交通基础设施建设逐渐提上日程。在这些地区，由于特殊的地理条件，隧道和桥梁建设所占比重相对较大，尤其是特长隧道的数量不断增加。由于这些地区常年气温较低，甚至存在多年冻土和季节性冻土区，隧道建设面临诸多独特的挑战，相关工程问题的研究和总结显得尤为重要。面对这些自然条件的限制，隧道建设不仅要克服恶劣的气候，还需要应对多种复杂的地质结构，这对相关工程技术提出了更高的要求。

　　与此同时，螺旋形、曲线形隧道的设计和建设在这些地区逐渐兴起。传统的直线展线虽然在一定程度上能够克服地形高差，但存在诸多不足之处，如连续纵坡对行车安全产生不利影响，并且大幅增加了工程成本。为此，螺旋形隧道的出现提供了一种新型解决方案，它通过在有限的空间内克服高差，并有效避开不良地质条件，逐渐成为山区公路隧道建设中的优选方案。以往由于技术和经济的限制，螺旋隧道的应用受限，但随着隧道建设技术的不断提升，螺旋隧道在现代隧道工程中的应用愈加广泛，带来了显著的社会效益和经济效益。

　　在螺旋隧道技术不断完善的过程中，尤其是在寒冷气候地区，隧道建设和运营过程中遇到的技术难题日益突出。寒区隧道由于地处高寒地带，常常遭遇衬砌开裂、侵落、隧道底部冻胀等问题，对公路隧道的运营和安全产生了重大影响。例如，积雪和结冰会导致路面摩擦系数大幅减小，进而增加了交通事故的发生风险。特别是在隧道洞口路段，由于温差效应，积雪结冰现象更加频繁，对交通运营构成了极大的安全隐患。因此，针对寒区隧道的温度控制和防雪防冻措施的研究迫在眉睫。

　　同时，在全球范围内，隧道运营通风和防灾救援技术的研究主要集中于直线隧道，针对螺旋隧道的研究相对较少。然而，螺旋隧道独特的结构特点，如小曲率和连续纵坡，导致其通风阻力增大，通风效率降低，火灾烟气的分布规律也与直线隧道存在显著差异。因此，有必要对螺旋隧道进行更为详细的研究，尤其是在寒冷地区的螺旋隧道，其特殊的气候条件对通风和防灾提出了更高的要求。

本研究以金家庄特长螺旋隧道为依托，着眼于其所处的特殊气候和地理环境，旨在通过温度场的现场测试和数值模拟分析，探讨寒区隧道内外温度随时间和空间的分布规律，并针对洞口段的保温技术进行深入研究。通过利用 ANSYS 有限元分析软件，本研究不仅分析了环境温度、风速对隧道内空气温度场的影响，还提出了一套科学的隧道洞口段路面保温技术方案。此外，研究还结合现场实测数据，探索了隧道内外温度变化对运营通风系统的影响，并提出了具有针对性的优化方案。

本书将通过详细的理论分析和实地实验，全面探讨寒区长大螺旋隧道的运营通风和防灾救援技术，研究内容涵盖了温度场的分布规律、隧道保温技术、通风设计方法以及火灾烟气研究等多个方面。通过对金家庄螺旋隧道的深入分析，不仅有助于解决当前多冰雪寒冷地区长大螺旋隧道建设中的技术难题，提高隧道工程的整体质量与安全水平，还将为类似地质气候条件下的隧道工程建设提供宝贵的经验参考和技术支撑。

在此，我们衷心感谢各级领导、专家及同仁的关心与支持，期待得到大家的宝贵意见与建议，共同推动研究取得圆满成功。

作 者

2024 年 9 月

目 录 CONTENTS

第1章 绪　论 ·· 001

 1.1　研究背景及意义 ·· 001

 1.2　国内外研究现状综述 ·· 002

 1.3　研究内容 ·· 010

 1.4　主要解决问题 ··· 012

第2章 金家庄特长螺旋隧道寒区分级 ·· 015

 2.1　工程概况 ·· 015

 2.2　寒区隧道分区 ··· 022

 2.3　金家庄隧道分级及设防建议 ·· 024

第3章 金家庄特长螺旋隧道环境特征研究 ······································ 026

 3.1　隧道气象环境与温度场监测方案 ······································ 026

 3.2　隧道洞口环境分析 ·· 032

 3.3　隧道内温度场分析 ·· 040

第4章 金家庄特长螺旋隧道洞口段主动保温技术研究 ························ 078

 4.1　隧道洞口段温度场数值仿真 ·· 078

 4.2　隧道洞口段温度场影响因素 ·· 084

 4.3　主洞保温系统设计方案 ··· 099

4.4 加压电缆铺装施工与控制 ·················· 105

第5章 螺旋隧道射流风机纵向通风数值模拟 ·········· 111
　　5.1 螺旋隧道射流风机纵向通风系统数值仿真模型建立 ······· 111
　　5.2 螺旋隧道射流风机通风效率影响因素分析 ············ 118

第6章 螺旋隧道火灾烟气控制与人员疏散策略研究 ········ 130
　　6.1 隧道火灾基本特征 ······················ 130
　　6.2 火灾数值模拟基本理论 ···················· 135
　　6.3 金家庄螺旋隧道火灾烟气蔓延特征 ··············· 142

参考文献 ································ 168

第 1 章 绪 论

1.1 研究背景及意义

随着我国基础交通设施的快速发展,我国的交通建设由规模速度型发展时期进入质量效率型发展时期。在综合交通运输基础设施加速成网、交通运输业加快转型升级、现代治理能力持续提升、现代综合交通运输体系加快构建的黄金机遇期,隧道及地下工程领域不仅得到了全面发展,更在一路前行中不断迎接新的机遇和挑战。随着国家交通运输网规划的逐步实施,隧道工程的建设规模与数量随之高速增长。据统计,截至 2018 年年底,中国公路隧道共 17738 处,总长度 17236 km。特别是西部高海拔和北部高纬度地区的交通建设规模越来越大,受限于这些地区特殊的地理条件,在路桥建设中的隧道和桥梁所占比例较大,特别是特长隧道越来越多。截至 2018 年,我国特长隧道 4315 处、总里程 4706.6 km,比 2017 年增加 474 处、693.4 km。由于高海拔、高纬度地区气候常年处于较低温度,有的常年积雪,自然条件差,相比于其他地方修建隧道所遇到的问题更多,也具有特殊性,因此对相关问题进行研究和总结,对今后我国大量的高海拔、高纬度隧道建设具有重要的现实意义。

据统计,地球上多年冻土、季节冻土和瞬时冻土区的面积约占陆地面积的 50%,主要分布在俄罗斯、加拿大、中国、美国的阿拉斯加及北欧等地,其中多年冻土面积占陆地面积的 25%。我国多年冻土与季节性冻土面积约占国土总面积的 75%,这些区域集中在我国北方大部和西南部分高海拔地区。随着我国经济的蓬勃发展及西部大开发政策的进一步落实,西部各省区对于交通基础设施建设的需求在不断增加,尤其是位于高海拔地区的青海、西藏以及新疆等地,公路及铁路规模较小,其交通网的完善更是首先得到重视。可以预见,将有大量隧道在海拔高、低温、严寒等恶劣的自然环境条件下建设运营。与此同时,寒区隧道建设常常受到地势条件限制,依靠常规直线展线难以用较短长度来克服较大的高差,过去由于隧道设计理论、施工技术有限及经济水平低下等多方面的因素,曲线形、螺旋形隧道的发展应用受到了制约,螺旋隧道很少被采用。随着隧道建设技术的不断提高,在隧道的设计理论、施工技术不断革新的情况下,寒区隧道的修建过程中越来越多的复杂的曲线形、螺旋形隧道开始出现。

相关统计表明：现阶段已经运营的寒区隧道中，80%的隧道都出现不同程度、不同种类的病害，如混凝土衬砌开裂、侵落、衬砌漏水挂冰、隧道底部冒水冻胀、洞门墙开裂、隧道洞口路堑积雪和融水结冰等。气候寒冷引起的工程病害会对公路的运营带来巨大影响，当某一地区气温降到 0 ℃ 以下时，自然降雪会使公路路面结冰或积雪，极大减小路面的摩擦系数，导致公路的安全系数减小、通行能力明显下降。干燥情况下沥青路面的附着系数为 0.6，存在积雪时的沥青路面附着系数为 0.2，结冰时的沥青路面附着系数大约为 0.15。根据以上数据可知：寒冷气候下路面的附着力明显偏低，由此导致的车辆转向稳定性、制动稳定性等行驶性能都会下降，严重时发生追尾、撞车等交通事故。调查研究表明：冬季发生的交通事故中，超过 35%的事故是由于路面积雪、结冰影响道路畅通和行驶安全导致，因此，寒区隧道运营的重点在于洞口路面的防冻防雪措施。

这些螺旋形隧道和曲线形隧道的设计、施工、通车，标志着中国地下隧道工程已经开始从单一直线展线发展为更加复杂的螺旋形、曲线形，隧道的设计、施工、运营、管理皆得到了长足的发展。但是，这也为我国隧道及地下工程界带来了更多的挑战和一系列亟待解决和处理的技术难题。

随着隧道建设技术的不断完善发展，针对当前寒区隧道所面临的诸多病害，本书以金家庄特长螺旋隧道为依托，对其温度场进行现场测试，通过分析实测数据掌握隧道洞内洞外温度随时间分布规律，并结合 ANSYS 有限元分析软件，对其温度场进行模拟，研究环境温度、风速对洞内空气温度场的影响规律，并对洞口段路面的主动保温技术进行了探索研究。

1.2 国内外研究现状综述

1.2.1 螺旋隧道研究与建设

随着国家政策战略的实施，我国高速公路的建设逐步向山岭区域发展。与此同时，隧道建设所面临的地形、地貌、水文、气候等状况也愈发复杂，特别是当线路受到限制，需要在较短距离克服较大高差时，采用传统的直线展线克服高差必将带来连续纵坡，对后续的行车安全会带来十分不利的影响，且用较长的直线展线也带来工程造价的大幅增加，将付出巨大的经济代价。此时，螺旋展线就体现出其独特的优势，采用该技术可在较短距离内利用特殊的螺旋线形克服较大的高差。随着隧道建设技术的发展，螺旋隧道在山区公路建设中越来越多地获得设计人员的青睐，具有更好的线性和安全性。

螺旋隧道是在隧道建设受到地形条件限制，特别是在山区公路隧道建设中，不能通过直线展线来克服高差或是由于用直线展线会造成工程造价激增，需要通过在某个地段集中地降低或者提高一定高程，用延伸展线克服险恶地势、避开不良地质条件不利影响的一种隧道建设方式。部分国内螺旋隧道情况见表 1.2-1。

表 1.2-1　国内部分典型螺旋隧道

隧道名称	隧址地区	隧道长度/m		曲线半径/m	
		左线	右线	左线	右线
梧桐山隧道	广东省	2437	3975	2513	1100
大宝山隧道	广东省	2481	4025	2513	1100
雪峰山隧道	湖南省	1585	1715	2200	600
燕居岭隧道	浙江省	1565	1803	2200	618
石狮隧道	江西省	6946	846	2500	900
老店子1号隧道	云南省	6956	819	2500	929
叙岭关隧道	四川省	2140	2015	6700	1200
干海子隧道	四川省	2130	2010	6700	1191
汪家坪隧道	四川省	690	1300	1500	2500
蓬岭隧道	四川省	690	1280	1500	2500
尖山坡隧道	四川省	1204	2815	312	2350
1大湾隧道	重庆市	1128	2821	254	2500
观音庙隧道	重庆市	1885	1920	2600	3000

世界上最早的螺旋隧道在加拿大西部不列颠哥伦比亚省（图 1.2-1）。1909 年 9 月 1 日，该螺旋隧道顺利通车。这条路线需要两个隧道，原线施工长度 6.6 km，坡度为 4.5%，新建螺旋隧道长度 13.2 km，坡度为 2.2%，建造这两个隧道的劳动力大约有 1000 人，成本大约是 150 万加元，原线铁路需要 4 台机车，载重量为 710 t，新线铁路需 2 台机车，载重量可达 980 t，曲率半径约为 174.7 m，这是北美最陡、风景最优美的铁路线之一，可见螺旋隧道带来了良好的社会效益和经济效益。

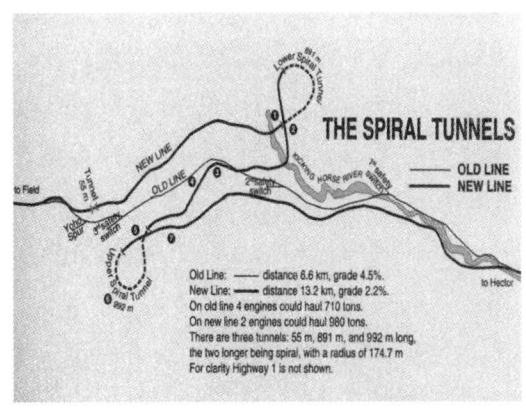

图 1.2-1　加拿大螺旋隧道

云南水富至麻柳湾高速公路的老堡山段工程是国内高速公路中首次采用螺旋形展线进行修建，该工程所处地区地形复杂，地质情况多变，受雨水侵蚀较为严重，气候显著呈竖向分布，老堡山段竖向高差达 72 m，设计人员在设计过程中从减少不良地质影响、减少环境破坏及充分保证行车安全角度出发,采用从老堡山山嘴螺旋式展线盘旋而上,5次连续右转回头,于老堡山南腰螺旋交叠,然后转东南沿复兴河左岸前行。螺旋展线路段 5525 m,集中升坡 88.91 m,设分离式隧道 1 座(单洞长 2332 m)、拱隧道 1 座(单洞长 840 m)、大桥 6 座(单幅长 1951 m)、中桥 1 座(长 65 m)。全部桥、隧均位于右偏螺旋曲线上,总转角达 330°,从空中鸟瞰,形似一个巨大的希腊字母"α",如图 1.2-2 所示。

2009 年建成贯通的京昆高速雅安至泸沽段的石棉铁寨子 1 号隧道(长度 2932 m)和干海子隧道(长度 1755 m),在建设过程中面临着隧址区域地质情况十分复杂、自然条件十分恶劣的情况,如图 1.2-3 所示。特别是干海子隧道在修建过程中创新性地采用了小半径双螺旋的设计方案,隧道右线曲率半径为 618 m,左线曲率半径为 600 m,不但成功克服了 729 m 的高差,而且将 12.35 km 的超长展线问题一并解决。这为未来在山区修建公路隧道提供了宝贵的参考范例,尤其是在那些情况下,采用自然展线延长距离以克服高差会导致工程造价显著增加,同时还需面对复杂地形和不良地质条件的挑战,对工程的安全性及隧址周边自然环境造成不利影响。这样的参考范本具有极高的价值。干海子隧道在修建过程中通过采用小半径双螺旋的独特线性设计,最大程度地减少了连续纵坡,增加了行车安全,成功地避开了岩层断裂带对工程修建的影响,并通过螺旋展线将季节性冰冻带对隧道修建的影响降到最低。

图 1.2-2　水麻高速公路螺旋隧道

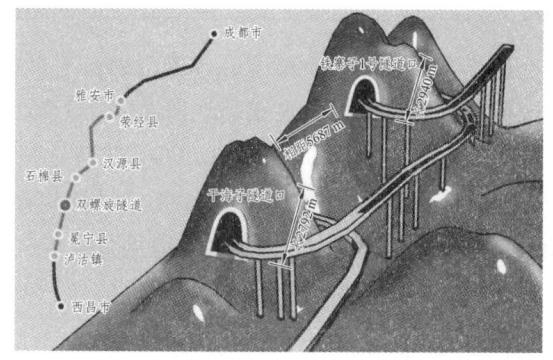

图 1.2-3　雅泸高速公路双螺旋隧道示意图

2011 年 6 月竣工的云南水富至绥江新安螺旋隧道全长 1456 m,为全国首座二级公路螺旋隧道,隧址所处区域最大埋深达到 239 m,进出口高差达到 48 m,该隧道的展线中最大曲率半径为 270 m,而最小曲率半径只有 220 m。新安螺旋隧道开创了大高差小半径的先例。

1.2.2　公路隧道运营通风技术研究

公路隧道运营管理不仅要保证车辆与司乘人员的安全,同时需要提高司乘人员的行车舒适性与隧道的通行能力,从而全面提高隧道的服务质量与运营效率。近年来,绿色公路建设理念逐步深入公路建设与管理当中,建立节能型隧道运营通风系统与照明系统是建设绿色隧道的必经之路,同时,车辆性能的提升使得隧道内行车速度明显提高,增加了隧道内交通事故的发生率。因此,建立适用于实际运营工况的安全的隧道运营环境是提高隧道运营安全与服务水平的迫切需求。

长久以来，国内外学者在隧道通风领域取得了较为丰富的研究成果，如 1919 年，美国修建纽约市荷兰隧道（长度 2610 m）时，以美国矿务局为主，在一些大学和研究所的协助下，对汽车 CO 排放量以及人体对 CO 浓度的容许值进行了研究，以此作为隧道通风计算的依据。日本关越隧道首次将纵向式通风应用于 10 km 以上公路隧道，为验证该通风系统的可靠性和实用性，日本学者编制了一套程序对关越隧道通风系统进行模拟，研究内容包括空气非稳态流模拟、空气污染物沿隧道全程实时变化、紧急通风方案建立等。该程序包括动力学模型、污染模型、交通模型和控制模型四大部分。模拟结果证明静电集尘器加竖井送排式纵向通风系统可以应用在关越隧道上。日本公路隧道纵向通风研究为世界隧道通风的发展做出了贡献，编制的《日本道路公团设计要领》被许多国家借鉴。20 世纪 80 年代初，日本土工研究所通过足尺隧道交通风试验，测试了"单台大型卡车以不同车速通过隧道"与"多台大型卡车以不同间距呈队列形式通过隧道"引起的交通风压，提出了大型车辆通过隧道时的有效空气阻力系数为 1.0 以及相应的交通风压计算方法。Chen T. Y. 与 Lee Y. T.（1998）通过模型试验模拟了交通风对隧道纵向通风的影响，证实了交通风的增压作用。Hong Mingjang 与 Falin Chen（2002）通过建立隧道通风的瞬态模型，证实交通风可作为隧道通风动力组成部分。

国内公路隧道建设和通风研究相比于日本和欧洲，起步较晚。公路隧道科研方面，交通运输部门每年投入大量科研经费，围绕隧道工程的实际问题开展科学研究，如"公路长隧道纵向通风研究""公路隧道通风技术研究""秦岭终南山特长公路隧道关键技术研究"等，在隧道管理、通风、照明、监控、防灾、维护等领域均取得重大成果，这些研究成果有力地支持了我国公路隧道建设。1994 年兰州铁道学院完成依托中梁山隧道和缙云山隧道的公路长隧道纵向通风模型模拟试验研究，1995 年西南交通大学完成依托中梁山隧道和缙云山隧道的公路长隧道纵向通风数值模拟试验研究，1996 年初西南交通大学完成中梁山隧道和缙云山隧道现场测试工作。1996 年 9 月，兰州铁道学院、西南交通大学等单位参与完成的依托中梁山隧道和缙云山隧道立项的"公路长隧道纵向通风研究"项目通过鉴定验收。该项目基本解决了成渝高速公路中梁山隧道和缙云山隧道的通风问题。中梁山隧道和缙云山隧道修建过程中，汇集国内外隧道专家，对隧道通风等重大难题进行了研究，为今后隧道建设提供了成功经验。2006 年，西南交通大学等对北磅隧道直线段和弯道段进行了沿程阻力的现场实测，结果发现直线段沿程阻力系数的平均值为 0.019，弯道段沿程阻力系数的平均值为 0.021，弯道段沿程阻力系数较直线段明显增大；2010 年，王峰提出了适用于半径小于 2000 m 曲线隧道沿程阻力系数的计算方法，对螺旋公路隧道运营通风关键参数进行了研究。

1.2.3 公路隧道火灾通风技术研究

隧道火灾是一个影响因素多的动态过程，开展公路隧道火灾研究主要有两点：一是火灾场景，二是通风控制。国内外学者对于隧道火灾的研究方法主要包括 3 种：

（1）模型试验。隧道火灾试验分为全尺寸试验和缩尺寸模型试验，即把研究对象的尺度按比例改变进行试验。全尺寸试验是在实体隧道中进行的火灾试验，成本和风险大，因此缩尺寸模型试验应用更加广泛，通过相似原理，把获得的计算数据应用到原型隧道中。

（2）理论统计。结合以往的隧道火灾研究，分析出烟气在隧道内的流动情况，总结不同因素影响下的流动规律。

（3）数值模拟。随着计算机、数学的发展以及流体力学各种计算方法的发明，理论分析等无法求解的复杂流体力学问题可以通过数值模拟解决。火灾发展模型有网络模型、区域模型和场模型。常用的是场模型，即计算流体动力学模拟（Computational Fluid Dynamics，CFD），这种方法是通过求解流体力学基本方程组，最终得到所需的烟气温度及烟气浓度等物理参数，从而分析隧道内烟气的流动规律。

国外对于隧道火灾的研究最早出现在 1965 年，通过奥芬耐格（ofenegg）隧道中的全尺寸模型试验，探究了不同通风条件下的烟气流动，为隧道所需的通风量提供参考。1992 年在欧洲的 EUREKA 499 计划中对挪威 Repparfjord Gallery 隧道（宽 6.5 m、高 5.5 m、长 2300 m）展开了一系列的全尺寸试验，以一列功率 100 MW 的火车车厢作为火源，研究了隧道内发生火灾时的传导、温度、烟气扩散以及人员救助等问题，得出隧道最高温度出现在拱顶，且火灾发生后 10 min 以内要完成人员撤离。美国 MTFVTP 项目通过对西弗吉尼亚的 Memorial 公路隧道进行研究，考虑纵向和横向两种通风模式，对比了 50~100 MW 火源功率下温度值的变化，并提出采用半经验公式时临界风速偏高的结论。荷兰的 Lemaire 等人 2001 年对 Second Benelux 隧道进行了全尺寸试验，分析了通风系统和喷水灭火系统的效果，结果表明没有喷水灭火器，小型卡车火灾会蔓延至 10 m 内的其他车辆，一段时间内人员会被困在下游 200 m 以内的区域。2003 年挪威 Runehamar 隧道火灾的全尺寸试验总结了大型载重货车发生火灾时，下游拱顶温度会迅速增高，其火焰区可以到达 100 m 处。在缩尺寸模型试验中，Oka 和 Atkinson 等人以 1:10 的小尺寸水平隧道模型为研究对象，揭示了现有的经验公式对临界速度的计算存在限制，通过缩放模型的试验结果得出火焰的形状、大小和位置的变化对临界速度有所影响，其中火灾附近的临界速度显著偏低，火焰的形状对临界速度的影响较为次要。英国 Wu 和 Bakar 以弗劳德数和试验数据得到的半经验方程为基础，提出了预测临界速度值的方法，并发现火源功率和隧道几何形状会影响临界通风速度。通过对高度相同、横截面不同的 5 个模型隧道进行了一系列试验，从得到的温度和速度数据验证了临界速度确实随隧道横截面几何形状而变化，且只在较高的热释放速率下，临界速度与火源热释放速率无关。Roh 和 Ryou 通过 1:20 的小比例模型试验比较自然通风和纵向通风模式下不同热释放速率的烟气温度差异，并归纳出热释放速率较低时，临界风速随着 1/3 的热释放速率而改变，同时通风速度的增加对燃料的热释放速率产生增强的效果。Kurioka 等人通过 1:1、1:2 和 1:10 等隧道模型试验研究，讨论了隧道纵横比、火源热释放速率变化时的近火源处火灾现象，提出了隧道火灾拱顶最高温度的预测模型。Yoon 等人以 1:50 的小尺寸隧道模型，研究了火灾发生时，竖井可以减缓烟气的蔓延速度，达到最佳排烟效率，降低卡车火灾事故的风险。Chow 等人建立了最大倾斜角度为 30°的坡度隧道模型，通过上游端的风机设定不同的通风速率进行试验，观察到隧道的倾斜角度决定了烟气羽流的弯曲形状，且随着角度的增加会产生更多的烟气。Li 和 Ingason 于 2010 年以木材为火源模拟 1:23 的小尺寸隧道模型，考虑木材的数量、种类等来研究隧道烟气的流动。2011 年又在 1:15 的小尺寸隧道模型上安装带有玻璃灯泡的自动喷水灭火系统，进行了 28 次试验测试，得出通风量大、水流量小会导致该系统在纵向通风隧道中性能失效。Fan 等人进行了 1:6 的小尺寸隧道模型试验，采用自然通风的空气夹带模式，量化了竖井中的堆叠效应对排烟效率的影响，为低效的排烟效果提供改进的建议。在数值模拟方面，英国火灾中心的 Cox 等人通过建立数学模型，针对隧道内发生中型火灾的情况，研究了不同通风风速下的烟气流动规律。Woodburn 等通过数值模拟量化了自然对流换热、辐射换热、壁面粗糙度、下游边界位置、坡度和湍流模型多个因素对火灾下游区域的烟气影响，结果表明前 3 个影响因素最敏感。Jojo 等通过 CFD 模拟了隧道中的车辆火灾，探究了纵向、半横向、横向、组合的纵向和半横向通风系统下，隧道内的温度蔓延规律，并就网格的尺寸和计算的迭代次数对模拟结果的影响进行了分析，对比了隧道内不同安全系统的性能。Bari 等运用 FLUENT 软件对墨尔本城市的公路隧道车辆燃烧的烟雾运动进行了详细模拟分析，得出烟气在纵向风速的作用下大多向下游扩散，火灾燃烧 8 min，O_2、CO_2 和 CO 的质量浓度分别在 0.12～0.15、0.08～0.11 和 0.0006～0.0014 的范围内波动，突显出快速疏散乘客尤为重要。日本的 Kunikane 等通过对新头美高速公路的纵向气流和火灾强度的大涡模拟，得出了在静止车辆扰动下的湍流会增加烟气回流长度，对火源上游的人员逃生不利。Migoya 等人于 2009 年采用 CFD 软件中的 UPMTUNNEL 简化模型建立了火灾计算结果的数据库，并与 FLUENT 的计算结果进行对比，提出可以使用隧道内的传感器来计算热释放率、气流速度和火灾位置，并与数据库的温度值进行比较，及时响应隧道火灾事故中的伤害。Lee 和 Tsai 以及 Gannouni 和 Maad 分别采用试验和数值方法研究了机动车对隧道截面堵塞情况与临界速度的关系，得出车辆阻塞的存在以及风速不够将增大热释放率。同时，相比于空隧道，障碍物相对于隧道底板位置的改变会减小临界速度，且上游的烟气回流长度会增加。对于坡度隧道，Tajadura 等人通过三维模拟火灾功率为 30 MW 的隧道烟雾流动，其中隧道坡度为 2%，得出在倾斜隧道的半横向通风系统中，倾斜角度和内部通道的顶部高度是影响烟气运动和纵向通风控制的两个重要因素。Merci 通过数值模拟提出了倾斜隧道火灾中烟囱效应的一维计算分析，针对烟囱效应介绍了全局加热和一定距离加热两种计算方法，讨论了火源功率、隧道倾斜角度、隧道长度、隧道壁粗糙度、环境温度、环境压力条件、隧道横截面积和火源位置等物理参数对烟气扩散的影响。Chow 等人通过数值模拟分析不同倾斜角度（0°、3°、6°和 9°）下的隧道中防止烟气回流的临界风速，采用弗劳德数模型推导出纵向通风下烟气停滞点位置的经验公式，并基于试验和数值结果，提出了倾斜隧道临界速度的修正经验公式。

相对而言，国内对于隧道火灾试验的研究不多。霍然等在云南昆石高速公路阳宗隧道、元墨高速公路大风垭口隧道、元江 1 号隧道进行了 10 次小火源功率火灾的全尺寸现场试验，对 3 个隧道 1000 m 范围内的拱顶烟气温度和烟气厚度进行了研究，并考虑了纵向风速对烟气蔓延的影响，得出机械风的存在会使得烟气向下层蔓延，打乱分层现象。王彦富等 2007 年在总结国内外相关研究的基础上，通过在建成的隧道中实施全尺寸实体试验，通过分析 3 次试验获得的烟气纵向温度值总结出烟气逆流距离预测公式，证实了公路隧道中可以采用顶部开口的自然通风方式促进烟气的流动。李安桂等人于 2017 年在水电站进行了交通坡度隧道的现场试验，结果表明温度以指数的形式下降，并提出了自然通风条件下倾斜地下隧道的热压预测方程，考虑隧道壁表面粗糙度、风速、地下隧道尺寸以及空气与隧道壁面温差 4 个因素，得出空气和隧道表面之间的温差是影响热压效率的主要因素。钟茂华等人对有倾斜角的曲线隧道火灾进行了全尺寸试验，分析了自然通风下的 3 种不同火源功率所产生的火羽流特征，对烟气不同阶段的纵向和垂直温度进行了测试，通过分析燃烧阶段火风压与自然风主导作用的变化，得出烟气流动的趋势和高温的主要区域。在缩尺寸模型研究方面，2001—2004 年，杨其新、阎治国等人对长 100 m、内径 1.8 m 的隧道采用 1∶6 的比例进行模型试验，分析了火灾时隧道内不同区域温度、烟雾的传播分布规律，以及通风竖井和横通道对隧道火灾的影响，并根据试验成果对秦岭隧道的救援措施提出了建议。刘晓阳等人通过小尺寸隧道火灾试验，对比研究了纵坡（0%、3%和 5%）、火源功率（60 kW、120 kW）及通风速度（0.3 m/s、0.6 m/s）不同时，隧道内烟气分布规律的区别。结果表明，后两者对烟气温度影响更大，纵向烟控风速越大，火源功率越小，烟气层冷却越快，从而越易沉降；而坡度对烟气层的沉降影响更加明显，坡度越大，烟气降温越快，烟气沉降速度越快，为城市交通隧道的防灾设计提供了有价值的参考。梁毅等人基于弗劳德定律在 1∶10 的缩小比例模型隧道中进行试验，研究纵向通风的边坡（−3%、−1.8%、−1%、0%、1%、1.8%和 3%）对临界速度的影响，并提出火源类型、截面形状因素对临界速度的交叉影响还需要进一步研究。在数值模拟研究方面，冯炼等人通过模拟安康线秦岭公路隧道火灾，分析横截面上下、纵断面长度方向上的速度和温度分布，并与模型试验进行对比，建立了合适的通风方案。张发勇以双洞单道的秦岭终南山公路隧道为模型对象，运用三维数值模拟技术分析了两条平行隧道横通道的开启对隧道火灾的影响，并对终南山隧道的救援方案进行了优化。陈丹丹于 2013 年采用计算流体力学软件 FLUENT，以厦门莲花隧道为对象进行模型试验和数值模拟，得出了不同火源功率下的临界风速，并分析了有无横通道对烟气浓度分布的影响，总结了横通道的合理设置间距和人员逃生时间。余明高等人利用火灾动力学软件 FDS 模拟了单火源和 3 种双火源矩形截面隧道火灾，比较了各火灾情景下所需的临界风速和温度分布，分析了两火源之间的距离、火源功率以及临界风速之间的影响规律。对于坡度隧道，陈海锋、周德闯等人利用 FDS 模拟软件，以不同倾斜角度（0°～10°）的隧道为研究对象，分析了公路隧道的坡度对临界风速、烟气温度及浓度的影响规律。赵望达和李洪以狮子洋公路隧道为研究对象，分析了无纵向风时，该隧道在 15 MW 的火灾规模下不同坡度（0.5%～3%）沿程温度和能见度的变化趋势，得出坡度的增长可以加快蔓延，并修正了临界风速公式中坡度对临界风速的影响系数。蒋琪利用 FLUENT 软件对不同坡度（0%、1.7%、3.5%、5%）条件下的隧道模型进行了模拟研究，分析了 4 种坡度下，风向不同时纵向风对烟气温度的改变和临界风速的区别，并讨论了单洞双向隧道的通风策略。李俊梅等人通过 FDS 软件对 0～3 m/s 纵向通风风速下，坡度为 0%～±5% 的隧道进行数值模拟，并综合数值模拟和试验研究提出了坡度存在时 Kurioka 模型的修正公式。彭锦志通过 FDS 软件模拟 0%～3%坡度下，隧道内的烟气流动趋势，并考虑"烟囱效应"在不同坡度下，全射流风机纵向排烟模式、竖井送排烟式纵向排烟模式和独立排烟道集中排烟模式 3 种通风排烟模式的温度和流速。李炎锋、王红艺、赵明星等人通过对坡度为 0%、3%、5%的隧道不同位置的温度进行小尺寸试验和 FLUENT 数值模拟，得出机械通风时，加大风速可以降低近火源区域的温度，但在其他区间效果相反。黄有波、吕淑然、杨凯等运用 FDS 软件模拟隧道缩尺寸模型，通过改变火源功率、位置、隧道坡度、阻塞比等因素分析临界风速的变化，得出以下结论：火源功率为 120 MW 时，临界风速不再随之增长；临界风速的大小与火源的位置变化无关；正负坡度对临界风速的影响效果相反；阻塞比达到 40% 时，临界风速最小。

对于曲线隧道，何佳以干海子螺旋曲线公路隧道为对象，运用数值模拟的方法，研究小半径隧道火灾时的临界风速，分析不同隧道曲率下烟气在纵向通风系统中的温度和烟气浓度规律。2009 年，张天乐同样以干海子曲线隧道为研究对象，分析出加宽隧道横断面的线形设计对安全行车有利，并为照明设计提出了宝贵的意见。胡顺利利用 FDS 软件，考虑不同的隧道曲率和坡度，分析烟气的蔓延规律，并得出不同纵向风下的临界风速，推导出曲线隧道临界风速关于坡度的关系式。王明年等人采用 FLUENT 软件对不同曲率的弯曲公路隧道火灾进行了数值模拟，分析了火源在横截面上不同位置以及在凸面和凹面处对临界风速的影响，得出了凸面处的临界速度大，并探讨了烟气的逆流长度，提出应该通过改善风速来抑制烟气的回流。韦涛利用 CFX 软件进行火灾模拟计算，研究不同火源功率、隧道曲率下的烟气扩散，并得出了螺旋曲线隧道实施全射流式纵向排烟时可以有效地控制火源上游的烟气逆流，而当火源分别位于直线段和曲线段时，通风井排出式排烟可以提高排烟效率。芦峰通过 FDS 软件对采用半横向式通风系统的曲线形公路隧道进行模拟，分析了隧道直线段和曲线段不同位置的速度、温度以及烟气浓度的规律，得出曲线段的温度远大于直线段，由此提出了在曲线段应用射流风机来优化该隧道火灾应急通风系统的运行方案是不错的选择。

控制隧道火灾烟气逆流的纵向临界风速是解决隧道火灾烟气控制的重要问题。Thomas 提出通风条件下烟气的流动特征取决于浮力与惯性力的比值，可用弗洛德数（Fr）进行描述，Fr=1 时则可抑制烟气逆流，并提出了纵向临界风速的预测模型。Wu 和 Bakar 对不同高度不同横截面形状的模型隧道进行火灾试验，研究了隧道横截面的纵横比对临界纵向抑制风速的影响，提出应采用隧道横截面的平均水力直径作为隧道的特征尺寸，并据此提出了无量纲的临界纵向抑制风速的预测模型。蒋亚强研究了机械排烟与自然排烟条件下通道内火灾烟气的输运特性，提出随着排烟速率的增大，烟气的水平流速和最高温升都随之呈幂指数衰减的规律。潘李伟研究了烟气控制条件下狭长空间火灾烟气分层蔓延特性，提出了细水雾对烟气层的冷却模型。

2000 年，法国在勃朗峰隧道中开展了火灾试验，作为勃朗峰火灾事故调查的部分内容，此次试验对火灾中通风系统的性能进行了评估，并且对勃朗峰隧道火灾中烟气行为的有关理论进行了验证。2001 年荷兰的"Project Safety Test"在 Benelux 隧道中开展了 26 组全尺寸火灾试验，基于火源释放的热量和烟气在隧道内的蔓延情况、通风对火灾规模的影响、喷淋的影响，对隧道火灾中探测器的性能进行了测试。与此同时，日本开展了 Toumei-Meishin 隧道火灾试验，其目的是进一步深入研究在大截面隧道中的火焰行为及烟气控制，并且为模拟计算提供参考数据。2003 年 9 月，试验人员在挪威的一条废弃的双车道公路隧道（Runehamar Tunnel）中进行了 4 组全尺寸火灾试验，该隧道长度为 1.6 km。试验中所使用的燃料为木质垫子、塑料材料和床垫等，试验目的包括研究 HGV 火灾的发展情况、纵向风对热释放速率和火灾增长速率的影响、车辆之间的火蔓延、灭火的可能性、隧道顶棚处的温度发展以及隧道内有毒气体的生成特性。2004—2006 年，胡隆等人在我国云南省的公路隧道上开展了多次隧道火灾试验，研究了烟气层温度沿隧道的纵向衰减规律、烟气逆流距离、临界抑制风速以及纵向风对隧道内烟气层化的影响等。2008年，彭伟在燃烧风洞内研究了近火源区域的温度场特性。2006年，Ballesteros-Tajadura用FLUENT研究了坡度对横向排烟效果的影响。2004年，Gao C.（2004）分别使用基于LES和RANS的CFD模型对隧道内的排烟进行了模拟研究，结果发现LES能够成功地模拟烟气的热分层和回流现象。2005年，McGratta则采用FDS对1982年的Caldecott隧道火灾进行了分析，预测了隧道内气体和内壁面的最高温度。2007年，胡隆华等通过大涡模拟对一全尺寸通道中的CO输运特性进行了研究，发现了CO浓度随着与火源距离增加呈指数衰减的规律。

综合以上分析，目前国内外针对隧道运营通风与防灾救援技术的研究主要为直线隧道，而对于长大螺旋隧道运营通风与防灾救援技术的研究较少，然而螺旋隧道在其结构上的小曲率+连续纵坡的特点，使得隧道内通风阻力增加，通风效率降低，且火灾烟气分布规律尚不明确，因此有必要针对金家庄螺旋隧道开展运营通风与防灾救援技术的研究。

1.3 研究内容

1.3.1 多冰雪地区长大螺旋隧道保温控制技术研究

隧道洞口段为事故高发区，尤其是对于修建于高寒地区的隧道而言。本研究基于金家庄特长螺旋隧道工程背景，旨在解决其洞口段路面积水成冰的实际工程问题。本研究采用理论研究、现场试验、数值模拟相结合的方法，从以下几个方面进行研究：

（1）寒区螺旋隧道洞口段温度场分布的规律研究：依托工程背景，通过设置在洞内的温度传感器、洞外的自动气象站、风速风温仪对隧道空气温度场进行周期测量，对观测数据进行系统科学分析，研究洞口段洞内外温度特征规律。

（2）基于温度场特征的螺旋隧道洞口段路面保温技术研究：针对金家庄螺旋隧道洞口段温度场分布规律特征，利用数值分析软件ANASYS-FLUENT建立金家庄螺旋隧道洞内空气温度场计算模型，研究洞口段加热电缆在工作的情况下不同环境温度及进口风速条件对洞内空气温度场的影响规律，以及加热电缆布设长度及加热温度对洞内温度场的影响规律。

（3）对依托工程金家庄螺旋隧道洞口段路面融雪化冰措施设计及施工提出优化方案，对布设长度、深度、间距等提出具体指标，对具体施工过程中存在的问题提出解决方案。

1.3.2 螺旋隧道施工通风网络优化技术研究

1. 隧址环境与隧道结构调研与分析

（1）统计调研隧道两端洞口区域风速、风向、温度、气压等气候因素随季节、月、日的分布规律，隧道进出口的高程差，施工斜井内外的高程差。

（2）针对隧道结构，统计分析隧道内纵坡、曲率半径沿隧道轴线方向的分布规律。

2. 基于安全通行能力和服务水平的螺旋隧道运营通风设计方法

（1）针对金家庄螺旋隧道所在地区一级以上公路隧道的交通流，以及国内螺旋隧道的交通流，分析螺旋隧道交通流参数随时间、空间、隧道结构特征、隧址环境等因素的变化规律，提出适用于金家庄螺旋隧道的交通流预测方法。

（2）针对本地区交通流特征，建立本地区交通流预测数据库，提出交通流、车速、服务水平三者耦合作用的数学模型。根据金家庄螺旋隧道运营管理特征，在"前期""中期""远期""通行危险品运输车辆"等4个运营阶段基础上，提出基于安全通行能力与服务水平的公路隧道分级管理模式。

（3）针对金家庄螺旋隧道近期、中期与远期3阶段的交通流特征，根据提出的数学模型进行数值分析和计算，建立基于通行能力和服务水平的需风量优化设计方法。

3. 螺旋隧道内自然风形成机理及分布规律

（1）针对小曲率螺旋隧道"曲率小+两洞口高程差大"的结构特征，研究两洞口高程差、洞内外温差、曲率半径等因素对螺旋隧道各通风段的自然风风速场、风压场分布的影响规律。

（2）针对金家庄螺旋隧道的结构特征，研究螺旋隧道斜井外与底部形成的热位差、高程差、隧道曲率半径等因素对螺旋隧道内各通风段的自然风风速场、风压场分布的影响规律。

4. 螺旋隧道综合通风阻力与射流风机通风设计方法研究

（1）螺旋隧道利用小曲率半径使得隧道快速爬上一定高度，使得隧道内沿高程变化的浮升力作用明显，基于金家庄螺旋隧道结构特征，分析螺旋隧道内各区段的浮升力作用，研究浮升力作用下螺旋隧道内的风速场与风压场分布规律。

（2）针对小曲率螺旋隧道结构特征，分析射流风机布置纵向间距、横向间距、高度、角度等因素对隧道内风速场、风压场分布的影响规律。

（3）基于以上研究成果，建立考虑浮升力效应、螺旋隧道结构特征、射流风机布置参数等多因素共同作用下的螺旋隧道综合沿程阻力计算方法，并优化螺旋隧道射流风机布置参数。

1.3.3 长大螺旋公路隧道节能通风控制技术与防灾救援体系研究

1. 长大螺旋隧道节能型通风控制

（1）根据本螺旋隧道的"射流风机+互补式通风"的组合通风方式，研究互补式通风方式对上升螺旋隧道内污染物浓度场、风速场、风压场的影响规律，研究利用热位差的上升螺旋隧道节能型通风控制模式。

（2）根据本螺旋隧道的"射流风机+互补式通风"的组合通风方式，研究互补式通风方式对下降螺旋隧道内污染物浓度场、风速场、风压场的影响规律，研究利用热位差的下降螺旋隧道节能型通风控制模式。

2. 长大螺旋隧道火灾烟气控制与人员疏散策略研究

（1）针对金家庄隧道结构特征，分析螺旋隧道内的火灾烟气流动特性，建立考虑螺旋隧道结构特征的螺旋隧道火灾通风临界风速计算方法。

（2）针对金家庄隧道结构特征，分析考虑细水雾自动灭火系统作用的螺旋隧道火灾烟气流动特性，建立考虑螺旋隧道结构特征与细水雾灭火作用的螺旋隧道火灾通风临界风速计算方法。

（3）基于以上研究成果，建立适用于金家庄隧道的火灾不同阶段的通风控制策略。

（4）考虑火灾逃生条件、火灾疏散模型、隧道防火分区，提出长大螺旋隧道的运营期火灾防灾救援体系和策略。

1.4 主要解决问题

（1）以金家庄螺旋隧道为工程基础，通过寒区隧道分级标准，明确其寒区隧道级别，提出相应的设防建议。收集隧道洞口区域温度、风速、压强等气候因素数据，掌握隧道洞口处温度场随时间变化规律；通过现场试验收集隧道内衬砌及径向围岩温度，研究隧道内环境温度场随时间变化规律，通过数据拟合温度场参数，掌握温度场参数随入洞深度的变化规律；根据参数确定隧道负温区的长度。

（2）针对螺旋隧道结构特征，利用现场试验结果与数值模拟软件构建"螺旋隧道温度场三维数值仿真模型"，利用该模型分析温度、风速等因素对隧道洞口段温度场随时间、空间分布的影响规律，与相应的"直线隧道温度场三维数值仿真模型"做对比，明确螺旋隧道温度分布的特殊性；分别探究洞口设置加热电缆的设防长度及加热温度对隧道内温度场的影响规律及除路面冰雪的效果。

（3）结合以上的研究成果及隧道实际情况，提出适用于金家庄特长螺旋隧道的洞口段加热电缆设计方案、铺装工艺、控制系统设计。研究技术路线如图 1.4-1 所示。

（4）收集整理并分析国内外螺旋隧道运营通风与火灾防灾救援的资料，制定详细的研究大纲；统计分析隧址环境特征，如隧道洞口区域的风速、风向、温度、气压等随季节、月、日的分布规律，隧道洞口高程差，施工斜井内外高程差；针对螺旋隧道结构特征，统计分析隧道内纵坡、曲率半径沿隧道轴线方向的分布规律。

（5）针对金家庄螺旋隧道的结构特征，基于流动相似理论，建立"螺旋隧道纵向通风物理模型试验平台"，并验证试验平台的可靠性；针对金家庄螺旋隧道的结构特征，利用 FLUENT 流体力学计算软件与 Microsoft Visual Studio 2010 软件，提出适用于螺旋隧道纵向通风的方案，能够模拟污染物迁移过程，能够模拟曲率半径与纵坡沿隧道轴线变化规律的"螺旋隧道纵向通风数值仿真平台"，通过试验验证数值仿真平台的可靠性；针对金家庄螺旋隧道的结构特征，利用 FLUENT 流体力学计算软件与 Microsoft Visual Studio 2010 软件，建立适用于带斜井的螺旋隧道，能够模拟火灾发展过程的"螺旋隧道火灾通风数值仿真平台"，通过试验验证数值仿真平台的可靠性。

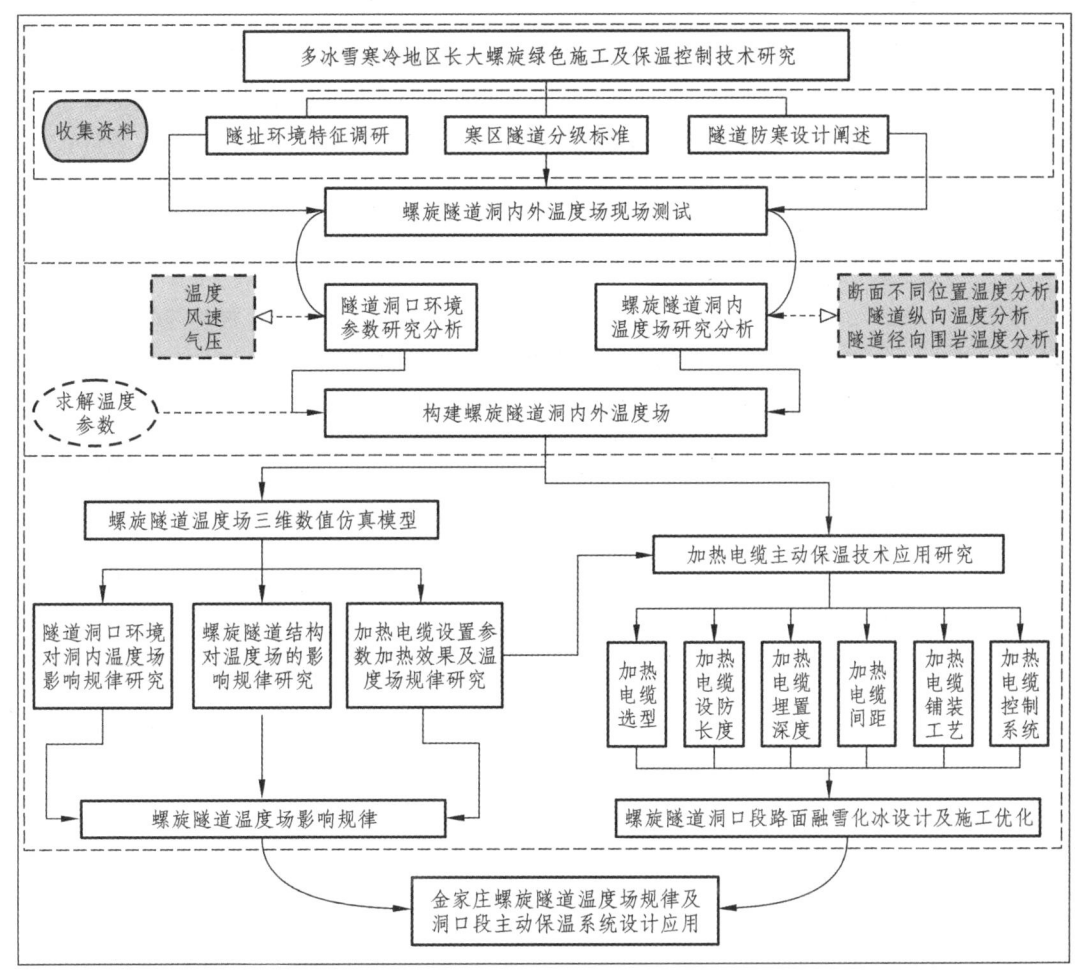

图 1.4-1　研究技术路线

（6）针对螺旋隧道"曲率小+两洞口高程差大"的结构特征，研究两洞口高程差、洞内外温差、曲率半径等因素对螺旋隧道各通风段的自然风风速场、风压场分布的影响规律；通过理论分析方法，分析螺旋隧道交通流参数随时间、空间、隧道结构特征、隧址环境等因素的变化规律，针对本地区交通流特征，提出基于交通流特征的长大螺旋隧道交通风压计算方法。

（7）利用"螺旋隧道纵向通风数值仿真平台"与"螺旋隧道纵向通风物理模型试验平台"，考虑洞内外热位差效应，分析隧道曲率半径、纵坡对螺旋隧道内的风速场与风压场分布的影响规律，提出考虑沿隧道轴线变化的曲率半径、纵坡因素的螺旋隧道浮升力计算模型；考虑洞内外热位差效应，分析隧道曲率半径、纵坡、射流风机布置参数对上升螺旋隧道内的风速场与风压场分布的影响规律，提出考虑沿隧道轴线变化的曲率半径、纵坡因素的上升螺旋隧道空间通风阻力系数的计算模型，提出上升螺旋隧道内射流风机布置方法；考虑洞内外热位差效应，分析隧道曲率半径、纵坡、射流风机布置参数对下降螺旋隧道内的风速场与风压场分布的影响规律，提出考虑沿隧道轴线变化的曲率半径、纵坡因素的下降螺旋隧道空间通风阻力系数的计算模型，提出下降螺旋隧道内射流风机布置方法。

（8）针对螺旋隧道"射流风机+互补式通风"通风方案，分析通风系统参数对隧道内污染物浓度场、风速场、风压场分布的影响规律，优化通风方案；针对螺旋隧道"射流风机+互补式通风"方案，考虑洞内外热位差效应，分析洞内外热位差形成的自然风流对螺旋隧道内污染物浓度场、风速场、风压场的影响规律，结合交通风研究成果，提出利用自然风与交通风的螺旋隧道节能型机械通风控制模式。

（9）利用"螺旋隧道火灾通风数值仿真平台"，针对金家庄隧道结构特征，分析螺旋隧道结构参数、火源功率、火源位置、射流风机位置、纵向风速等因素对螺旋隧道内温度场、烟气场、风速场分布规律的影响；结合理论分析，建立考虑螺旋隧道结构特征的火灾临界风速计算方法，提出螺旋隧道火灾烟气控制模式；利用"螺旋隧道火灾通风数值仿真平台"针对金家庄隧道结构特征，分析细水雾灭火系统设计参数（喷头布置模式、喷嘴压力、流量、系统启动时间）对温度场、烟气场、风速场分布的影响规律，提出考虑螺旋隧道结构特征与细水雾灭火作用的螺旋隧道火灾通风控制策略；利用"螺旋隧道火灾通风数值仿真平台"，基于以上研究成果，结合理论分析，考虑火灾逃生条件、火灾疏散模型、隧道防火分区，提出长大螺旋隧道的运营期火灾防灾救援体系和策略。

第 2 章 金家庄特长螺旋隧道寒区分级

2.1 工程概况

目前,通过对寒区隧道的调查研究,发现在高海拔高寒地区,出现"冻融"或"冻胀"现象是正常的,也是客观存在的。其主要表现可分为以下六类:①隧道衬砌漏水、挂冰;②隧道底部冒水、积水、冻胀;③隧道衬砌开裂、酥碎、剥落;④隧道洞门墙开裂;⑤地表截排水沟、出水口冻结;⑥隧道洞口处热融滑塌。

工程实践证明,隧道出现冻害情况是需要条件的:一是环境温度需在 0 ℃ 以下,而且低温的时间要足够长;二是要有水的存在,隧道内部需要足够的含水量,没有水或水很少,往往是不能形成冰或者形成冰的数量太少,隧道就不会出现冻害;三是对于围岩冻胀情况来说,围岩性质必须能够允许冻胀,岩层和粗粒土一般是不会冻胀的;四是基础资料不准确,设计和施工中对防冻问题没有考虑或考虑不周全,治水措施不当,施工不"规范",防排水材料及混凝土施工质量存在缺陷,导致冻害发生。

由此可见,隧道冻害的发生是需要条件的,而且不难看出温度和水是其中最为重要的条件,可以说是缺一不可的。因此,有必要对金家庄螺旋隧道的工程地质、气象水文条件进行介绍。

延庆至崇礼高速公路河北段是北京-张家口联合举办冬奥会中连接延庆赛区与张家口赛区的主要公路通道。本项目便捷连接北京奥运村、延庆奥运分村和崇礼奥运分村,是冬奥会期间注册人员首选通道,参加赛事人员可通过本项目快速转场。延庆至崇礼高速公路河北段金家庄特长隧道位于赤城县炮梁乡砖楼村东、金家庄村西北方向,为分离式特长隧道,隧道整体效果如图 2.1-1 所示,设计速度为 80 km/h,上、下行独立双洞四车道隧道,是在建世界最长高速公路螺旋隧道。隧道左线桩号为 ZK80+398 ~ ZK84+626,全长 4228 m,左线曲率半径为 890 m;右线桩号为 K80+386 ~ K84+490,全长 4104 m,右线曲率半径为 860 m,隧道最大埋深约 314.5 m,螺旋展线为 270°,布置斜井 1 道,长 740.95 m,共设车行通道 4 道,人行通道 15 道。施工现场如图 2.1-2 所示。

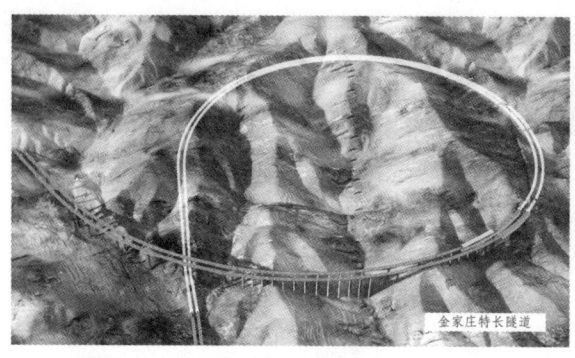 

图 2.1-1　金家庄特长螺旋隧道效果图　　图 2.1-2　金家庄特长螺旋隧道施工现场

2.1.1　气象水文

隧址区域属大陆性季风气候中温带亚干旱区，四季分明。春季多风少雨雪，阳光明媚；夏季雨量大、次数多，空气清新湿润；秋季天空晴朗，温凉舒爽；冬季寒冷漫长，降雪量较少。全年日照时间长、温差大，风向以西北风和静风为主；年均降水量约为 424 mm，且分布不均；平均气温 5.5 ℃，年最高气温 39.4 ℃，最低气温 –28.2 ℃，最大积雪 9 cm，最大冻土深度 162 cm，无霜期 145 d。

2.1.2　水文地质条件

1. 地下水类型及赋存特征

隧址区地貌单元为变质岩中山区，地下水主要基岩裂隙水局部以孔隙潜水为主，受地形及大气降水影响较大。孔隙潜水主要赋存于上覆粉土、碎石等松散土层及全、强风化岩体孔隙中，但由于覆土层分布于山体上部，地势相对较高，缺乏有利的富存条件；基岩裂隙水主要赋存于节理裂隙发育带中，岩体破碎，有连通性，水力联系密切，视为统一含水体；中～微风化完整基岩可视为稳定隔水层。

2. 地下水补给、径流、排泄条件

地下水补给来源主要为大气降水入渗。地下水径流受地形影响较大，隧址区地下水大方向向山脊两侧流动，局部节理裂隙发育且缺少向外连通区段，形成相对的富水区，初始水压较大，无统一的水力联系，多属紊流运动。地下水的排泄以泉水出露及人工开采为主。

3. 涌水量模式及参数选取

隧道为越岭隧道，根据隧道水文地质条件，采用《铁路工程水文地质勘察规范》（TB 10049—2014）附录 B.1.2 降水入渗法公式进行估算：

$$Q = 2.74 \times \alpha \times W \times A$$

式中：2.74——换算系数；

α——降水入渗系数,根据《铁路工程水文地质勘察规范》(TB 10049—2014)表 8.5.2 确定,实际计算时对特殊界面(岩性接触带、破碎带等)取 2~3 倍;

W——年降水量,根据区域地质资料确定;

A——集水面积,根据隧道区实际地形地貌计算。

由于隧道无稳定潜水面,因此采用该公式计算出的涌水量与实际存在差异,建议对涌水量参照使用。

4. 涌水量计算

涌水量计算见表 2.1-1。

表 2.1-1 涌水量计算

里程段落	长度/m	地层情况	入渗系数	集水面积/(km²)	年降水量/mm	分段涌水量/(m³/d)	总涌水量/(m³/d)
K80+380~K80+600	220	中风化二长花岗岩	0.17	0.10	424	19.7	810.0
K80+600~K82+200	1600	中风化二长花岗岩	0.12	1.16	424	161.7	
K82+200~K82+800	600	中风化二长花岗岩	0.17	1.66	424	327.8	
K82+800~K83+300	500	中风化二长花岗岩	0.12	0.50	424	69.7	
K83+300~K84+480	1180	中风化二长花岗岩	0.17	1.17	424	231.1	

结合钻孔、物探资料,考虑地形、地质构造及浅埋等因素,可能出现的最大涌水量取值为正常涌水量的 3.5 倍,故隧道的正常涌水量为 810.0 m³/d(双洞),可能出现最大涌水量为 2430.0 m³/d(双洞)。

5. 水质类型及分析

隧道区水质评价成果见表 2.1-2。

表 2.1-2 隧道区地下水腐蚀性评价

环境类型	水化学类型	SO_4^{2-}/(mg/L)	HCO_3^-/(mg/L)	Ca^{2+}/(mg/L)	Mg^{2+}/(mg/L)	pH 值	腐蚀性评价	
							对混凝土腐蚀性	对钢筋腐蚀性
Ⅱ	HCO₃-Ca	31.12	160.43	54.2	6.7	7.88	微	微

6. 水文地质总体评价

隧址区的地下水主要为基岩裂隙水，岩体含水量少，整体属于贫水区，从区域地质分析，隧址区为阴山南麓向冀北山区过渡区域，属坝上高原向坝下的过渡区域，整体汇水面积较大。隧道洞口沟内可见泉水流出，隧道开挖过程中以滴水及线状出水为主，该区地下水矿化度为192.38 mg/L，对混凝土结构及钢筋混凝土结构中钢筋具微腐蚀性。

2.1.3 隧道防排水措施

洞口及明洞衬砌防排水：洞口排水是结合洞口地形情况，在洞口纵坡开挖范围外 5 m 设洞顶截水沟，沟帮用培土夯实，运用截水沟将水引到低洼处，防止雨水对洞口纵坡坡面和洞口绿化的冲刷，纵坡施工放样后，即应先实施截水沟，待其修成后才可开挖边、仰坡。隧道明洞采用土工布+高分子防水卷材+土工布防水方式，明洞回填土顶面设置黏土隔水层，回填顶面坡度设置不小于 5%，防止地表水下渗。隧道明洞防排水布置如图 2.1-3 所示。

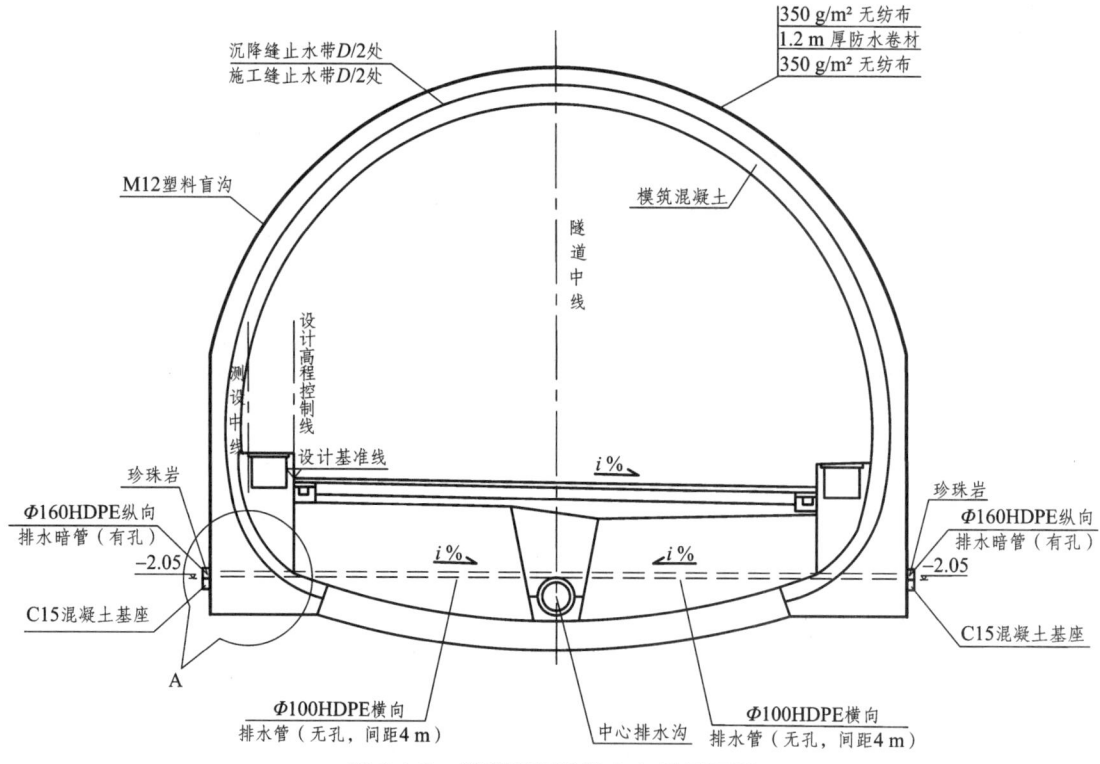

图 2.1-3 隧道明洞防排水布置示意图

洞身衬砌防水：在初期支护和二次衬砌之间敷设 1.5 mm 厚单面自黏式防水卷材（非沥青基）+土工布，作为第一道防水措施，防水板接缝采用热风双焊缝施工工艺，防水卷材铺设有一定松弛度。一般衬砌段拱部和边墙二次衬砌采用不低于 P8 的防水（钢筋）混凝土，作为第二道防水措施。沉降缝采用背贴式止水带+中埋式橡胶止水带防水，横、纵向施工缝采用背贴式止水带+中埋式橡胶止水带防水。

在地下水量丰富地段可考虑采用全封闭或半封闭衬砌结构，即首先在结构外侧通过周边注浆有效降低静水压力，然后在隧道初期支护与二次衬砌之间（包括仰拱）全断面设置防水板，以控制隧道周边地下水进入隧道进行无限制排泄，减轻隧道施工对山体水文环境的破坏，减小隧道中心水沟排水压力。隧道主洞防排水布置如图2.1-4所示。

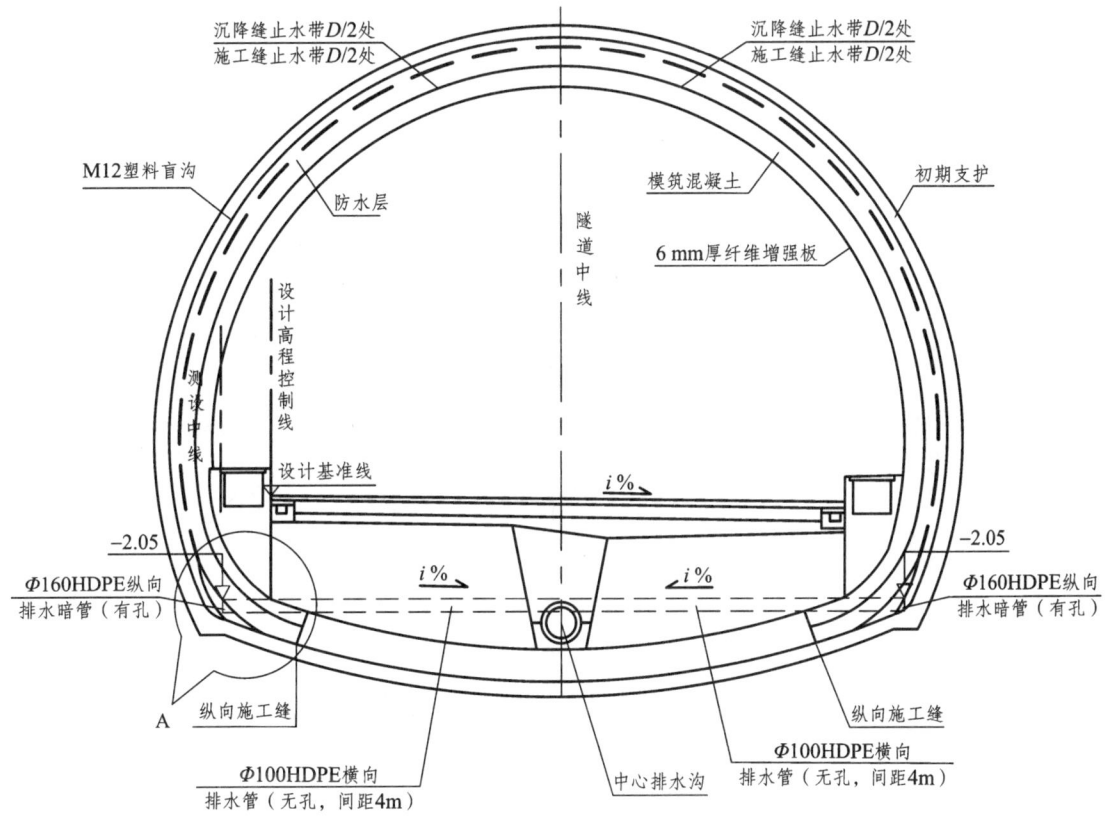

图 2.1-4　隧道主洞防排水布置示意图

衬砌排水：按照地下水（清洁水）与路面水（污水）分开引排的原则进行设计。在一般衬砌段隧道开挖及施作初期支护后，在初期支护与防水板之间环向设置 MF12 塑料盲沟，使水能沿环向管排到衬砌墙脚处，在墙脚处有纵向 160 mm PDB 排水管，再用 ϕ100 mm HPDE 横向导水管将纵向排水管里的水引到隧道路基下部设置的 600 mm 中心水沟排出洞外。在围岩岩壁淋水和渗水严重处（岩面汇流处）加铺环向 Q 型弹簧排水管，间距一般为 2~2.5 m。

路面基层排水：为了防止路面底层地下水上升到路面影响行车安全、排水不畅导致积水长期潜伏于路面下破坏路面结构，本次设计中采用基层或整平层不等厚向中心排水沟倾斜排水方式。

路面水排水设计：隧道内路面积水通过设置在路面左右两侧边部盖板式边沟，沿隧道纵向排出到隧道外路基边沟，两侧边沟每 30 m 设置一处沉砂井，以利于清除边沟内的淤积物。

2.1.4 隧道防寒措施

为预防冻害，保证整个排水系统畅通，隧道洞内、洞口段采取了以下防寒措施：

（1）隧道全长范围内铺设 350 g/m² 无纺布和 1.5 mm 厚单面自黏式防水卷材（非沥青基），加强防水层铺设质量，严格保证防水卷材接缝严密。

（2）二次衬砌模筑混凝土或钢筋混凝土采用 C35 高性能混凝土，提高混凝土防裂渗的能力，抗渗等级不低于 P8。

（3）全线隧道中心排水管采用深埋水沟处理，使其置于冻结深度以下。

（4）特长隧道洞口 1500 m 范围设置二衬防冻保温层（60 mm 厚聚酚醛保温层+6 mm 厚纤维板），如图 2.1-5 所示。

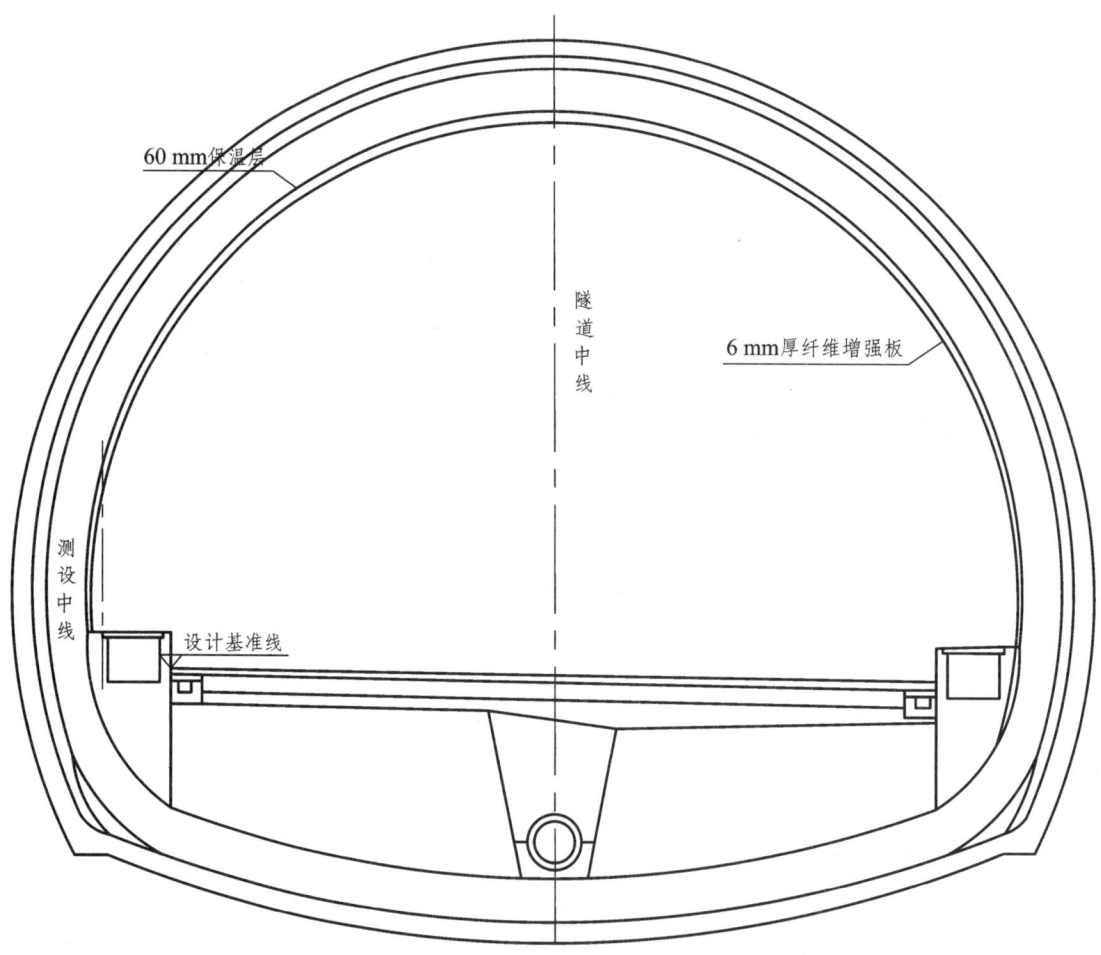

图 2.1-5　隧道二次防冻保温层断面布置示意图

（5）对中心排水管、中心排水管沉沙井和检查井、横向排水管、纵向排水管、纵向排水管检查井、隧道出水口进行了保温设计，如图 2.1-6 及图 2.1-7 所示。

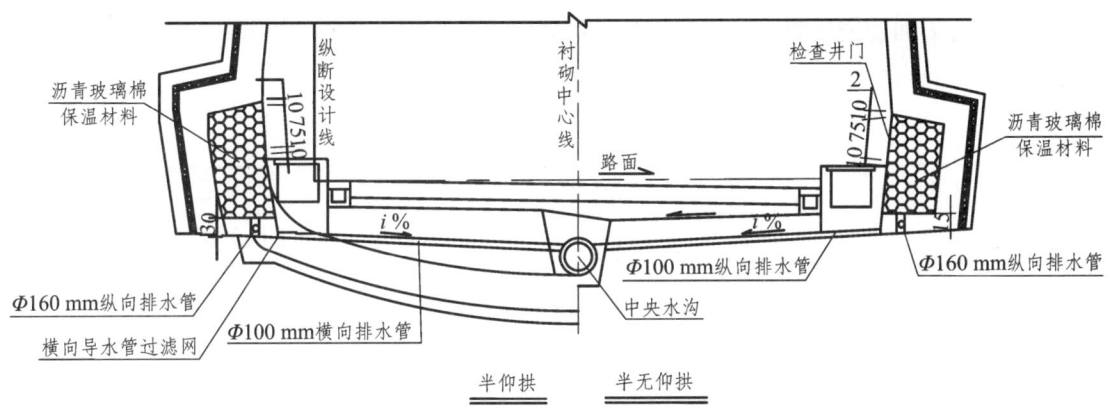

图 2.1-6 排水管保温示意图

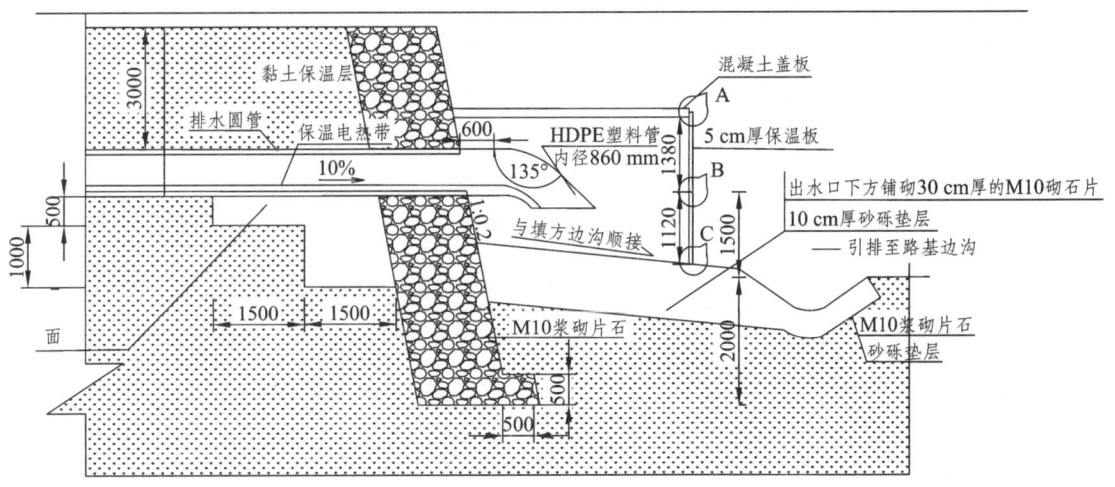

图 2.1-7 排水管出水口保温示意图

（6）为防止冻胀对结构产生破坏，隧道设置了沉降缝，沉降缝在明洞衬砌与暗洞衬砌交界处或不设明洞的洞口段落距洞口以内 10 m 处设置。在暗洞内，软硬地层明显分界处（即围岩显著变化处，如 Ⅴ、Ⅳ、Ⅲ 级围岩交界处、断裂分布处、岩脉和其他围岩交界处等）宜设置沉降缝，在连续 Ⅴ 级围岩段落每 50 m 应设置沉降缝，在连续 Ⅳ 级围岩段落每 80 m 应设置沉降缝。

2.1.5 螺旋隧道结构构造

拟建金家庄特长螺旋隧道，地处冀北山区，属变质岩中山区，区内地形起伏较大，沟壑发育。隧道区地表标高为 1406～1738 m，相对高差 332 m，入口端洞口坡度为 16°～24°，出口端洞口坡度为 26°～31°。

隧道区地层主要为海西期（$\eta\sigma_4^{3e}$）二长花岗岩，局部为第四系覆盖层。具体如下：海西期（$\eta\sigma_4^{3e}$）二长花岗岩，为海西晚期侵入，多呈中粗粒结构，局部石英含量高，见早期海西期侵入复合岩体，局部混合岩化强烈，整体属海西期多次侵入的二长杂岩体，该区基底为古老结晶的太古界回旋变质岩。局部坡脚处有第四系覆盖层零星分布，以粉土、碎石为主。地层分层如表 2.1-3 所示。

表 2.1-3　地层分层

地层编号	时代成因	岩土名称
14_2	$\eta\sigma_4^{3e}$	强风化二长花岗岩
14_3	$\eta\sigma_4^{3e}$	中风化二长花岗岩
14_4	$\eta\sigma_4^{3e}$	微风化二长花岗岩

2.2　寒区隧道分区

金家庄特长螺旋隧道属于季节性寒区隧道。研究具有针对性的防冻措施，首先需要研究其冻害特征，明确其寒区隧道分级。我国众多学者对寒区隧道特征进行研究，并归纳总结出寒区隧道级别。

寒区隧道划分原则：是否发生冰冻病害与冻融病害。

根据隧道地表土体最大冻深和年冻结天数，将隧道分为三个区，如表 2.2-1 所示。

表 2.2-1　寒区隧道分区说明

分区符号	分区名称	冻土类型	冻结深度/m	冻结天数/d	对应年平均气温（与年较差）/ ℃	
					青藏高原地区	内蒙古东北地区
Ⅰ	轻冻害区	中季节冻土	0.8~1.8	90	6.0~2.0（20~26）	10.5~3.5（32~50）
Ⅱ	中冻害区	深季节冻土	1.8~3.0	90~180	2~−2（20~26）	3.5~−0.5（32~50）
Ⅲ	重冻害区	深季节冻土 多年冻土	2.5~4.0	>180	<−2（20~26）	<−0.5（32~50）

根据相关资料，寒区隧道分别按多年冻土分布划分、水源赋存与补给条件分类和气候参数进行分类。

2.2.1　按多年冻土分布划分

当隧道位于多年冻土区时，划分标准为多年冻土分布情况，具体划分见表 2.2-2。

表 2.2-2　寒区隧道多年冻土分布

寒区隧道	Ⅰ 全多年冻土隧道	中、低温多年冻土区浅埋隧道（埋深小于 90 m）
		岛状冻土区浅埋越岭隧道
		多年冻土区浅埋傍山隧道
	Ⅱ 局部多年冻土隧道	中、低温多年冻土区深埋隧道（埋深大于 80 m）

续表

寒区隧道	Ⅱ 局部多年冻土隧道	岛状冻土区浅埋隧道	
		穿越各类构造破碎带融区隧道	
	Ⅲ 非多年冻土隧道	岛状冻土区中埋深隧道（埋深70 m以下）	
		零星分布岛状冻土区隧道	
		季节冻土区隧道	

2.2.2 按水源赋存与补给条件分类

由隧道区水源赋存和地下水来源的情况，可以将寒区隧道划分为5类，见表2.2-3。

表 2.2-3 寒区隧道按水源赋存与补给条件分类

级别	地下水赋存与补给形式	主要分布地区	地下水渗入隧道情况	冻害分级
Ⅰ	干燥围岩隧道	在各类冻土分布区均有分布，特别是干旱地区、黄土地区的中、浅埋深隧道	开挖和运营基本不存在渗漏水问题	微
Ⅱ	含冰围岩隧道	大片连续分布中、低温多年冻土区	开挖过程有人为影响或暖季促使围岩融化，有少量滴水现象	轻
Ⅲ	"封闭""半封闭"含水围岩冻土隧道	大片连续分布中、低温多年冻土区	开挖过程有渗漏水现象，随时间而减小直至消失	中
Ⅳ	开放的深层含水围岩冻融土隧道（没有垂直补给）	大片连续分布多年冻土区，岛状分布多年冻土区，中、深季节冻土区	施工开挖和运营过程均有地下水涌水，水量稳定、持续	重
Ⅴ	开放的垂直与水平混合补给含水围岩隧道	大片连续分布多年冻土区，岛状分布多年冻土区，中、深季节冻土区	施工开挖和运营过程均有大量地下水渗、涌入，出水点多，出水量大，一般水温较低，常年性出水，但波动性大	严重

2.2.3 按气候参数划分亚区

我国的寒区集中分布在东北和西北地区，对于年平均温度较低的地区按气候参数进一步划分为亚区，见表2.2-4。

表 2.2-4 寒区隧道按气候参数亚区分类

地区名称	温度年较差/°C	年平均温度/°C	冻结指数/（°C·d）
西藏南部、青藏东边缘地区	14~20	<4.0	>500
高于海拔3000 m的青藏高原	20~26	<6.0	>500
黄土高原与西部内陆盆地	26~34	<7.5	>500
东北、内蒙古与新疆北疆地区	32~50	<10.5	>500

2.3 金家庄隧道分级及设防建议

由前文所述的金家庄螺旋隧道工程概况及寒区隧道划分依据可知：金家庄螺旋隧道位于张家口市赤城县炮梁乡，隧址区年均温度 5.5 ℃，日均温度最高月份为 7 月份，月平均气温 19.8 ℃，日均温度最低月份为 1 月份，月均温度 −13.2 ℃，温度年较差 33 ℃，隧址区最大冻结深度 1.62 m；隧道属于贫水区，在开挖过程中地下水以滴水形式出现，地下水水位线与冻结线距离较大，隧道围岩冻结速率低；隧道除洞口浅埋段外围岩完整，单轴抗压强度大于 5 MPa，干重度大于 15 kN/m³，含水率小于 25%，围岩不易发生冻胀。

因此，金家庄特长螺旋隧道属于内蒙古、东北地区Ⅰ级轻冻害区，冻土类型为中季节冻土；按气候参数划分亚区属于东北、内蒙古与新疆北疆地区，冻结指数>500 ℃·d；按多年冻土分布划分属于Ⅲ级岛状/季节冻土区隧道；按水源赋存与补给条件分类属于Ⅰ～Ⅱ级之间，冻害程度属于轻微。但考虑到季节性冻土区隧道衬砌背后的水随着季节气温的变化，由水结冰或由冰化水，一冻一融反复作用下，隧道衬砌受损裂化，随之各类冻害开始产生。由此可见，冻害的产生不仅需要冰点以下的温度，而且需要衬砌背后环境，温度在冰点上下长时间反复循环，形成冻融圈，进而造成衬砌的冻胀破坏，所以需要做的是减少围岩与外界的热交换，即隔热保温。本隧道采取距洞口设防 1500 m 的隔热层，可以满足设计要求。

针对金家庄特长螺旋隧道冻害特征提出以下防冻害措施：

（1）受围岩地热影响，衬砌背后围岩不同深度处温度不一样，建议采用不等厚的保温方式，做到既经济又合理。

（2）根据保温对象（围岩、初期支护、二次衬砌）的不同，采用不同的敷设方式。

（3）在仰拱下要设置横向排水管，施工过程中一定要设置缓冲层来保护排水管，避免过多荷载作用在排水管上，导致其受压破裂或变形，无法畅通排水，进而发生冻害。

（4）对隧道围岩进行钻孔注浆可以改变围岩冻胀特性。围岩注浆可以提高围岩强度，减少孔隙率，从而改变围岩的物理力学参数，减小围岩冻胀力。注浆还能增强围岩稳定性，减小围岩产生渗漏的可能性，使围岩与衬砌形成一个整体共同承担冻胀力的作用。

（5）对于隧道衬砌后面的空洞应注浆回填，防止空洞内积水冻胀而产生冻胀力。

（6）对于隧道洞口段可以采用双层防水层，即在隧道开挖后喷射混凝土，然后铺设防水层，加防冻隔温层，接着再铺设防水层，施作二次衬砌。以此保证二次衬砌混凝土处于干燥状态，减少洞内气温的影响。

（7）设计中未考虑到路面结冰的情况，可以采用主动保温的方式消除路面结冰，隧道主动加热方式有电热、地热、热风和暖气等。

（8）由于金家庄隧道地下水含量较少，洞口段可以采用深埋边沟，但并非一定要设置在冻结线以下，可以采用保温隔热边沟的形式，减少隧道内地下水流经过程中的热量损失。

（9）为防止地下水热量消散过快从而导致环向排水管中水冻结，可以在两层衬砌间设保温层，以保证地下水的热量不至于消散过快。

（10）为防止隧道路面溢水结冰，避免出现行车事故，可以采取对水沟局部主动加热的技术，特别是对排水管出水口进行特殊处理。

（11）利用纵向检查井进行调查，对堵塞的排水管进行疏通，保持水路畅通、排水顺利，从而保证隧道路面无溢水结冰现象出现。

（12）通过常规检查，观察洞门、衬砌结构、检修道、排水道、路面、边墙、拱顶、拱腰等部位是否存在异常，如渗漏水、结冰、挂冰，衬砌开裂等，做到及时发现，尽早维护。

第 3 章 金家庄特长螺旋隧道环境特征研究

3.1 隧道气象环境与温度场监测方案

物质系统内各个点上温度的集合称为温度场,是时间和空间坐标的函数,反映温度在空间和时间上的分布。隧道是一种地下工程结构物,其温度场受多种因素的影响,这些因素从空间上可划分为洞内因素和洞外因素两大类。洞外因素包括:大气温度、湿度、气压、风速、风向;洞内因素包括:衬砌温度、围岩内部温度、洞内风速、风向等。相关研究表明:现阶段寒区隧道所出现的各种病害大多是由于初期设计阶段对隧道温度场分布规律了解不足,在保温防冻的预防措施和设防等级上考虑不足所造成。本章结合金家庄特长螺旋隧道所在区域的大气环境因素,针对其特殊的螺旋展线及进出口高差较大的特点制定相应的监测方案,对其温度场监测分为洞内、洞外两部分进行科学系统的监测和分析。

3.1.1 洞内环境测试仪器及布置

金家庄螺旋隧道左洞全长 4228 m,右洞全长 4104 m,隧道进出口端高差大,均处于大陆性气候带,四季、昼夜温差大,寒季时间长。结合已有关于隧道温度场研究的成果和经验可知,洞外环境气象要素对其影响十分显著,特别是隧道洞口段受外界环境因素影响最为显著。因此,在着重研究洞外环境影响的同时有必要对隧道内环境进行系统的观测研究,特别是考虑螺旋隧道的特殊线形,应对其内部温度环境进行科学详细的观测、分析。

1. 测试总则

(1)测试项目:观测隧道洞内温度、隧道衬砌表面温度分布及其沿隧道纵向的变化规律和同一断面上的温度分布特征。

(2)测试频率:为保证本次洞内环境因素观测数据样本的科学性,测试频率的确定决定参考国际气象测试惯例并进一步优化。国际气象测试惯例:以本初子午线零点为标准,由于我国位处东八区,对应北京时间 8:00 为起点,每 6 小时观测一次,即每日的 8:00、14:00、20:00、2:00 进行观测。后期将对测点数据按照最大值、最小值和平均值 3 项进行统计分析。为确保数据样本的丰富性,降低测试仪器误差和人为因素对观测科学性的影响,决定将国际气象测试惯例进一步细分:以北京时间 8:00 为起点,每 3 小时观测一次,每天进行 8 次,即 8:00、11:00、14:00、17:00、20:00、23:00、2:00、5:00 进行观测。测试数据收集后,经人工收集，每周定期对进、出口气象站的数据进行汇总及处理。

（3）根据以上对隧道洞内温度系统测试并统计，分析洞内温度全年内随时间的变化规律，为金家庄特长螺旋隧道温度场研究提供科学依据。

2. 测试仪器

隧道洞内温度的准确测量对温度场研究尤为重要，因此在测试仪器的选择上要以测试精度高、稳定性好、操作简单为根本要求，同时要确保测试元件不给正常施工带来不便。目前经常采用的接触式测温元件根据测温原理分为热电阻类和热电偶类两大类。

热电阻测温元件在工业中应用广泛，其测温原理为利用导体电阻值随温度变化而改变的性质，测温元件根据其电阻温度特性关系进行检验、标定，获得其特有的电阻温度曲线。显著优点表现为可以长距离传输电信号，但其测试时必须辅助电源刺激，感应部分大，因此测温反应慢。热电偶测温元件是由两种不同金属连接形成闭合回路，利用塞贝克效应对电势差进行温度测量，相较于热电阻其具有测量范围宽、性能稳定、结构简单、体积小、响应时间短、测试时不需要外加电源等优点。热电偶根据其分度不同可分为 B、T、S、K、R、J、E、N 等 8 类，其中 T 型热电偶测温元件在负温测量中具有稳定性强、测试精度高、线性度好等优点。

综上分析并考虑隧道地处季节性冻土地区、冬季十分寒冷的环境特点，温度场测试中需面临大量负温测试，且温度场每日监测频率较高，测温过程中对传感器响应速度提出了更高的要求。综上选取 T 型热电偶温度传感器，如图 3.1-1 所示，其具体参数见表 3.1-1。由于本次测试任务量较大，在选择读数仪的时候必须考虑其便携性和读取数据快捷准确，因此选取与 T 型热电偶温度传感器相匹配的手持便携式 AI5600 型高精度测温仪，如图 3.1-2 所示。

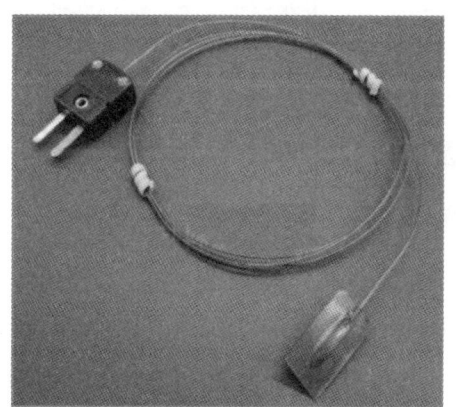 

图 3.1-1　T 型温度传感器　　　　　图 3.1-2　AI5600 型测温仪

表 3.1-1　T 型温度传感器参数

型号	分度号	绝缘层材料	耐温范围	测试范围
SA1-TT-T-30-2000	T	PFA	−80 ~ 260 °C	−200 ~ 200 °C

3. 仪器布置

随着隧道的开挖和施工，其温度场受到多重因素的影响，为全面系统掌握隧道洞内温度场分布规律，结合以往寒区隧道温度场现场测试经验，决定在隧道同一断面的二衬表面按照左右对称、上下对称布置原则布置 4 个 T 型温度传感器，如图 3.1-3 所示。断面位置的选择以隧道进出口端为起点沿隧道纵向布置，考虑到隧道洞口段其温度分布受外界环境和其他因素影响最为显著，因此其布置间距从洞口段开始由密到疏，每个洞口段布置 6 个测试断面，称为Ⅰ类观测断面，第一个测试断面布置在距洞口桩号 5 m 左右的位置，随后第二至第六断面按照与前一断面间距分别为 15 m、70 m、100 m、100 m、100 m 进行布置，Ⅰ类观测断面沿隧道纵向布置如图 3.1-4 所示。为了便于对比分析和更好地掌握围岩温度沿隧道径向分布规律，需要在围岩内部布置测点，布设温度场Ⅱ类观测断面。Ⅱ类观测断面由于在拱顶部位施工难度较大，综合考虑后，每个断面设 2 个测点，在拱腰处对称布设。每个测点埋设 6 个温度传感器，两两间距为 50 m，如图 3.1-5 所示。Ⅱ类观测断面沿左右线纵向布置两组，如图 3.1-6 所示。根据以上确定方案对测点进行布设，并按照规定的测试频率进行数据观测采集，如图 3.1-7 所示。

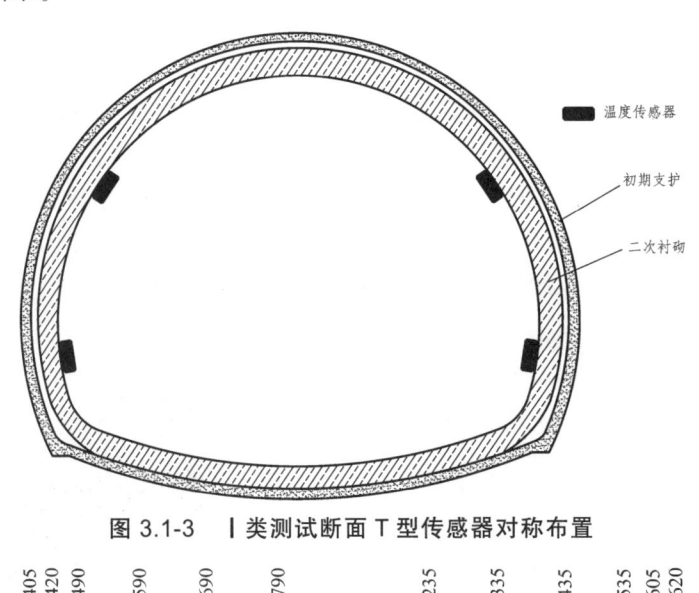

图 3.1-3 Ⅰ类测试断面 T 型传感器对称布置

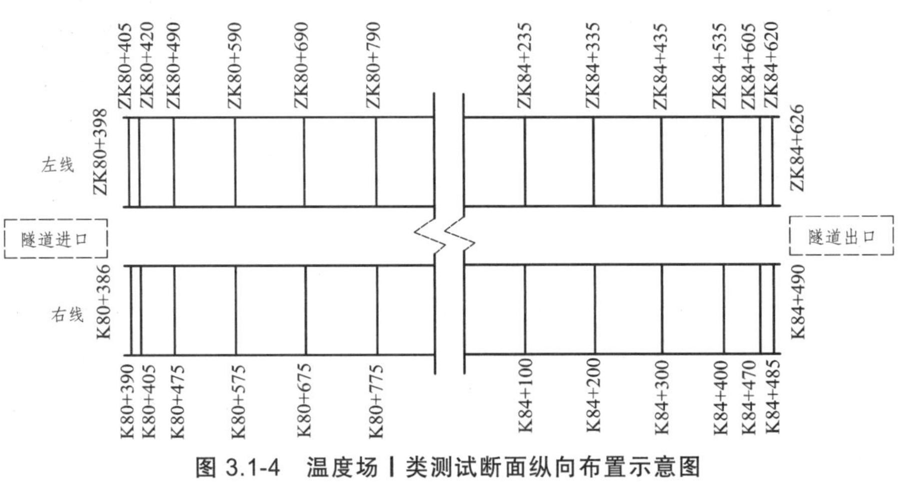

图 3.1-4 温度场Ⅰ类测试断面纵向布置示意图

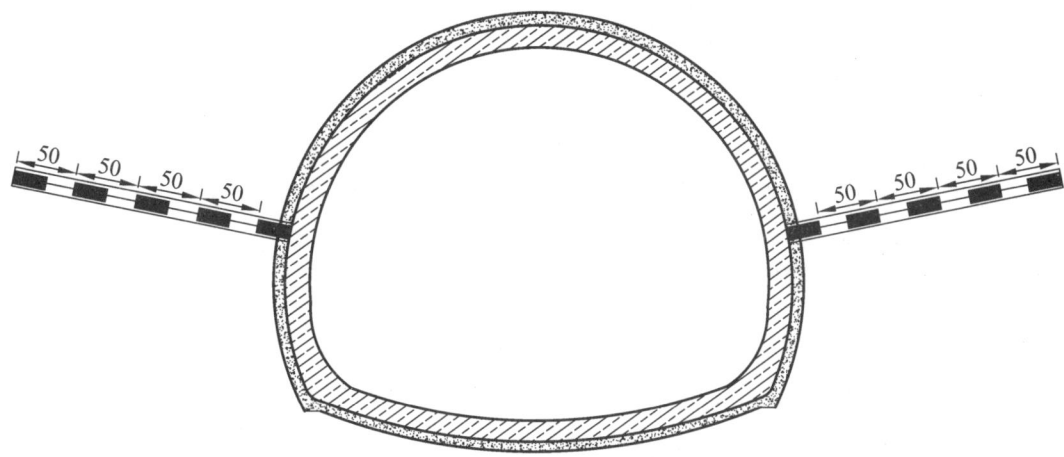

图 3.1-5　Ⅱ类测试断面 T 型传感器断面布置示意图

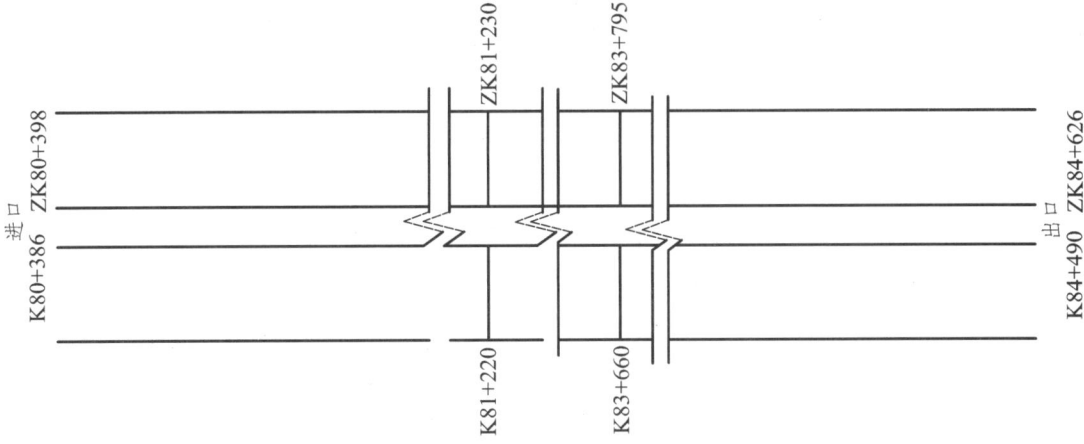

图 3.1-6　温度场Ⅱ类测试断面纵向布置示意图

图 3.1-7　现场数据采集

3.1.2 洞外环境测试仪器及布置

金家庄特长螺旋隧道左洞全长 4228 m，右洞全长 4104 m，隧道进口设计高程 1403.96 m，出口设计高程 1482.32 m，高差为 78.36 m。隧道进口与出口距离较远、高差较大，由于特殊的螺旋展线，相较传统直线隧道其进出口并非是分别处于山体向阳、背阴两侧，洞外环境因素对隧道温度场的影响更为复杂，因此对隧道进出口均应进行详细的全方位的环境要素监测，以便为后续研究该螺旋隧道温度场提供原始数据。其平面如图 3.1-8 所示。

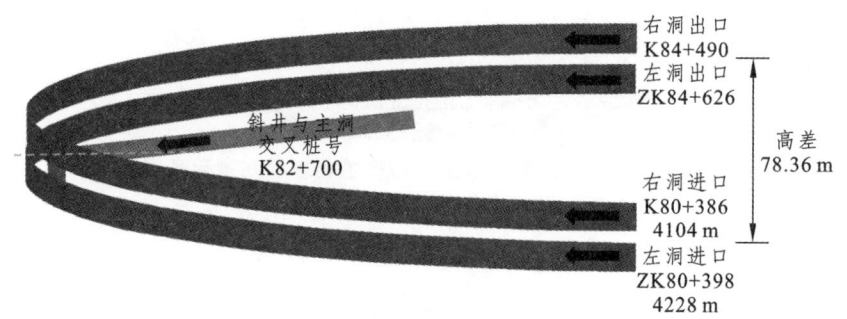

图 3.1-8　金家庄特长螺旋隧道平面示意图

1. 测试总则

（1）测试项目：分别观测进、出主洞洞口位置外界环境的气象要素，如洞外风速、洞外风向、大气压力、空气温度等数据。

（2）测试频率：为保证本次洞外环境因素观测数据样本的科学性，测试频率确定为每小时自动采集一次数据，测试数据收集后，每周定期对进、出口气象站的数据进行汇总及处理。

（3）测试数据传输：数据采集中采用的 PH 自动气象站可通过 GPRS 无线通信方式和 RS485 通信线两种方式来传输气象数据，当采用 GPRS 无线通信方式时，中心气象计算机采集端可以与多台 PH 自动气象站通过 GPRS 无线数据通信网络组成气象观测网络，同时对多台气象站所采集的数据进行实时观测传输。

（4）根据以上对洞外环境大规模系统测试，统计分析进、出主洞洞口位置的风速、风向、温度、湿度、气压等参数在全年内的变化规律，为金家庄特长螺旋隧道温度场研究提供科学依据。

2. 测试仪器

考虑到隧道进出口距离较远、高差较大的特点，在金家庄螺旋隧道进、出口各设置一台 PH 型自动气象站，对进、出口处风速、风向、大气温度、大气压力、大气湿度 5 个环境因素进行连续监测记录。根据隧址所在地区气象局提供的历史环境因素最值数据并考虑一定的观测余量，选取相应型号的传感器，使其工作范围、分辨率和测量准确度符合本次测试的要求。本次测试将风速、风向两传感器单独设置，并将其余测试要素（大气温度、湿度、大气压力）的传感器集中设置在百叶箱内。风速传感器采用经典的三杯脉冲式，外形小巧、安装便捷，数据传输线性、稳定，受外界干扰较少；风向传感器采用聚碳酸酯材质，体积轻巧，通过减小摩擦提高灵敏度，保证测量准确性；百叶箱将大气温度、湿度、大气压力测试元件集成到一起，各参数相互独立且灵敏度高。各传感器及百叶箱如图 3.1-9 所示。

风速传感器　　　　　　　风向传感器　　　　　　　百叶箱

图 3.1-9　各传感器及百叶箱

各传感器的具体型号、测试范围、分辨率及准确度见表 3.1-2。

表 3.1-2　气象采集仪型号参数

传感器	型号	测量范围	分辨率	准确度
风速	YGC-FS	0～70 m/s	0.1 m/s	±（0.3±0.03v）m/s
风向	YGC-FX	0°～360°	1°	±3°
大气温度	YGC-QW	−50～100 ℃	0.1 ℃	±0.3 ℃
大气湿度	YGC-QS	0%～100%	0.1%	±3%
大气压力	YGC-QY	10～1100 hPa	0.1 hPa	±0.3 hPa

由采集器、传感器、通信接口、系统电源等部件构成的自动气象站是一种气象观测设备，它能够自动地观测和存储气象数据。自动气象站中的采集器实时采集观测数据，传感器的各个感应元件根据气象要素的变化，输出与之对应的电量，并对数据进行定量化、线性化的处理，同时对所得数据进行筛选，选定各气象要素值，实现从工程量到要素量的转化。观测现场每小时采集一组数据，将观测结果通过自动气象站的内置网络进行数据传输，自动气象站网络由一个中心站和两台自动气象站通过通信电路组成，如图 3.1-10 所示。在电脑客户端可通过 Weather Station 软件（图 3.1-11）进行实时数据的监测和历史数据的下载。

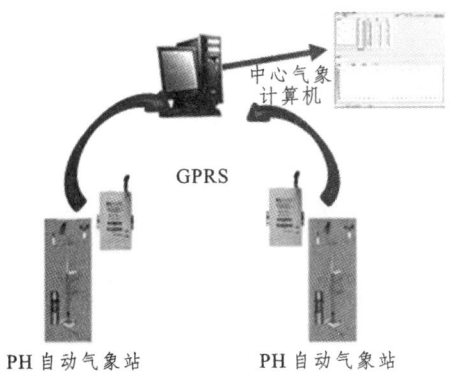 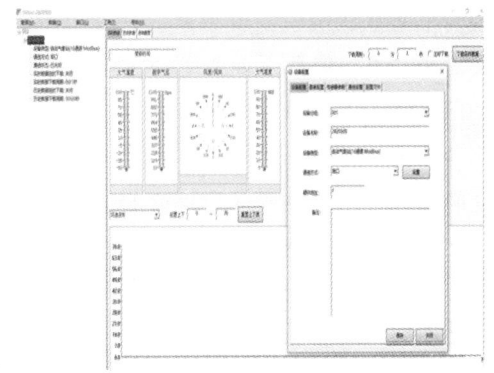

图 3.1-10　气象站网络示意图　　　　图 3.1-11　Weather Station 软件界面

3. 仪器布置

根据气象部门相关手册，观测场地的选择必须具备以下条件：

（1）气象站位置应选取地势相对平坦，无高大树木、无建筑遮掩、视界开阔处，不能设置在湖泊或河流附近。

（2）准确测量观测场地的标高。

（3）应保持气象站周围场地清洁，不能放置影响气象站测量的物体。

（4）不得破坏测量地点周围的自然环境，尽量维持环境原貌。

根据观测洞口温度场所需要求及现场实际情况在进、出主洞洞口 20 m 范围内分别布置气象站，如图 3.1-12 所示。尽量避免外界因素对相应气象指数测试的影响：远离运渣车辆行驶线路，减小因车辆通过的交通风对洞口大气风速、风向、气温数据测试准确性的影响；远离洞口临时设施，保持合理距离，减小对洞口大气风速、风向、气温测试数据准确性的影响。

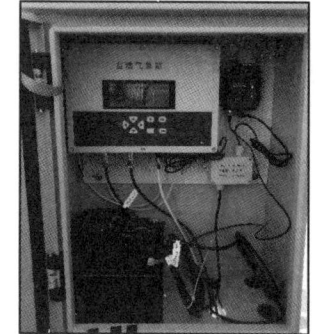

图 3.1-12　进、出口主洞气象站

3.2 隧道洞口环境分析

3.2.1 隧道洞口温度分析

通过小型气象站进行隧道洞外温度数据的采集工作。气象站安置在距洞口 20 m 位置处，地势平坦，降低进出人员及车辆对测试数据的影响，同时数据又能代表隧道洞外实时温度。每小时采集一次洞口温度数据，并通过两台气象站分别记录温度数据，每小时记录一次，得出日最高温度、最低温度、平均温度并记录在储存模块内。进口气象站温度采集周期为 2018 年 10 月 18 日至 2019 年 10 月 4 日，共有 351 组数据；出口气象站温度采集周期为 2018 年 11 月 6 日至 2019 年 8 月 13 日，共有 281 组数据。

由图 3.2-1、图 3.2-2 可以看出：隧址区洞口外环境温度总体表现出正弦函数变化规律，在一段时间内呈现波动式增长或下降趋势，隧道洞口外环境温度温差大。进口处日最大温差为 20.1 ℃，温差平均值为 11.42 ℃，在观测期 351 d 中，温差大于 10 ℃ 的天数有 232 d，占观测期天数的 66%，温差大于 15 ℃ 的天数有 56 d，占观测期的 16%。由此可以看出：隧道进口处外环境温度日温差极大，如图 3.2-1 所示，温差大致在 7.5 ~ 15.5 ℃ 之间波动，围绕

11.42 ℃上下起伏,其中在第 60～210 d 时日温差较大,即 2018 年 12 月至 2019 年 5 月间昼夜温差最大,与隧址区寒季时间段相吻合;同时日最高温度与日平均温度差值记为温度上限差值,日最低温度与日平均温度差值记为温度下限差值,观测期内隧道进口处外温度上限差值平均为 5.79 ℃,下限差值平均为 5.63 ℃,其和与昼夜温差均值 11.42 ℃相等,此外,观测期内隧道进口处外温度上限差值最大为 10.20 ℃,下限差值最大为 10.05 ℃,其和为 20.25 ℃与最大昼夜温差值较接近,据此推测日温度-时间变化表现出以平均温度时刻为中心轴对称分布的特点。出口处日最大温差为 19.8 ℃,温差平均值为 11.32 ℃,在观测期 280 d 中,温差大于 10 ℃的天数有 190 d,占观测期天数的 68%,温差大于 15 ℃的天数有 34 d,占观测期的 12%,则隧道出口处外环境温度日温差亦极大,如图 3.2-2 所示,温差大致在 7.5～14.5 ℃之间波动,围绕 11.32 ℃上下起伏,其中在第 50～200 d 时日温差较大,即 2019 年 1 月至 2019 年 5 月间昼夜温差最大,与隧址区寒季时间段相吻合;观测期内隧道出口处温度上限差值平均为 5.89 ℃,下限差值平均为 5.43 ℃,其和与昼夜温差均值 11.32 ℃相等,此外观测期内隧道进口处外温度上限差值最大为 10.20 ℃,下限差值最大为 11.15 ℃,其和为 21.35 ℃与最大昼夜温差值 19.8 ℃较接近,同理推测日温度-时间变化表现出以平均温度时刻为中心轴对称分布的特点。对比隧道洞口进出口处外环境温度可以发现:进口处温度波动较出口处温度波动大,结合隧道洞口处风向、风速观测结果,进口处风速全年较出口处风速大 2～4 m/s,推测是由于进口处洞外风速较出口处大,因此导致进口处温度波动起伏较大。

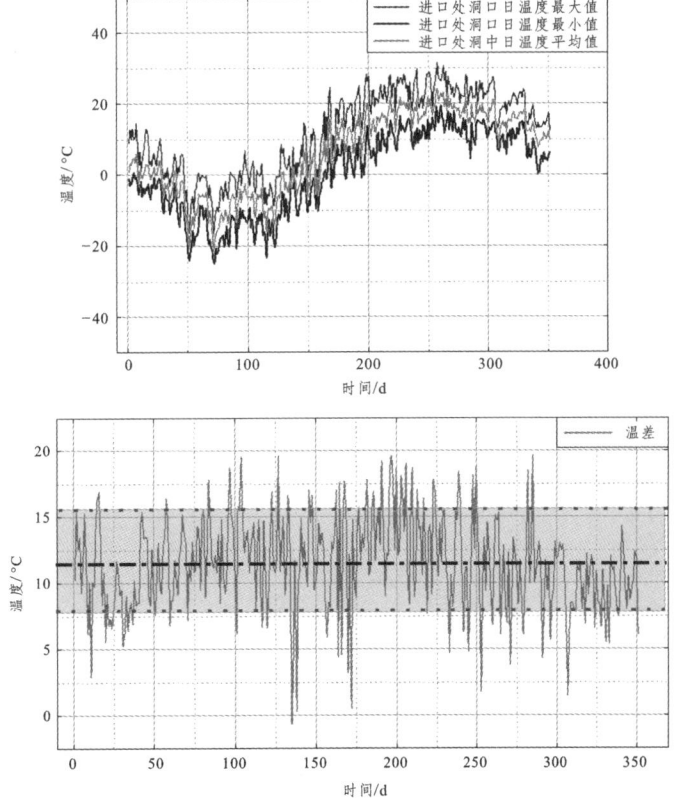

图 3.2-1　隧道进口(延庆端)处洞口温度-时间分布

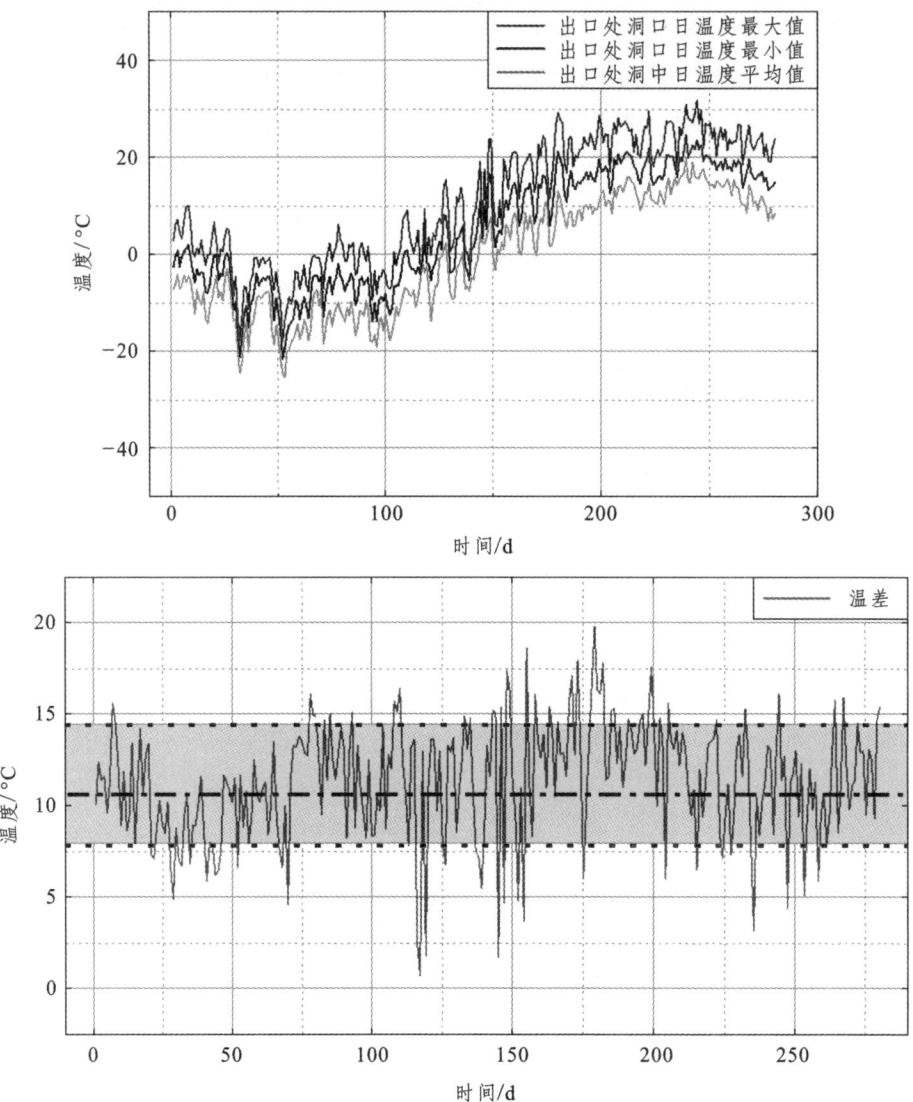

图 3.2-2 隧道出口(崇礼端)处洞口温度-时间分布

根据气象站测量的温度实测数据对隧道洞口处温度-时间的年分布规律进行分析。由图 3.2-1 及图 3.2-2 可以看出:隧道洞口处温度具有周期规律且呈现出正弦函数的变化规律。利用气象学中常用的数理统计方法——正弦函数回归法对年平均气温进行拟合。选取的拟合公式如式 3.1 所示。

$$T(d) = A_\mathrm{m} + A_\mathrm{t} \sin\left[\frac{2\pi}{365} \cdot (d + d_0)\right] \tag{3.1}$$

式中:A_m——年平均气温;

A_t——年温度振幅;

D——时间,距 11 月 9 日天数;

d_0——时间相位。

分别对得到的隧道进口（延庆端）洞口和出口（崇礼端）洞口处的环境温度变化进行拟合，对于各参数不进行约束，采用 Levenberg-Marquardt 算法进行回归，拟合曲线如图 3.2-3 所示。

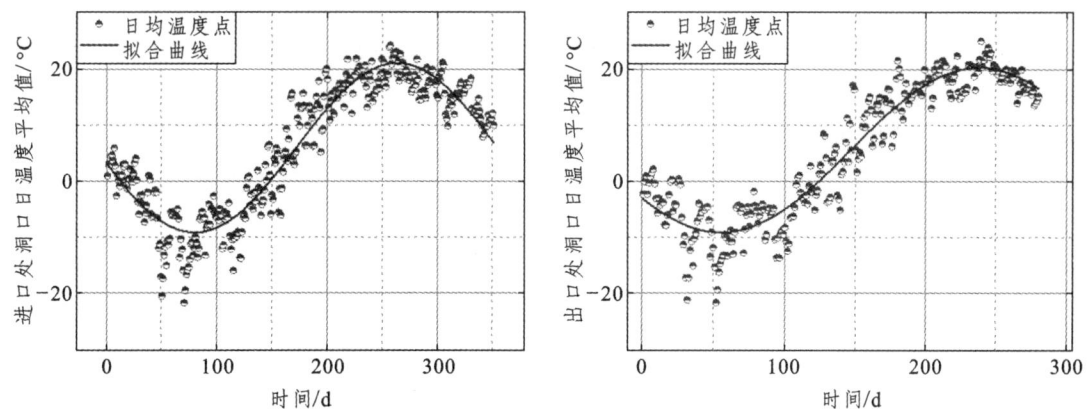

图 3.2-3　洞口处温度-时间拟合曲线

由此可得拟合公式如式 3.2、式 3.3 所示。

延庆端：

$$T(d) = 5.9607 + 14.9910 \cdot \sin\left[\frac{2\pi}{365} \cdot (d + 193.2066)\right] \tag{3.2}$$

崇礼端：

$$T(d) = 5.3856 + 14.5519 \cdot \sin\left[\frac{2\pi}{365} \cdot (d + 218.4532)\right] \tag{3.3}$$

选取 2018 年 11 月 6 日至 2019 年 8 月 13 日观测期内隧道进出口温度数据对比隧道进出口平均温度变化规律，如图 3.2-4 所示。

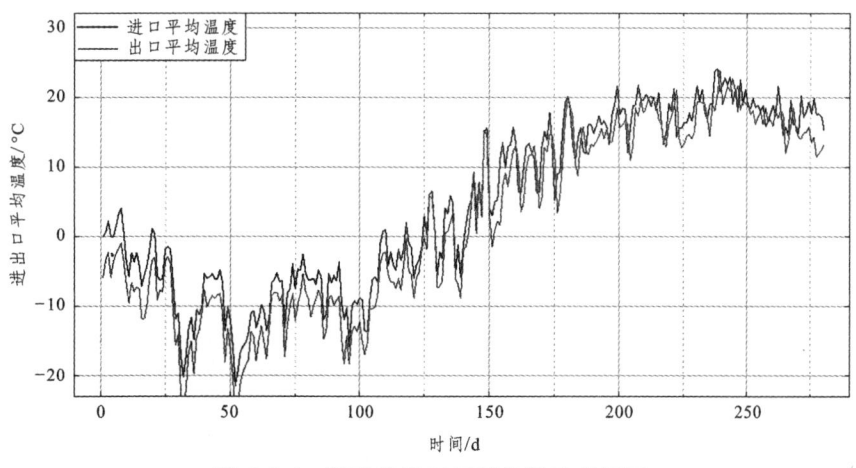

图 3.2-4　隧道进出口日平均温度差限图

从图中可以发现：隧道出口外大气温度在观测期内绝大部分时间均比隧道进口处温度低，特别是在气温最低时进出口外的平均气温差值达到最大，达到 6.9 ℃，同时在温度上升期，进口温度与出口温度差值较小，最小差值为 0.2 ℃，纵观整个观测期内温度数据，出口处日温差波动幅度较进口处大。根据隧道内外气象风速测定，在暖季风向由进口吹向出口，隧道进口处的进洞风速可达 3.2 m/s；但是在寒季温度最低时间段内风向由出口吹向进口，其他寒季时间段风向由进口吹向出口，寒季进口处最大进洞风速可达 4.1 m/s，平均风速较暖季明显偏大。由此推测，隧道进出口所处海拔差异、洞口温度差值以及冷气团的积聚可能是影响隧道内空气流动的重要原因。在金家庄螺旋隧道，隧道进口处环境温度在观测期内日平均气温低于 0 ℃ 的天数为 123 d，占观测期天数的 35.0%，隧道出口处环境温度在观测期内日平均气温低于 0 ℃ 的天数为 120 d，占观测期天数的 42.8%，据此发现金家庄螺旋隧道属于季节性冰冻区隧道。

3.2.2 隧道洞口风速分析

1. 进口处

由图 3.2-5 可以看出：隧道进口处风速呈现出波动式变化，最大风速整体趋势是以 3 m/s 为中心波动，且波动幅度先逐渐增加再减少，呈倒 V 形变化趋势。进口处最大日风速第 243 d 为 11.8 m/s，该天日均风速为 2.2 m/s。最低日风速第 88 d 为 0.4 m/s，该天日均风速为 1.5 m/s。从图中可以看出：隧道未贯通的条件下，隧道进口处外部最大风速波动性较大，在夏季风速较大，其日均风速大小介于 1.0 ~ 2.8 m/s 之间，不具有明显的规律性。

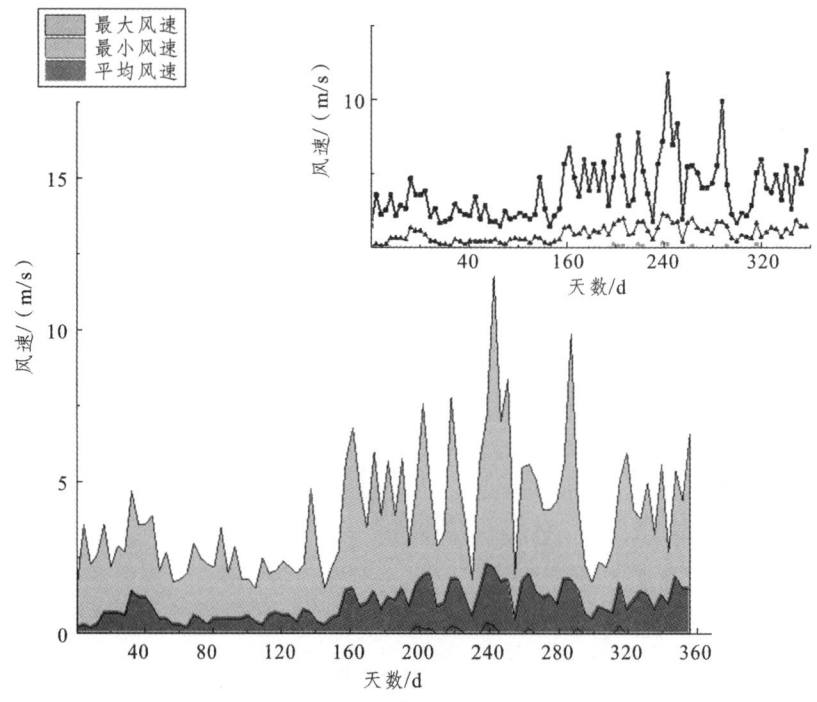

图 3.2-5　隧道进口风速时程变化图

2. 出口处

由图 3.2-6 可以看出：隧道出口处风速呈现出波动式变化，整体趋势逐渐递减，且波动幅度逐渐减小，直至趋于稳定。出口处最大日风速为第 25 d 为 6.1 m/s，该天日均风速 1.2 m/s，最低日风速第 235 d 为 0.3 m/s，该天日均风速为 1.3 m/s。与进口处对比可以发现：其风速变化规律是不一致的，波动幅度相对较小，日均风速大小差距不大。从图中可以看出：隧道未贯通的条件下，隧道出口处外部最大风速波动性较大，日均风速介于 0.8 ~ 2.4 m/s 之间，同样不具有明显的规律性。

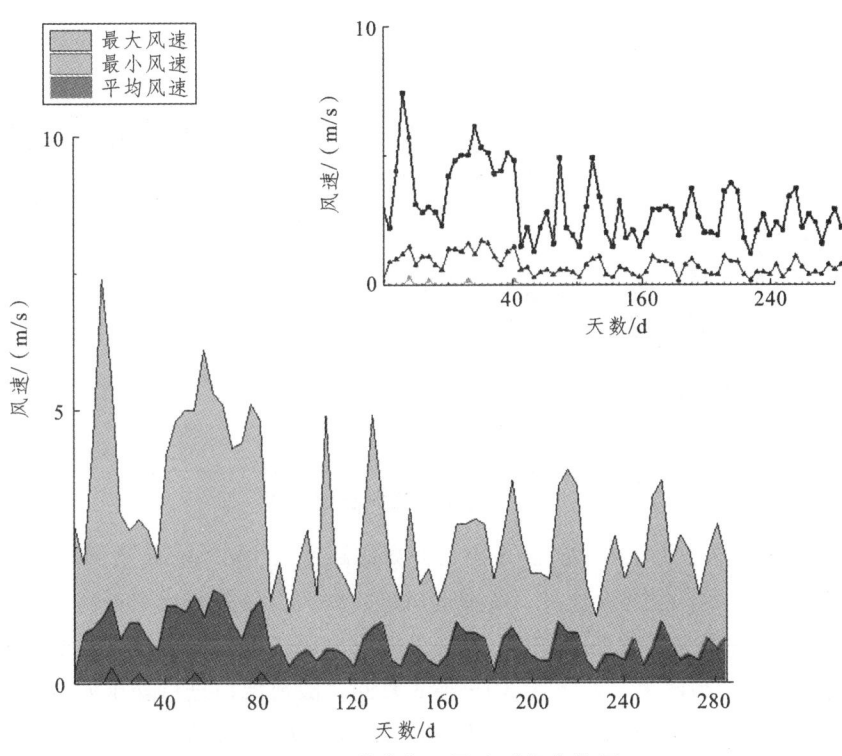

图 3.2-6 隧道出口风速时程变化图

3.2.3 隧道洞口气压分析

选取 2018 年 11 月 6 日至 2019 年 8 月 13 日观测期内隧道进出口气压数据对比隧道进出口温度、海拔对气压影响规律，如图 3.2-7 所示。

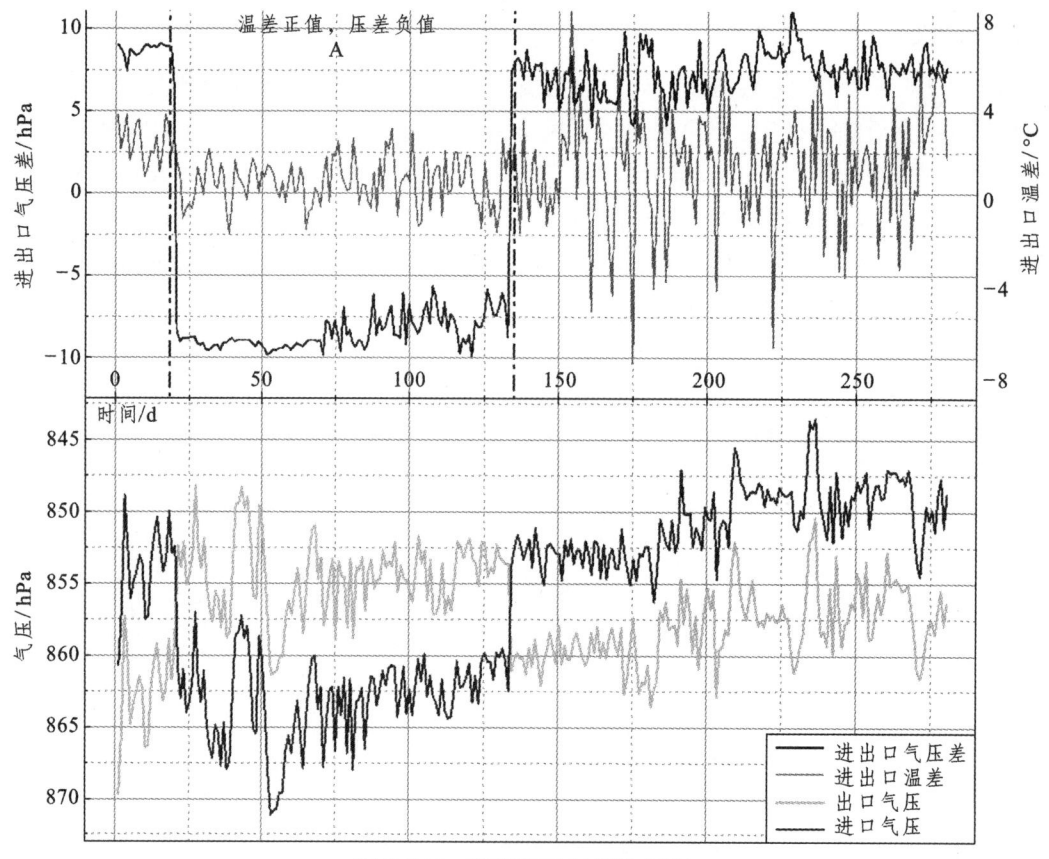

图 3.2-7 隧道洞口气压数据图

隧道进口处海拔高度为 1391 m,隧道出口处海拔高度为 1467 m,隧道洞口海拔差 76 m。由图中可以看出,除图中标识 A 段外,隧道洞口进口处大气压强较出口处高,气压差范围为 5~10 hPa,波动幅度不大,说明在除 A 段外其他段形成气压差的控制因素是海拔高度的差异。而在 A 段内,即 2018 年 12 月至 2019 年 3 月间,隧道洞口进口处压强高于出口处压强 6~10 hPa,同时在该时间段内,进出口温度差大致仍呈现正值,即出口温度低于进口温度。对于这个问题,普遍采用的等温气压方程显然是不适用的,因此建立变温大气压强与海拔高度方程,将大气假设为随高度增加,空气密度及气温逐渐降低的空气柱,假设空气柱截面积为 1 m²,此时海平面处的气压与截面面积的乘积在数值上就等于整个空气柱的重量。同样,某一小段空气柱两端气压差值在数值上就等于这段空气柱重量。根据这个思路,假设在隧道进出口海拔区间内温度变化均匀,空气密度与绝对温度成反比,则结合气体密度-气压关系,可以推导变温大气压强与海拔高度方程,如式 3.4 所示。

$$\begin{cases} -\mathrm{d}P = \rho_0 \times \dfrac{P}{P_0} \times W \times g \times \mathrm{d}h \\ W = \dfrac{T_0}{T_0 + T_1 - \left(\dfrac{T_2 - T_1}{h_2 - h_1}\right) \cdot h} \end{cases} \quad (3.4)$$

式中：P——大气压强；

ρ_0——气温 0 ℃，标准大气压下空气密度，常取 1.293 kg/m³；

P_0——标准大气压强，常取 1013.25 hPa；

W——温度对空气密度的校正系数；

T_0——绝对零度，取 273.15 ℃；

T_1，T_2——进口、出口处气温；

h_1，h_2——进口、出口处海拔高度；

g——重力加速度，取 9.806 m/s²。

上式为一阶线性微分方程，可解得：

$$P = Ce^{-\int \frac{\rho_0 g}{P_0} W(h) dh}$$

从式 3.4 中可以看出温度-密度校正系数是以海拔高度为自变量的函数，记为 $W(h)$，该系数通过变换将温度差异导致的压强变化等效为海拔高度导致的压强差异，据此在时间段 A 内，隧道洞口进出口处大气压差的控制因素为海拔高度差和温度差。根据观测结果可以分别得出隧道进出口处温度-密度校正系数 W 每天变化情况，如图 3.2-8 所示。

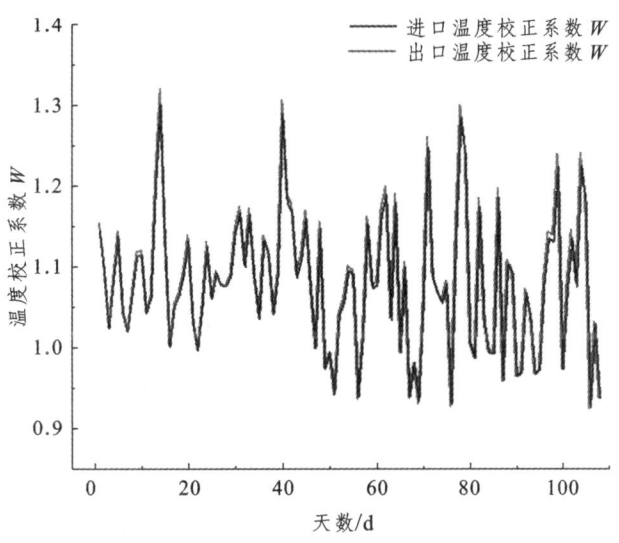

图 3.2-8　隧道洞口气压温度校正系数-时间变化图

可以看出：无论是隧道进口还是出口在观测时间 A 段内，其值均较大，在约 95% 以上的时间内均大于 1，约 85% 以上的时间内均大于 1.1，因此可以认为在时间段 A 内，隧道洞口压强受温度影响程度较海拔影响程度大约 10%，而隧道出口冷气团积聚、温度低，虽然其海拔高，但是受温度影响程度更明显，所以在该段时间内，隧道出口处压强反而较进口处大，表现出海拔高、温度低、气压大的特点。此外，温度-密度校正系数 W 在隧道进口处与出口处极为接近，说明隧道进出口处气压受温度影响程度是一致的，这也与现场实测结果相符。

3.3 隧道内温度场分析

隧道内温度场的测试工作始于 2018 年 10 月 18 日,止于 2019 年 8 月 12 日。对于隧道洞内观测断面每天测量一组,测量频率为每天 8 次测试,并由此得出测量断面当日最大、最小、平均温度,共测得 298 组数据。

3.3.1 隧道二衬表面温度分析

1. 隧道进口右洞

(1) K80+390。

从图 3.3-1 可以看出:K80+390 断面温度时程曲线在前 35 d 温度逐渐递减,变化趋势较缓,在第 37 d 整体温度突降,与外界大气温度对比,是由于外部环境降温导致的结果,随后气温回暖,曲线上升然后维持波动式递减的趋势。在第 50~52 d 时左右拱脚位置发生温度突降,外界环境降温并结合外部风向对其分析,由于外界风在该段时间内朝向隧道洞口,且受施工通风的影响,隧道内部气体热交换不够充分,洞口段隧道上部温度较高,下部温度低,风速大,冷空气堆积,受外界影响更明显。断面整体在第 90~100 d 时发生温度突降,并在其后温度快速升高,在第 100~120 d 时间段内达到最快升温速率,其后保持波动式上升,且升温速率逐渐变缓,在 270 d 后,即 8 月上旬出现温度下降趋势。可以看出:断面最低温度出现在 12 月—次年 1 月间,最高温度出现在 7 月间。断面各测点温度波动幅度随时间先增大后减小,尤其是在第 30~80 d 之间,温度变化波动明显,在 230 d 之后,温度波动幅度逐渐趋于平缓。此外,可以观测到由于隧道曲率的影响,断面右侧温度较左侧高 1~2 ℃,在观测时间段内最低温度出现于 12 月 27 日,左拱脚、左拱肩、右拱肩、右拱脚温度分别为 −14.74 ℃、−13.12 ℃、−13.16 ℃、−14.79 ℃。

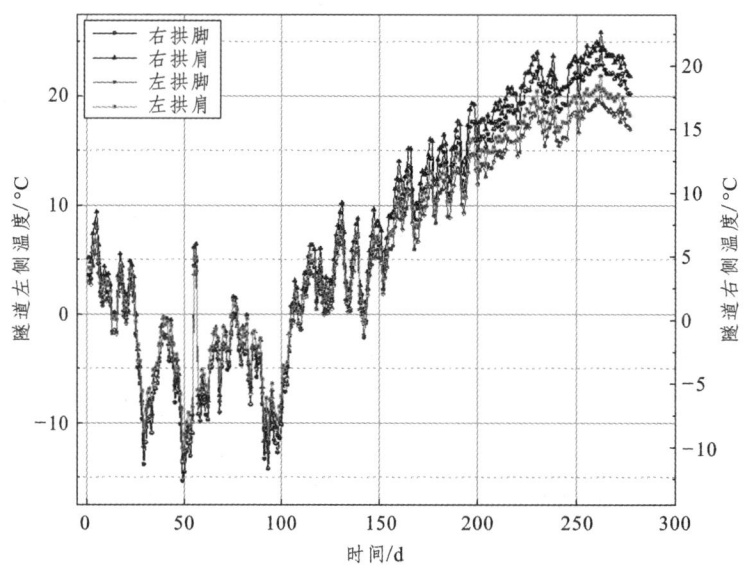

图 3.3-1　K80+390 断面温度时程变化图

(2) K80+405。

从图 3.3-2 中可以看出：K80+405 断面温度时程曲线变化趋势与 K80+390 断面温度时程曲线变化相似，但温度整体较高，说明山体内部温度较外界高，并在第 50～52 d 发生温度突降，突降程度较 K80+390 断面有一定的减弱，隧道上部温度与下部温度差较 K80+390 断面的小，分析其原因是隧道上部围岩厚度更大，受外界影响程度更小。该断面升温速率与断面 K80+390 相比差异较小，说明在该断面距洞口的范围内隧道受外界环境影响明显。可以看出：断面最低温度出现在 12 月—次年 1 月间，最高温度出现在 7 月间。断面各测点温度波动幅度随时间先增大后减小，尤其是在第 30～80 d 之间，温度变化波动明显，在 200 d 之后，温度波动幅度逐渐趋于平缓。此外，可以观测到由于隧道曲率的影响，断面右侧温度较左侧高 1～2 ℃，在观测时间段内最低温度出现于 12 月 27 日，右拱脚、右拱肩、左拱肩、左拱脚温度分别为 -14.88 ℃、-13.11 ℃、-13.19 ℃、-14.89 ℃。

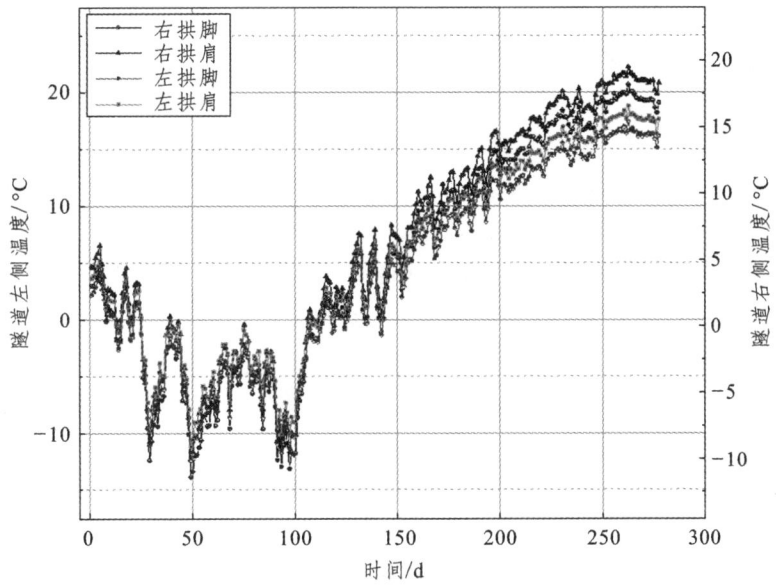

图 3.3-2　K80+405 断面温度时程变化图

(3) K80+475。

从图 3.3-3 中可以看出：K80+475 断面温度时程曲线变化趋势与 K80+405 断面温度时程曲线变化相似，隧道上部温度较隧道下部温度高。与前两个断面相比，较明显的差异是在第 30～50 d 之间其温度虽然也出现了一定的突降，但突降幅度明显变小，断面各测点的温度波动幅度也明显变小，升温速率与前两个断面相比已表现出一定程度的减小，且其整体温度较高，温度沿隧道纵向逐渐升高，且温度整体变化差值较小，距离洞口越远，受外界影响越小。可以看出：断面最低温度出现在 12 月—次年 1 月间，最高温度出现在 7 月间。此外，可以观测到由于隧道曲率的影响，断面右侧温度较左侧高 1～2 ℃，在观测时间段内最低温度出现于 12 月 27 日，左拱脚、左拱肩、右拱肩、右拱脚温度分别为 -10.08 ℃、-8.56 ℃、-7.08 ℃、-10.24 ℃。

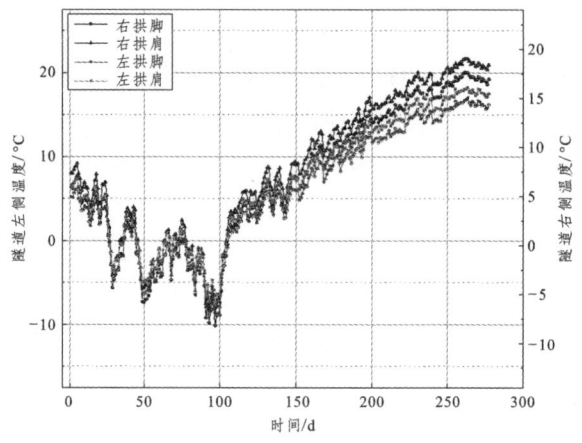

图 3.3-3　K80+475 断面温度时程变化图

（4）K80+575。

从图 3.3-4 可以看出：K80+575 断面温度时程曲线变化趋势初期呈现波动式递减，在 100 d 左右达到最低温度，其后快速升温，之后保持波动式上升，直到 8 月上旬出现下降的趋势，其温度变化速率较靠近洞口断面而言较小，且隧道左右侧温差较小，说明该断面处隧道风速较之前断面小。隧道上部温度较下部温度高，有明显的分层现象，由于施工通风的影响，隧道下部属于低温区，且上下部风速存在差异，热交换不明显。温度相较于之前的断面并无明显的突降，说明该断面处风向是由隧道内朝向隧道洞口，所产生的降温主要是由于外界环境导致围岩温度降低，温度传导至二衬表面造成的，外界大气直接影响程度低。在温度较低时间段，其上下部温度差异较小，在温度较高时间段，上部温度较下部温度差异明显，说明气温较高时，隧道内部空气表现出层流的运动特征。该断面温度较 K80+475 断面高，温度沿隧道纵向逐渐升高，且温度整体变化差值较小。可以看出：断面最低温度出现在 12 月—次年 1 月间，最高温度出现在 7 月间。此外，可以观测到由于隧道曲率的影响，断面右侧温度较左侧高 0.5～1.5 ℃，在观测时间段内最低温度出现于 12 月 27 日，左拱脚、左拱肩、右拱肩、右拱脚温度分别为 −2.16 ℃、−1.89 ℃、−1.91 ℃、−2.83 ℃。

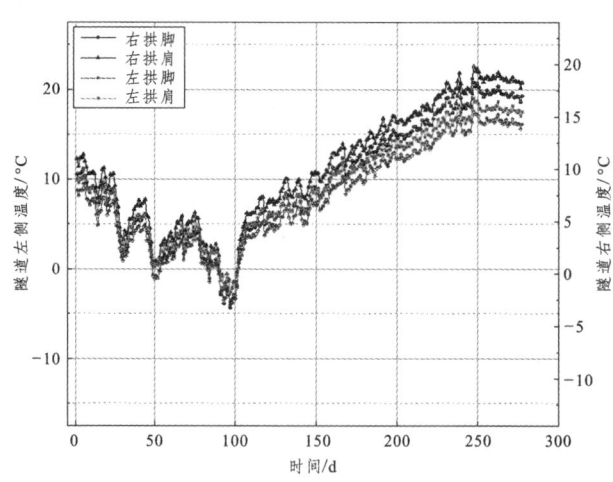

图 3.3-4　K80+575 断面温度时程变化图

（5）K80+675。

从图 3.3-5 可以看出：K80+675 断面温度时程曲线变化趋势与 K80+575 断面相似，差异表现在其温度波动幅度更小，尤其是在寒季温度突降时间段内并没有表现出明显的突降，说明该断面处风向是由隧道内朝向隧道洞口，所产生的降温主要是由于外界环境导致围岩温度降低，温度传导至二衬表面造成的。在其升温阶段，升温速率较 K80+390 断面小，但是均匀，说明在该断面处隧道内部风速相对洞口较小，隧道空气与二次衬砌热交换充分且均匀。在温度较低时间段，其上下部温度差异较小，在温度较高时间段，上部温度较下部温度差异明显，说明气温较高时，隧道内部空气表现出层流的运动特征。隧道温度随时间变化平缓且均匀，其温度变化速率也明显降低，可以看出该断面处温度变化幅度整体较小，温度较 K80+575 断面高，温度沿隧道纵向逐渐升高，且温度整体变化差值较小，并且在测量时间段未出现日平均温度负温，此时距离洞口 289 m，因此可以认为在该段时间内距离进口右洞 300 m 范围外，二衬表面整体不会出现平均温度负温的情况，外界气温直接影响程度很低。在观测时间段内最低温度出现于 12 月 23 日，左拱脚、左拱肩、右拱肩、右拱脚温度分别为 1.27 ℃、3.91 ℃、3.93 ℃、1.34 ℃。

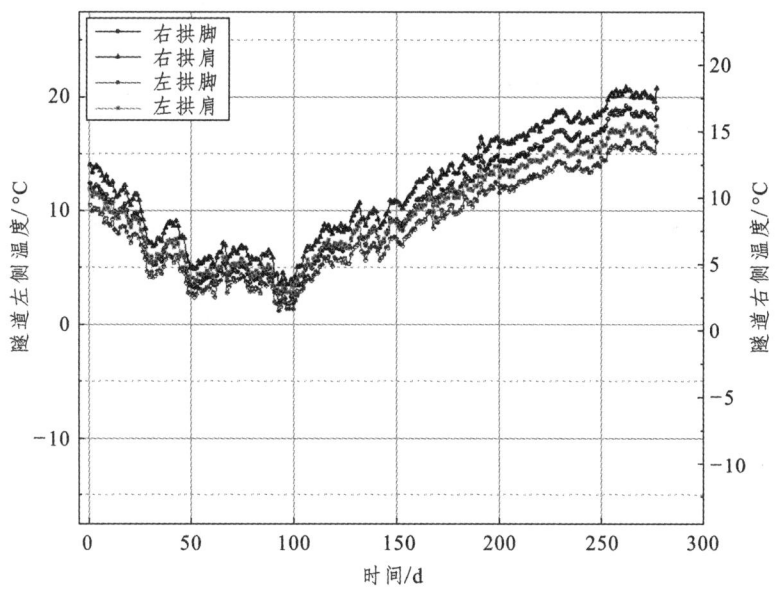

图 3.3-5　K80+675 断面温度时程变化图

（6）K80+775。

从图 3.3-6 可以看出：K80+775 断面温度时程曲线变化趋势与 K80+675 断面相似，温度波动幅度整体更小，变化幅度亦变小，随时间增长并没有明显的规律性，尤其是在寒季大气温度突降时间段内并未表现出温度突降，说明该断面处二次衬砌表面的温度变化主要是由于与空气强制对流热交换产生的，该断面温度较 K80+675 断面温度整体要高，温度沿隧道纵向逐渐升高，且温度整体变化差值较小，并且在测量时间段未出现负温，外界气温直接影响程度很低。

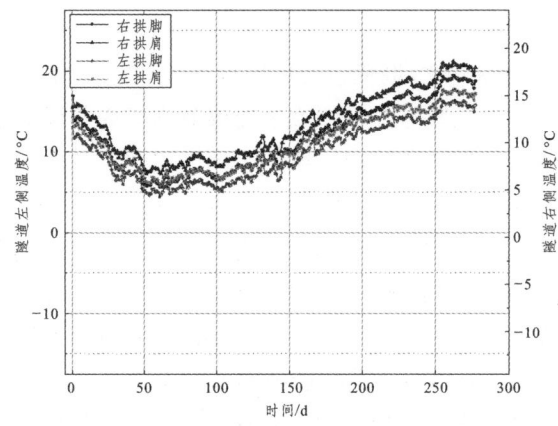

图 3.3-6　K80+775 断面温度时程变化图

2. 隧道进口左洞

（1）ZK80+405。

从图 3.3-7 可以看出：ZK80+405 断面温度时程曲线在前 35 d 温度逐渐递减，变化趋势较缓，在 37 d 整体温度突降，与外界大气温度对比，是外部环境降温导致的结果，随后气温回暖，曲线上升然后维持波动式递减的趋势。在第 50～52 d 时左右拱脚位置温度发生突降，由于外界风在该段时间内朝向隧道洞口，且由于施工通风的影响，隧道内部气体热交换不够充分，洞口段隧道上部温度较高，下部温度低，风速大，冷空气堆积，受外界影响更明显。断面整体在第 90～100 d 时发生温度突降，是最低温度时间段，并在其后温度快速升高，在第 100～120 d 时间段内达到最快升温速率，其后保持波动式上升，且升温速率逐渐变缓，在 270 d 后，即 8 月上旬出现温度下降趋势。断面各测点温度波动幅度随时间先增大后减小，尤其是在第 30～80 d 之间，温度变化波动明显，在 200 d 之后，温度波动幅度逐渐趋于平缓。可以看出：断面最低温度出现在 12 月—次年 1 月间，最高温度出现在 7 月间。此外，可以观测到由于隧道曲率的影响，断面右侧温度较左侧高 1～2 ℃，在观测时间段内最低温度出现于 12 月 27 日，左拱脚、左拱肩、右拱肩、右拱脚温度分别为 −12.73 ℃、−5.05 ℃、−5.15 ℃、−12.79 ℃。

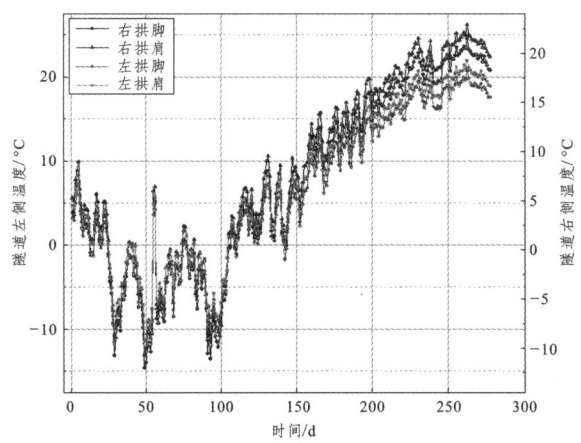

图 3.3-7　ZK80+405 断面温度时程变化图

（2）ZK80+420。

从图 3.3-8 可以看出：ZK80+420 断面温度时程曲线变化趋势与 ZK80+405 断面温度时程曲线相似，但温度整体较高，说明山体内部温度较外界高，并且在第 50～52 d 发生温度突降，突降程度较 ZK80+405 断面而言有一定的减弱，隧道上部温度与下部温度差较 ZK80+405 断面的小，分析其原因是隧道上部围岩厚度更大，受外界影响程度更小。由图可以看出，该断面在 120 d 后，即在 2 月上旬，各测点日平均温度都达到了 0 ℃ 以上。此外，断面各测点温度波动幅度随时间先增大后减小，尤其是在第 30～80 d 之间，温度变化波动明显，在 200 d 之后，温度波动幅度逐渐趋于平缓。在其升温阶段，升温速率较 ZK80+405 小，但是均匀，说明在该断面处，隧道内部风速相对洞口较小，隧道空气与二次衬砌热交换充分且均匀。在温度较低时间段，其上下部温度差异较小，在温度较高时间段，上部温度较下部温度差异明显，说明气温较高时，隧道内部空气表现出层流的运动特征。该断面升温速率与断面 ZK80+405 相比差异较小，说明在该断面距洞口的范围内隧道受外界环境影响明显。可以看出：断面最低温度出现在 12 月—次年 1 月间，最高温度出现在 7 月间。此外可以观测到由于隧道曲率的影响，断面右侧温度较左侧高 1～2 ℃，在观测时间段内最低温度出现于 12 月 27 日，左拱脚、左拱肩、右拱肩、右拱脚温度分别为 -12.21 ℃、-5.15 ℃、-5.21 ℃、-11.84 ℃。

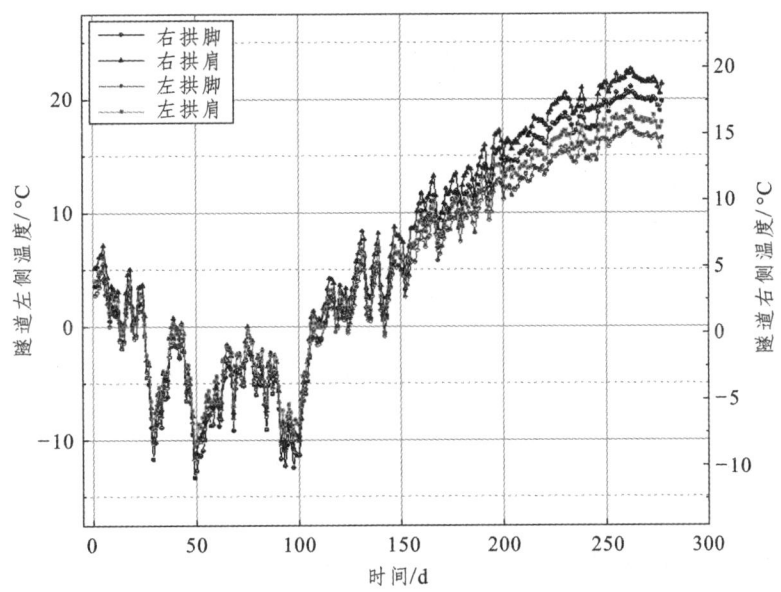

图 3.3-8　ZK80+420 断面温度时程变化图

（3）ZK80+490。

从图 3.3-9 可以看出：ZK80+490 断面温度时程曲线变化趋势与 ZK80+420 断面温度时程曲线相似，隧道上部温度较隧道下部温度高。与前两个断面相比较明显的差异是在 50 d 时其温度虽然也出现了一定的突降，但突降幅度明显变小，断面各测点的温度波动幅度也明显变小，升温速率与前两个断面相比已表现出一定程度的减小，且其整体温度较高，温度沿隧道纵向逐渐升高，且温度整体变化差值较小，可以看出距离洞口越远，受外界影响越小。由图可以看出：该断面在 120 d 后，即在 2 月上旬，各测点日平均温度都达到了 0 ℃ 以上。此外，断面各测点温度波动幅度随时间先增大后减小，尤其是在第 30~80 d 之间，温度变化波动明显，在 200 d 之后，温度波动幅度逐渐趋于平缓。该断面升温速率与断面 ZK80+420 相比差异较大，说明在该断面距洞口的范围内隧道受外界环境影响程度开始减小。在其升温阶段，升温速率较 ZK80+405 小，但是均匀，说明其在该断面处，隧道内部风速相对洞口较小，隧道空气与二次衬砌热交换充分且均匀。在温度较低时间段，其上下部温度差异较小，在温度较高时间段，上部温度较下部温度差异明显，说明气温较高时，隧道内部空气表现出层流的运动特征。可以看出：断面最低温度出现在 12 月—次年 1 月间，最高温度出现在 7 月间。此外可以观测到由于隧道曲率的影响，断面右侧温度较左侧高 1~2 ℃，在观测时间段内最低温度出现于 12 月 27 日，左拱脚、左拱肩、右拱肩、右拱脚温度分别为−8.98 ℃、−5.41 ℃、−4.13 ℃、−8.83 ℃。

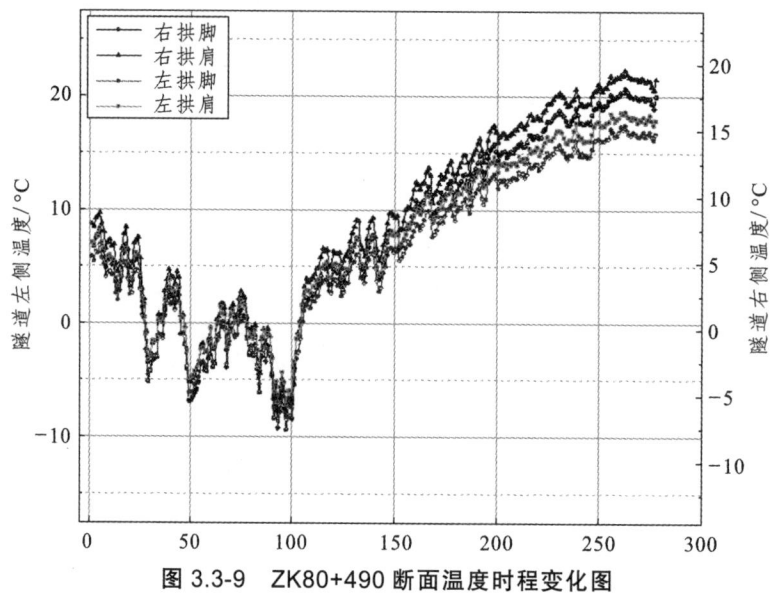

图 3.3-9　ZK80+490 断面温度时程变化图

（4）ZK80+590。

从图 3.3-10 可以看出：ZK80+590 断面温度时程曲线变化趋势初期呈现波动式递减，在 100 d 左右达到最低温度时间段，其后快速升温，之后保持波动式上升，直到 8 月上旬出现下降的趋势，其温度变化速率较靠近洞口断面而言较小，且隧道左右侧温差较小，说明该断面处隧道风速较之前断面小。隧道上部温度较下部温度高，有明显的分层现象，由于施工通风的影响，隧道下部属于低温区，且上下部风速存在差异，热交换不明显。相较于之前的断面温度并无明显的突降，说明该断面处风向是由隧道内朝向隧道洞口，所产生的降温主要是由于外界环境导致围岩温度降低，温度传导至二衬表面造成的，外界大气直接影响程度低。在其升温阶段，升温速率较 ZK80+405 小，但是均匀，说明在该断面处，隧道内部风速相对洞口较小，隧道空气与二次衬砌热交换充分且均匀。在温度较低时间段，其上下部温度差异较小，在温度较高时间段，上部温度较下部温度差异明显，说明气温较高时，隧道内部空气表现出层流的运动特征。此外，断面各测点温度波动幅度随时间先增大后减小，尤其是在第 30~

80 d 之间，温度变化波动明显，在 200 d 之后，温度波动幅度逐渐趋于平缓。该断面温度较 ZK80+490 断面高，温度沿隧道纵向逐渐升高，且温度整体变化差值较小，可以看出断面最低温度出现在 12 月—次年 1 月间，最高温度出现在 7 月间。此外，可以观测到由于隧道曲率的影响，断面右侧温度较左侧高 0.5~1.5 °C，在观测时间段内最低温度出现于 12 月 27 日，左拱脚、左拱肩、右拱肩、右拱脚温度分别为 −2.60 °C、−1.59 °C、−0.93 °C、−2.03 °C。

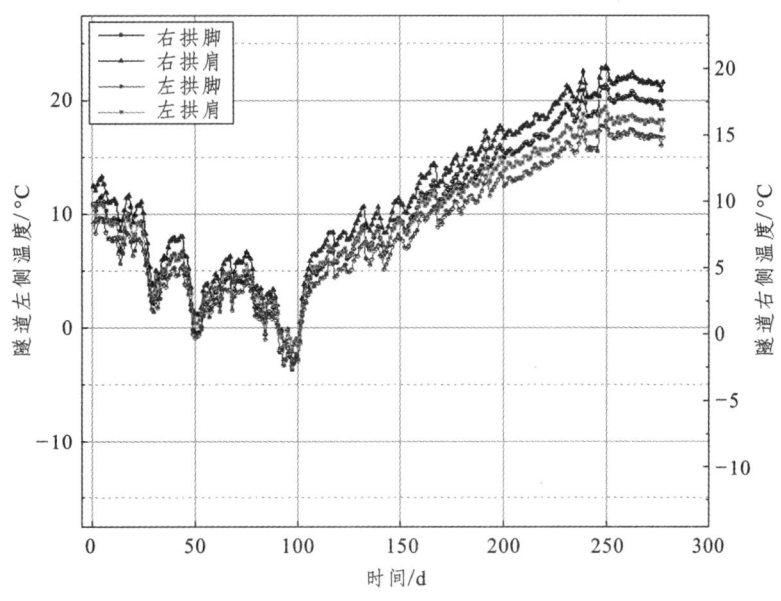

图 3.3-10　ZK80+590 断面温度时程变化图

（5）ZK80+690。

从图 3.3-11 可以看出：ZK80+690 断面温度时程曲线变化趋势与 ZK80+590 断面相似，差异表现在其温度波动幅度更小，尤其是在寒季温度突降时间段内并没有表现出明显的突降，说明该断面处风向是由隧道内朝向隧道洞口，所产生的降温主要是由于外界环境导致围岩温度降低，温度传导至二衬表面造成的。此外，断面各测点温度波动幅度随时间先增大后减小，尤其是在第 30~80 d 之间，温度变化波动明显，在 200 d 之后，温度波动幅度逐渐趋于平缓。在其升温阶段，升温速率较 ZK80+405 小，但是均匀，说明在该断面处，隧道内部风速相对洞口较小，隧道空气与二次衬砌热交换充分且均匀。在温度较低时间段，其上下部温度差异较小，在温度较高时间段，上部温度较下部温度差异明显，说明气温较高时，隧道内部空气表现出层流的运动特征。隧道温度随时间变化平缓且均匀，其温度变化速率也明显降低，可以看出该断面处温度变化幅度整体较小，温度较 ZK80+590 断面高，温度沿隧道纵向逐渐升高，且温度整体变化差值较小，断面最低温度出现在 12 月—次年 1 月间，最高温度出现在 7 月间。在测量时间段未出现负温，此时距离洞口 292 m，因此可以认为在该段时间内距离进口右洞 300 m 范围外，二衬表面整体不会出现日平均温度负温情况，外界气温直接影响程度很低。在观测时间段内最低温度出现于 12 月 23 日，左拱脚、左拱肩、右拱肩、右拱脚温度分别为 2.07 °C、3.81 °C、3.96 °C、2.12 °C。

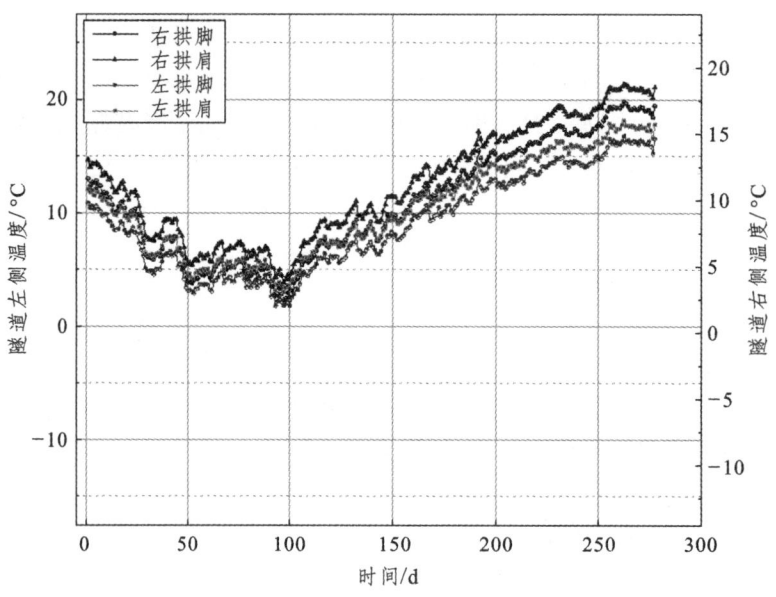

图 3.3-11　ZK80+690 断面温度时程变化图

（6）ZK80+790。

从图 3.3-12 可以看出：ZK80+790 断面温度时程曲线变化趋势与 ZK80+690 断面相似，温度波动幅度整体更小，变化幅度亦变小，随时间增长并没有明显的规律性，尤其是在寒季大气温度突降时间段内并未表现出温度突降，说明该断面处二次衬砌表面的温度变化主要是由于与空气强制对流热交换产生的，该断面温度较 ZK80+690 断面高，温度沿隧道纵向逐渐升高，且温度整体变化差值较小，并且在测量时间段未出现负温，外界气温直接影响程度很低。在整个观测期间，其各测点温度差值较小且稳定，说明在该断面处，隧道空气温度上下差值较小，且与二次衬砌热交换极其充分。

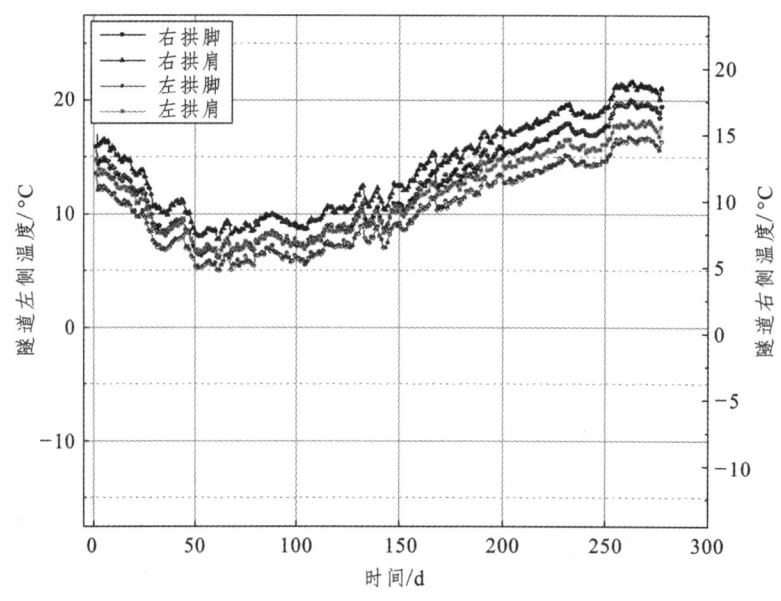

图 3.3-12　ZK80+790 断面温度时程变化图

3. 隧道出口右洞

（1）K84+485。

从图 3.3-13 可以看出：K84+485 断面温度时程曲线在前 35 d 温度逐渐递减，变化趋势较缓，在 37 d 整体温度突降，与外界大气温度对比，是由于外部环境降温导致的结果，随后气温回暖，曲线上升至并维持波动式递减的趋势。在第 50～52 d 时左右拱脚位置发生突降，外界环境降温并结合外部风向对其分析，由于外界风在该段时间内朝向隧道洞口，且由于施工通风的影响，隧道内部气体热交换不够充分，洞口段隧道上部温度较高，下部温度低，风速大，冷空气堆积，受外界影响更明显。断面整体在第 90～100 d 时发生温度突降，是最低温度时间段，并在其后温度快速升高，在第 100～120 d 时间段内达到最快升温速率，其后保持波动式上升，且升温速率逐渐变缓，在 270 d 后，即 8 月上旬出现温度下降趋势。此外，断面各测点温度波动幅度随时间先增大后减小，尤其是在第 30～80 d 之间，温度变化波动明显，在 200 d 之后，温度波动幅度逐渐趋于平缓。可以看出：断面最低温度出现在 12 月—次年 1 月间，最高温度出现在 7 月间。此外，可以观测到由于隧道曲率的影响，断面右侧温度较左侧高 1～2 ℃。同时与进口处温度进行对比发现，在寒季整体温度略微偏高，且拱脚部位突变量较小，这是隧道出口处布设有防寒保温门的缘故，同时也验证了进口处拱脚温度突变是由于外界温度骤降造成的。在观测时间段内最低温度出现在 12 月 27 日，左拱脚、左拱肩、右拱肩、右拱脚温度分别为 −14.06 ℃、−12.07 ℃、−12.02 ℃、−14.03 ℃。

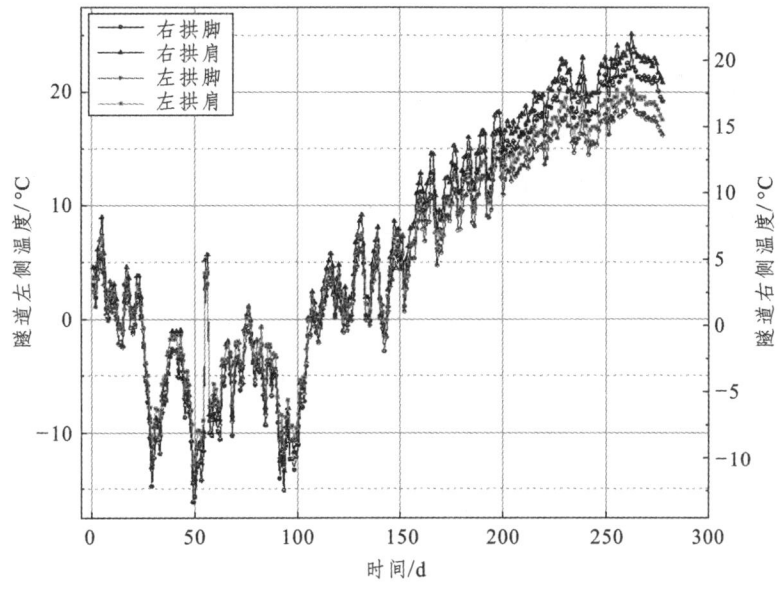

图 3.3-13　K84+485 断面温度时程变化图

（2）K84+470。

从图 3.3-14 可以看出：K84+470 断面温度时程曲线变化趋势与 K84+485 断面温度时程曲线变化相似，但温度整体较高，说明山体内部温度较外界高，并且在第 50～52 d 发生温度突降，突降程度较 K84+485 断面而言有一定的减弱，隧道上部温度与下部温度差较 K84+485 断面的小，分析其原因是隧道上部围岩厚度更大，受外界影响程度更小。由图可以看出，该断面在 120 d 后，即在 2 月上旬，各测点日平均温度都达到了 0 ℃ 以上。此外，断面各测点温度波动幅度随时间先增大后减小，尤其是在第 30~80 d 之间，温度变化波动明显，在 200 d 之后，温度波动幅度逐渐趋于平缓。在其升温阶段，升温速率较 K84+485 小，但是均匀，说明在该断面处，隧道内部风速相对洞口较小，隧道空气与二次衬砌热交换充分且均匀。在温度较低时间段，其上下部温度差异较小，在温度较高时间段，上部温度较下部温度差异明显，说明气温较高时，隧道内部空气表现出层流的运动特征。该断面升温速率与断面 K84+485 相比差异较小，说明在该断面距洞口的范围内隧道受外界环境影响明显。可以看出：断面最低温度出现在 12 月—次年 1 月间，最高温度出现在 7 月间。此外可以观测到由于隧道曲率的影响，断面右侧温度较左侧高 1~2 ℃。同时与进口处温度进行对比发现整体温度较高，且拱脚部位突变量较小，这是隧道出口处布设有防寒保温门的缘故，同时也验证了进口处拱脚温度突变是由于外界温度骤降造成的。在观测时间段内最低温度出现于 12 月 27 日，左拱脚、左拱肩、右拱肩、右拱脚温度分别为 –13.21 ℃、–11.15 ℃、–10.21 ℃、–12.84 ℃。

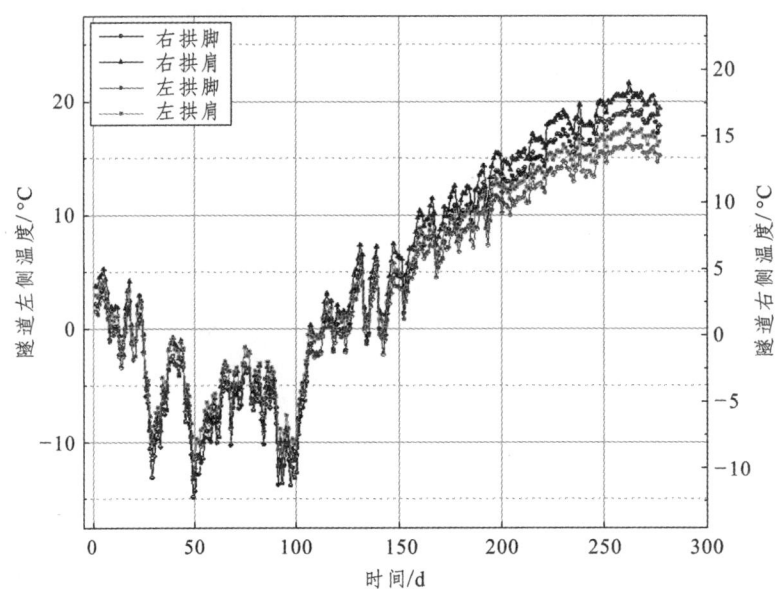

图 3.3-14 K84+470 断面温度时程变化图

（3）K84+400。

从图 3.3-15 可以看出：K84+400 断面温度时程曲线变化趋势与 K84+470 断面温度时程曲线变化相似，隧道上部温度较隧道下部温度高。与前两个断面相比，较明显的差异是在 50 d 时其温度虽然也出现了一定的突降，但其突降幅度明显变小，断面各测点的温度波动幅度也明显变小，升温速率与前两个断面相比已表现出一定程度的减小，且其整体温度较高，温度沿隧道纵向逐渐升高，且温度整体变化差值较小，可以看出距离洞口越远，受外界影响越小。由图可以看出：该断面在 120 d 后，即在 2 月上旬，各测点日平均温度都达到了 0 ℃ 以上。此外，断面各测点温度波动幅度随时间先增大后减小，尤其是在第 30~80 d 之间，温度变化波动明显，在 200 d 之后，温度波动幅度逐渐趋于平缓。该断面升温速率与断面 ZK80+420 相比差异较大,说明在该断面距洞口的范围内隧道受外界环境影响程度开始减小。在其升温阶段,升温速率较 K84+485 断面小,但是均匀,说明在该断面处,隧道内部风速相对洞口较小,隧道空气与二次衬砌热交换充分且均匀。在温度较低时间段,其上下部温度差异较小,在温度较高时间段,上部温度较下部温度差异明显,说明气温较高时,隧道内部空气表现出层流的运动特征。可以看出断面最低温度出现在 12 月—次年 1 月间,最高温度出现在 7 月间。此外可以观测到由于隧道曲率的影响,断面右侧温度较左侧高 1~2 ℃,在观测时间段内最低温度出现于 12 月 27 日,左拱脚、左拱肩、右拱肩、右拱脚温度分别为 −10.98 ℃、−8.41 ℃、−8.13 ℃、−9.83 ℃。

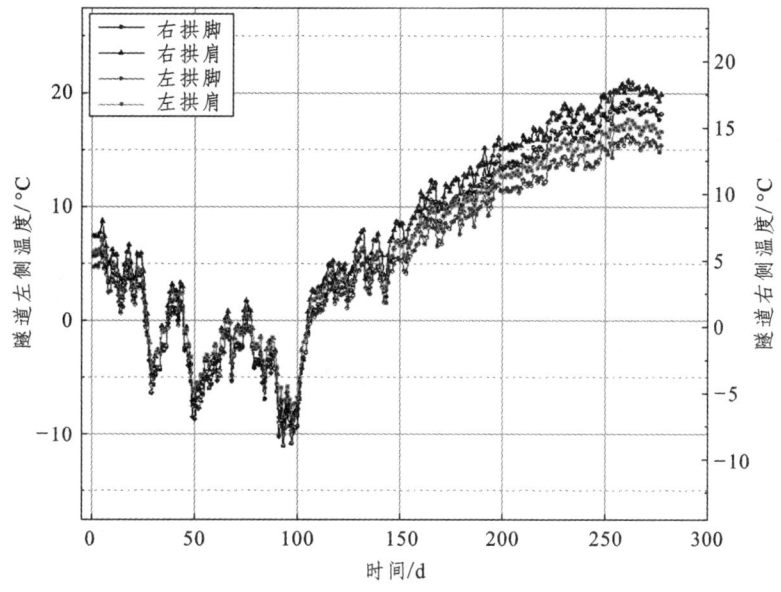

图 3.3-15　K84+400 断面温度时程变化图

(4) K84+300。

从图 3.3-16 可以看出:K84+300 断面温度时程曲线变化趋势初期呈现波动式递减,在 100 d 左右达到最低温度时间段,其后快速升温,之后保持波动式上升,直到 8 月上旬出现下降的趋势,其温度变化速率较靠近洞口断面小,且隧道左右侧温差较小,说明该断面处隧道风速较之前断面小。隧道上部温度较下部温度高,有明显的分层现象,由于施工通风的影响,隧道下部属于低温区,且上下部风速存在差异,热交换不明显。相较于之前的断面并无明显的突降,说明该断面处风向是由隧道内朝向隧道洞口,所产生的降温主要是由于外界环境导致围岩温度降低,温度传导至二衬表面造成的,外界大气直接影响程度低。在其升温阶段,升温速率较 K84+485 小,但是均匀,说明在该断面处,隧道内部风速相对洞口较小,隧道空气与二次衬砌热交换充分且均匀。在温度较低时间段,其上下部温度差异较小,在温度较高时间段,上部温度较下部温度差异明显,说明气温较高时,隧道内部空气表现出层流的运动特征。此外,断面各测点温度波动幅度随时间先增大后减小,尤其是在第 30~80 d 之间,温度变化波动明显,在 200 d 之后,温度波动幅度逐渐趋于平缓。该断面温度较 K84+300 断面高,温度沿隧道纵向逐渐升高,且温度整体变化差值较小,可以看出断面最低温度出现在 12 月—次年 1 月间,最高温度出现在 7 月间。此外,可以观测到由于隧道曲率的影响,断面右侧温度较左侧高 0.5~1.5 ℃,在观测时间段内最低温度出现于 12 月 27 日,左拱脚、左拱肩、右拱肩、右拱脚温度分别为-2.60 ℃、-1.59 ℃、-0.93 ℃、-2.03 ℃。

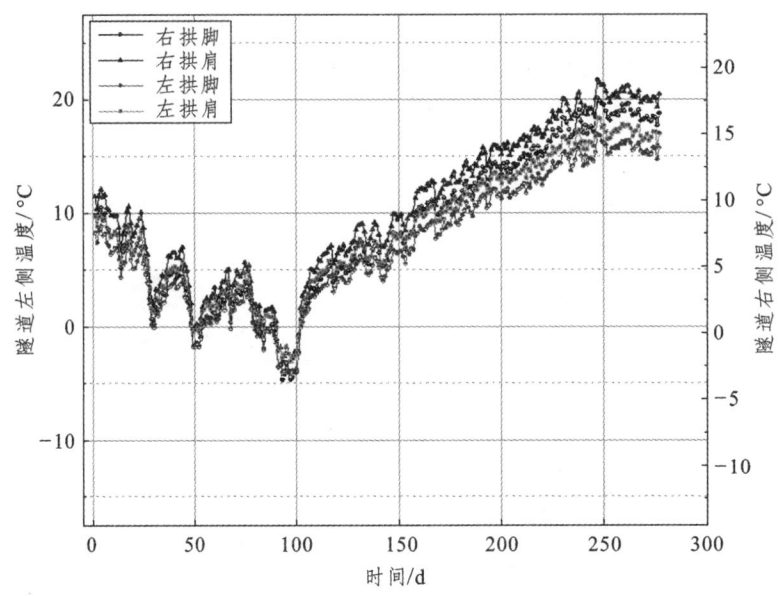

图 3.3-16　K84+300 断面温度时程变化图

(5) K84+200。

从图 3.3-17 可以看出:K84+200 断面温度时程曲线变化趋势与 K84+300 断面相似,差异表现在其温度波动幅度更小,尤其是在寒季温度突降时间段内并没有表现出明显的突降,说明该断面处风向是由隧道内朝向隧道洞口,所产生的降温主要是由于外界环境导致围岩温度降低,温度传导至二衬表面造成的。此外,断面各测点温度波动幅度随时间先增大后减小,尤其是在第 30~80 d 之间,温度变化波动明显,在 200 d 之后,温度波动幅度逐渐趋于平缓。在其升温阶段,升温速率较 K84+485 断面小,但是均匀,说明在该断面处,隧道内部风速相对洞口较小,隧道空气与二次衬砌热交换充分且均匀。在温度较低时间段,其上下部温度差异较小,在温度较高时间段,上部温度较下部温度差异明显,说明气温较高时,隧道内部空气表现出层流的运动特征。隧道温度随时间变化平缓且均匀,其温度变化速率也明显降低,可以看出该断面处温度变化幅度整体较小,温度较 K84+300 断面高,温度沿隧道纵向逐渐升高,且温度整体变化差值较小,断面最低温度出现在 12 月—次年 1 月间,最高温度出现在 7 月间。在测量时间段未出现负温,此时距离洞口 290 m,因此可以认为,在该段时间内距离进口右洞 300 m 范围外二衬表面整体不会出现日平均温度负温情况,外界气温直接影响程度很低。在观测时间段内最低温度出现于 12 月 23 日,左拱脚、左拱肩、右拱肩、右拱脚温度分别为 0.43 ℃、1.39 ℃、1.44 ℃、0.87 ℃。

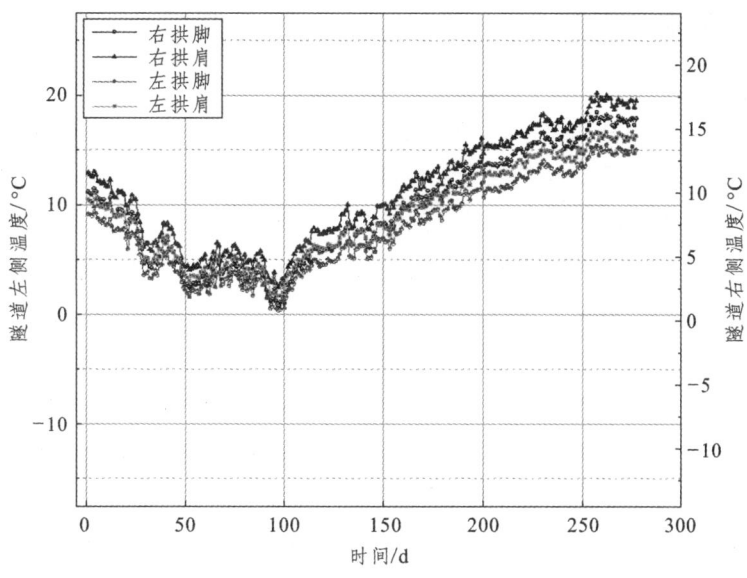

图 3.3-17　K84+200 断面温度时程变化图

（6）K84+100。

从图 3.3-18 可以看出：K84+100 断面温度时程曲线变化趋势与 K84+200 断面相似，温度波动幅度整体更小，变化幅度亦变小，随时间增长并没有明显的规律性，尤其是在寒季大气温度突降时间段内并未表现出温度突降，说明该断面处二次衬砌表面的温度变化主要是与空气强制对流热交换产生的，该断面温度较 K84+200 断面高，温度沿隧道纵向逐渐升高，且温度整体变化差值较小，并且在测量时间段未出现负温，外界气温直接影响程度很低。在整个观测期间，各测点温度差值较小且稳定，说明在该断面处，隧道空气温度上下差值较小，且与二次衬砌热交换极其充分。

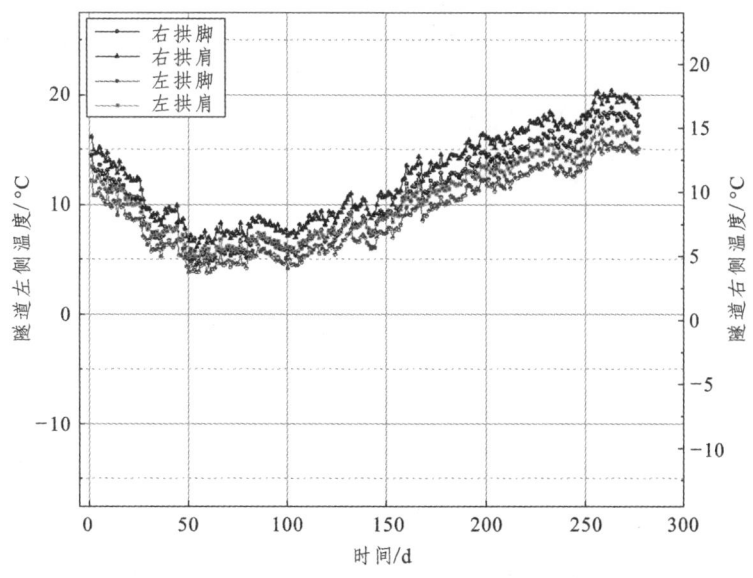

图 3.3-18　K84+100 断面温度时程变化图

4. 隧道出口左洞

（1）ZK84+620。

从图 3.3-19 可以看出：ZK84+620 断面温度时程曲线在前 35 d 温度逐渐递减，变化趋势较缓，在 37 d 整体温度突降，与外界大气温度对比，是由于外部环境降温导致的结果，随后气温回暖，曲线上升然后维持波动式递减的趋势。在第 50～52 d 时左右拱脚位置发生突降，由于外界风在该段时间内朝向隧道洞口，且受施工通风的影响，隧道内部气体热交换不够充分，洞口段隧道上部温度较高，下部温度低，风速大，冷空气堆积，受外界影响更明显。断面整体在第 90～100 d 时发生温度突降，是最低温度时间段，并在其后温度快速升高，在第 100～120 d 时间段内达到最快升温速率，其后保持波动式上升，且升温速率逐渐变缓，在 270 d 后，即 8 月上旬出现温度下降趋势。此外，断面各测点温度波动幅度随时间先增大后减小，尤其是在第 30～80 d 之间，温度变化波动明显，在 200 d 之后，温度波动幅度逐渐趋于平缓。可以看出断面最低温度出现在 12 月—次年 1 月间，最高温度出现在 7 月间。此外可以观测到由于隧道曲率的影响，断面右侧温度较左侧高 1～2 ℃。在观测时间段内最低温度出现于 12 月 27 日，左拱脚、左拱肩、右拱肩、右拱脚温度分别为 -16.06 ℃、-14.07 ℃、-14.02 ℃、-16.03 ℃。

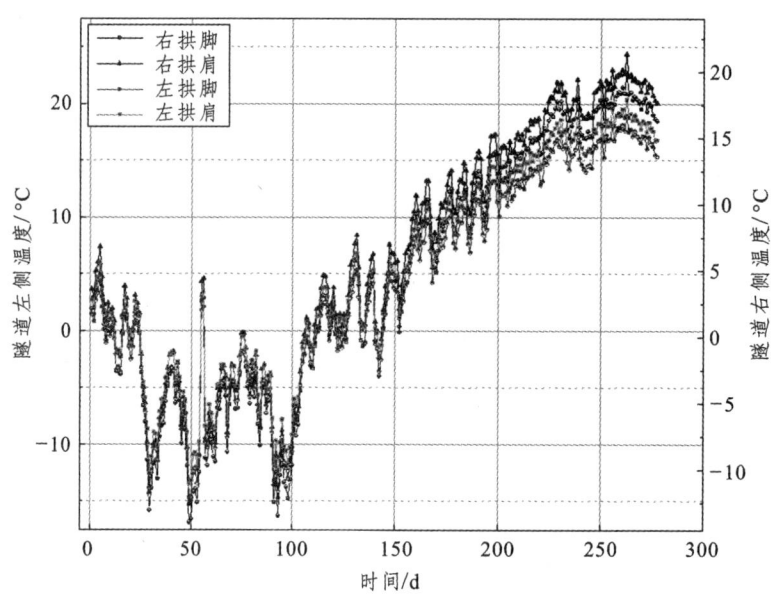

图 3.3-19　ZK84+620 断面温度时程变化图

（2）ZK84+605。

从图 3.3-20 可以看出：ZK84+605 断面温度时程曲线变化趋势与 ZK84+620 断面温度时程曲线变化相似，但温度整体较高，说明山体内部温度较外界高，并且在第 50～52 d 发生温度突降，突降程度较 ZK84+620 断面而言有一定的减弱，隧道上部温度与下部温度差较 ZK84+620 断面的小，分析其原因是隧道上部围岩厚度更大，受外界影响程度更小。由图可以看出：该断面在 120 d 后，即在 2 月上旬，各测点日平均温度都达到了 0 ℃ 以上。此外，断面各测点温度波动幅度随时间先增大后减小,尤其是在第 30~80 d 之间,温度变化波动明显,在 200 d 之后,温度波动幅度逐渐趋于平缓。在其升温阶段,升温速率较 ZK84+620 小,但是均匀,说明其在该断面处,隧道内部风速相对洞口较小,隧道空气与二次衬砌热交换充分且均匀。在温度较低时间段,其上下部温度差异较小,在温度较高时间段,上部温度较下部温度差异明显,说明气温较高时,隧道内部空气表现出层流的运动特征。该断面升温速率与断面 ZK84+620 相比差异较小,说明在该断面距洞口的范围内隧道受外界环境影响明显。可以看出断面最低温度出现在 12 月—次年 1 月间,最高温度出现在 7 月间。此外可以观测到由于隧道曲率的影响,断面右侧温度较左侧高 1~2 ℃。同时与进口处温度进行对比发现整体温度较高,且拱脚部位突变量较小,这是隧道出口处布设有防寒保温门的缘故,同时也验证了进口处拱脚温度突变是由于外界温度骤降造成的。在观测时间段内最低温度出现于 12 月 27 日,左拱脚、左拱肩、右拱肩、右拱脚温度分别为−15.21 ℃、−14.15 ℃、−13.21 ℃、−14.84 ℃。

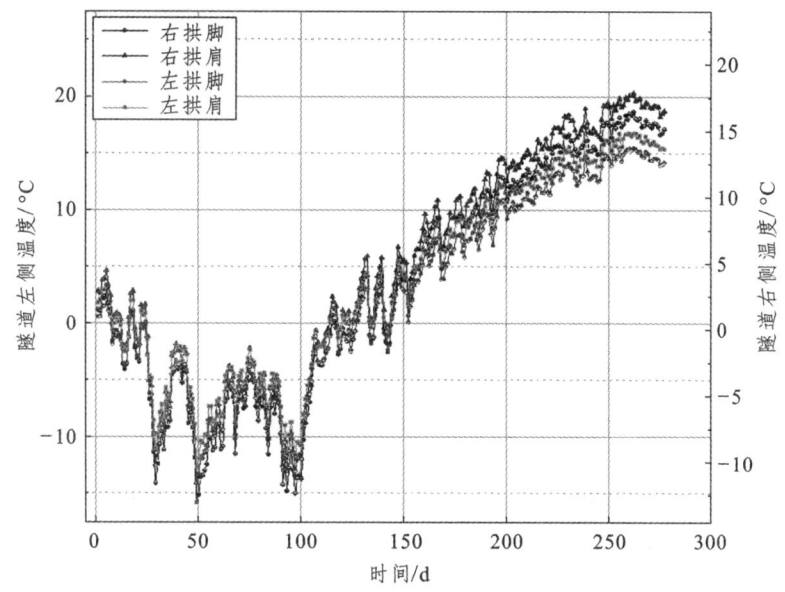

图 3.3-20　ZK84+605 断面温度时程变化图

(3) ZK84+535。

从图 3.3-21 可以看出:ZK84+535 断面温度时程曲线变化趋势与 ZK84+605 断面温度时程曲线变化相似,隧道上部温度较隧道下部温度高。与前两个断面相比,较明显的差异是在 50 d 时其温度虽然也出现了一定的突降,但其突降幅度明显变小,断面各测点的温度波动幅度也明显变小,升温速率与前两个断面相比已表现出一定程度的减小,且其整体温度较高,温度沿隧道纵向逐渐升高,且温度整体变化差值较小,可以看出距离洞口越远,受外界影响越小。由图可以看出:该断面在 120 d 后,即在 2 月上旬,各测点日平均温度都达到了 0 ℃以上。此外,断面各测点温度波动幅度随时间先增大后减小,尤其是在第 30~80 d 之间,温度变化波动明显,在 200 d 之后,温度波动幅度逐渐趋于平缓。该断面升温速率与断面 ZK80+420 相比差异较大,说明在该断面距洞口的范围内隧道受外界环境影响程度开始减小。

在其升温阶段，升温速率较 ZK84+620 小，但是均匀，说明在该断面处，隧道内部风速相对洞口较小，隧道空气与二次衬砌热交换充分且均匀。在温度较低时间段，其上下部温度差异较小，在温度较高时间段，上部温度较下部温度差异明显，说明气温较高时，隧道内部空气表现出层流的运动特征。可以看出断面最低温度出现在 12 月—次年 1 月间，最高温度出现在 7 月间。此外可以观测到由于隧道曲率的影响，断面右侧温度较左侧高 1~2 ℃，在观测时间段内最低温度出现于 12 月 27 日，左拱脚、左拱肩、右拱肩、右拱脚温度分别为 −10.68 ℃、−8.25 ℃、−8.02 ℃、−10.23 ℃。

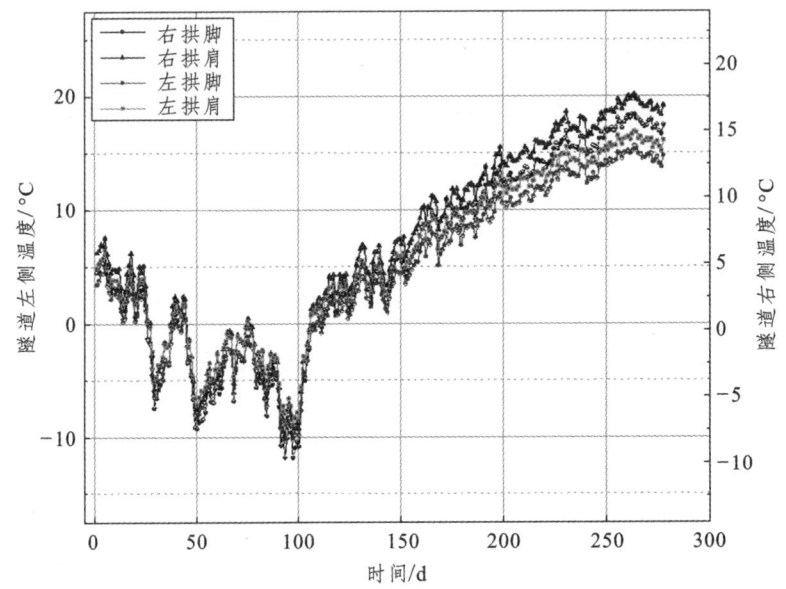

图 3.3-21　ZK84+535 断面温度时程变化图

（4）ZK84+435。

从图 3.3-22 可以看出：ZK84+435 断面温度时程曲线变化趋势初期呈现波动式递减，在 100 d 左右达到最低温度，其后快速升温，之后保持波动式上升，直到 8 月上旬出现下降的趋势，其温度变化速率较靠近洞口断面而言较小，且隧道左右侧温差较小，说明该断面处隧道风速较之前断面小。隧道上部温度较下部温度高，有明显的分层现象，由于施工通风的影响，隧道下部属于低温区，且上下部风速存在差异，热交换不明显。相较于之前的断面并无明显的突降，说明该断面处风向是由隧道内朝向隧道洞口，所产生的降温主要是由于外界环境导致围岩温度降低，温度传导至二衬表面造成的，外界大气直接影响程度低。在其升温阶段，升温速率较 ZK84+620 小，但是均匀，说明在该断面处，隧道内部风速相对洞口较小，隧道空气与二次衬砌热交换充分且均匀。在温度较低时间段，其上下部温度差异较小，在温度较高时间段，上部温度较下部温度差异明显，说明气温较高时，隧道内部空气表现出层流的运动特征。此外，断面各测点温度波动幅度随时间先增大后减小，尤其是在第 30~80 d 之间，温度变化波动明显，在 200 d 之后，温度波动幅度逐渐趋于平缓。该断面温度较 ZK84+535 断面高，温度沿隧道纵向逐渐升高，且温度整体变化差值较小，可以看出断面最低温度出现在

12月—次年1月间，最高温度出现在7月间。此外，可以观测到由于隧道曲率的影响，断面右侧温度较左侧高0.5~1.5 ℃，在观测时间段内最低温度出现于12月27日，左拱脚、左拱肩、右拱肩、右拱脚温度分别为-2.98 ℃、-1.89 ℃、-1.05 ℃、-2.65 ℃。

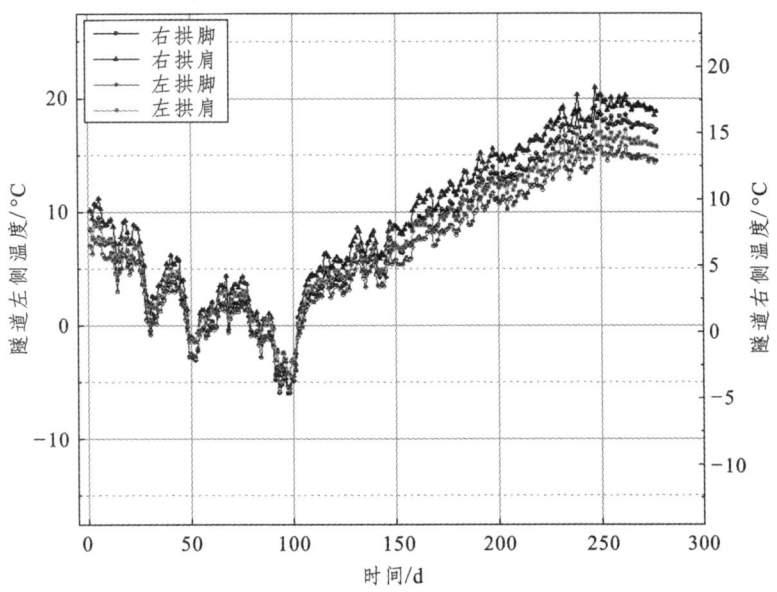

图3.3-22　ZK84+435断面温度时程变化图

（5）ZK84+335。

从图3.3-23可以看出：ZK84+335断面温度时程曲线变化趋势与ZK84+435断面相似，差异表现在其温度波动幅度更小，尤其是在寒季温度突降时间段内并没有表现出明显的突降，说明该断面处风向是由隧道内朝向隧道洞口，所产生的降温主要是由于外界环境导致围岩温度降低，温度传导至二衬表面造成的。此外，断面各测点温度波动幅度随时间先增大后减小，尤其是在第30~80 d之间，温度变化波动明显，在200 d之后，温度波动幅度逐渐趋于平缓。在其升温阶段，升温速率较K84+620小，但是均匀，说明在该断面处，隧道内部风速相对洞口较小，隧道空气与二次衬砌热交换充分且均匀。在温度较低时间段，其上下部温度差异较小，在温度较高时间段，上部温度较下部温度差异明显，说明气温较高时，隧道内部空气表现出层流的运动特征。隧道温度随时间变化平缓且均匀，其温度变化速率也明显降低，可以看出该断面处温度变化幅度整体较小，温度较ZK84+435断面高，温度沿隧道纵向逐渐升高，且温度整体变化差值较小，断面最低温度出现在12月—次年1月间，最高温度出现在7月间。在测量时间段未出现负温，此时距离洞口291 m，因此可以认为，在该段时间内距离进口右洞300 m范围外二衬表面整体不会出现日平均温度负温情况，外界气温直接影响程度很低。在观测时间段内最低温度出现于12月23日，左拱脚、左拱肩、右拱肩、右拱脚温度分别为-0.43 ℃、1.02 ℃、1.24 ℃、0.17 ℃。

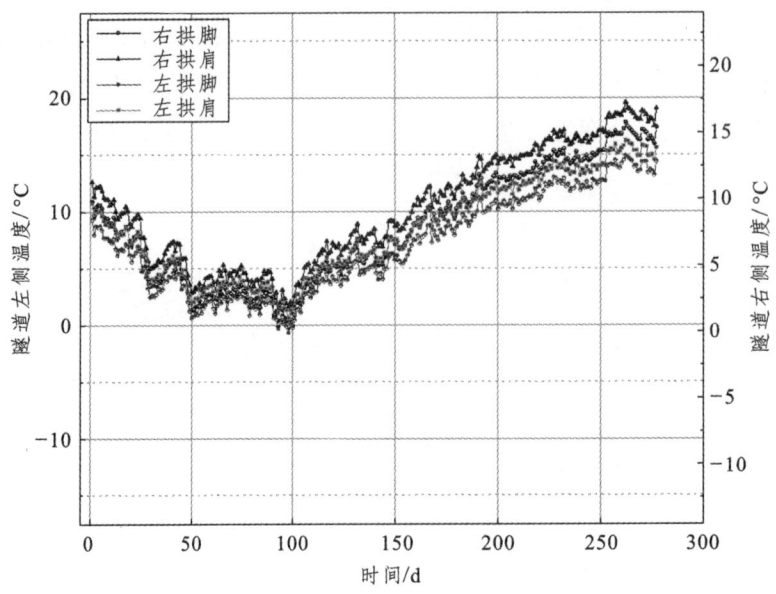

图 3.3-23　ZK84+335 断面温度时程变化图

（6）ZK84+235。

从图 3.3-24 可以看出：ZK84+235 断面温度时程曲线变化趋势与 ZK84+335 断面相似，温度波动幅度整体更小，变化幅度亦变小，随时间增长并没有明显的规律性，尤其是在寒季大气温度突降时间段内并未表现出温度突降，说明该断面处二次衬砌表面的温度变化主要是与空气强制对流热交换产生的，该断面温度较 ZK84+335 断面高，温度沿隧道纵向逐渐升高，且温度整体变化差值较小，并且在测量时间段未出现负温，外界气温直接影响程度很低，无负温现象。在整个观测期间，各测点温度差值较小且稳定，说明在该断面处，隧道空气温度上下差值较小，且与二次衬砌热交换极其充分。

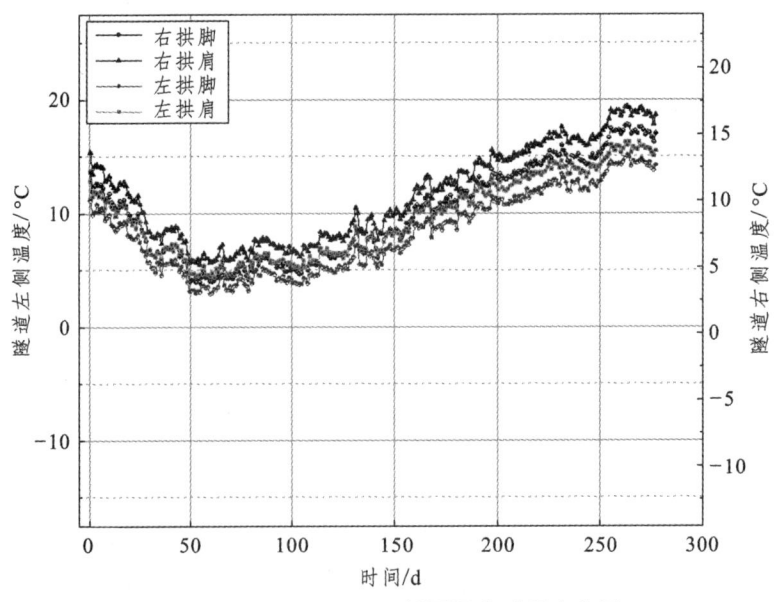

图 3.3-24　ZK84+235 断面温度时程变化图

3.3.2 隧道纵向温度分析

对隧道内部二次衬砌表面温度进行长期监测，监测断面纵向布置如表 3.3-1 所示。

表 3.3-1 隧道内部温度观测断面纵向统计

	右线			左线	
编号	断面桩号	距最近洞口距离 x/m	编号	断面桩号	距最近洞口距离 x/m
1	K80+390	4	13	ZK80+405	7
2	K80+405	19	14	ZK80+420	22
3	K80+475	89	15	ZK80+490	92
4	K80+575	189	16	ZK80+590	192
5	K80+675	289	17	ZK80+690	292
6	K80+775	389	18	ZK80+790	392
7	K84+485	5	19	ZK84+620	6
8	K84+470	20	20	ZK84+605	21
9	K84+400	90	21	ZK84+535	91
10	K84+300	190	22	ZK84+435	191
11	K84+200	290	23	ZK84+335	291
12	K84+100	390	24	ZK84+235	391

对隧道温度的采集是基于左右线进出口端不同断面进行的，采集的数据结果如图 3.3-25～图 3.3-28 所示。

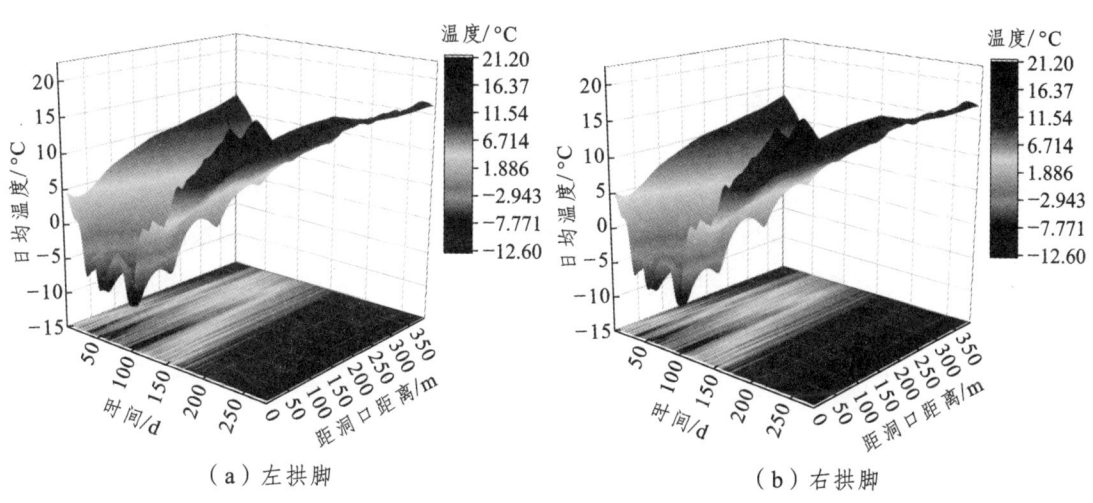

（a）左拱脚　　　　　　　　　　　（b）右拱脚

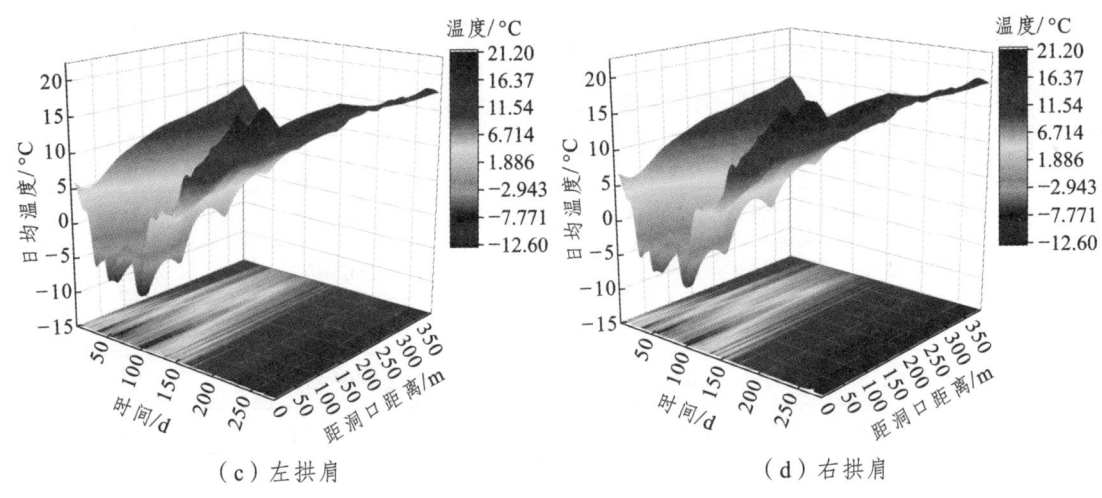

图 3.3-25 隧道进口端左线温度纵向时空分布图

由图 3.3-25 可以看出：隧道进口端左线温度整体表现出先减小后增大的趋势，与隧道洞口外环境温度随时间变化规律基本保持一致，并且随着与隧道洞口距离的增加温度变化速度逐渐减小，即与洞口距离越大，温度越稳定；同时注意到在低温时间段内温度变化表现出类似"W"形的波动，距隧道洞口 0 m 处左拱脚处波动范围为 −10 ~ −5 ℃，波动幅度为 5 ℃，右拱脚处波动范围为 −9 ~ −5 ℃，波动幅度为 4 ℃，左拱肩处波动范围为 −9 ~ −5 ℃，波动幅度为 4 ℃，右拱肩处波动范围为 −7 ~ −4 ℃，波动幅度为 3 ℃，注意到这种波动趋势随着与隧道洞口距离的增加而逐渐减弱，分析其原因是寒季隧道洞内风向反复变化，即寒季温度最低时间段内风向由出口吹向进口，其他寒季时间段风向由进口吹向出口，使得隧道洞外低温气体与围岩和二次衬砌热交换并不充分，从而导致隧道进口左线越接近洞口处温度波动越明显。此外，同一断面上的温度分布表现出不均匀性，隧道上部温度较下部温度高 1.3 ~ 2.2 ℃，右侧较左侧温度高 0.5 ~ 1.3 ℃，注意到这种温度分布不均匀性并未随着与隧道洞口距离的增加而明显减少，据此分析上下部温差可能是由于隧道温度场进行洞内外热交换时热空气集中在隧道上部、冷空气密度较大处于隧道下部，导致隧道上部温度较高；左右侧温差是由于螺旋隧道特殊线性，隧道左洞左侧更接近曲线外侧，风速较右侧大，相对于右侧，隧道左侧空气与二次衬砌换热更加充分导致左侧部位温度较低。因此进口左线断面温度最高点出现在右拱肩处，最低点出现在左拱脚处，两点温差为 1.2 ~ 3.2 ℃。同时由图还可以看出：进口左线隧道段内最大负温时间较进口外部多约 30 d，表现在距隧道洞口 10 ~ 25 m 的范围内，隧道洞外日照时间及强度比该段要充分，因此距隧道洞口 10 ~ 25 m 的范围是负温时间持续最长的段落。

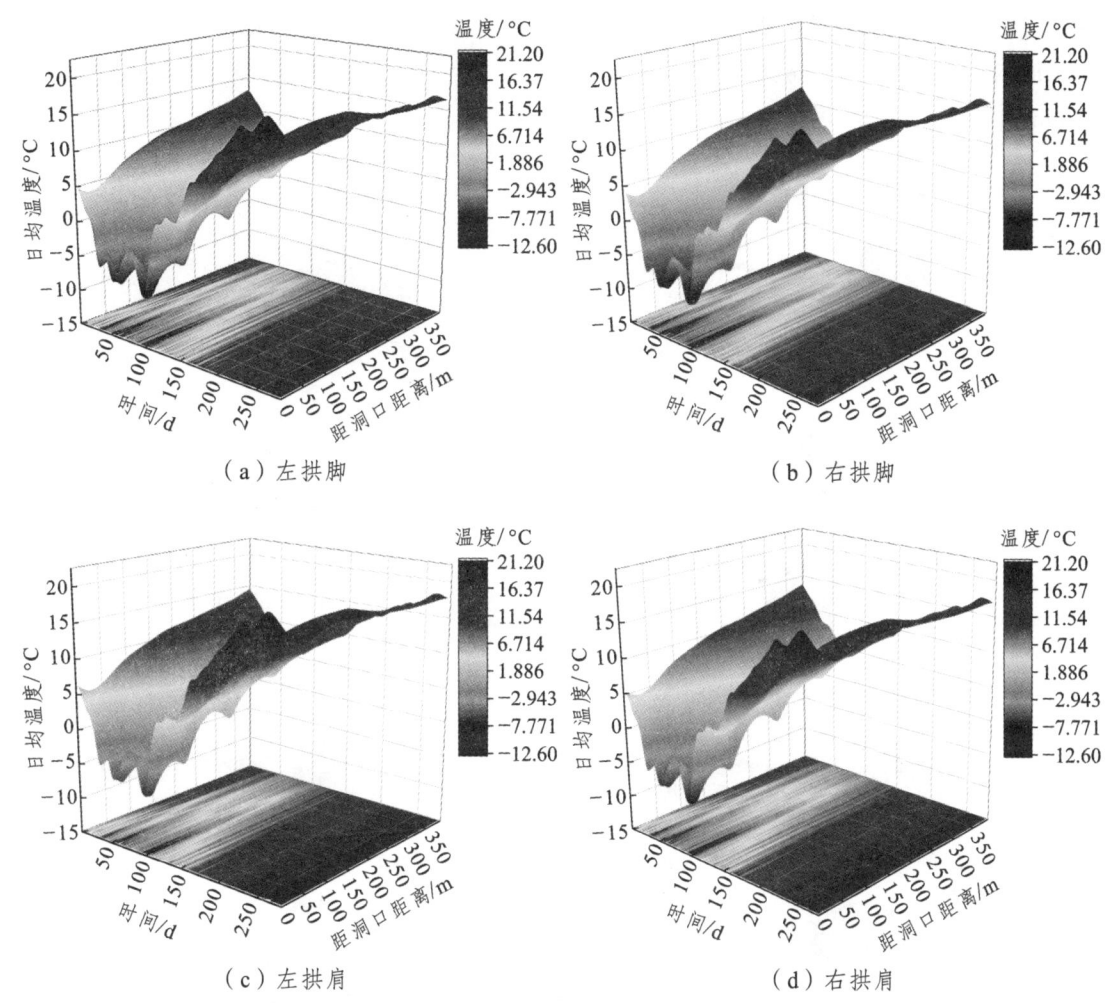

图 3.3-26　隧道进口端右线温度纵向时空分布图

由图 3.3-26 可以看出：隧道进口端右线温度整体同隧道进口左线及隧道洞口外环境温度时间变化规律基本一致，表现出先减小后增大的趋势，并且随着与洞口距离的增大，温度逐渐平缓稳定；在低温时期温度同样也呈现出类似左线的"W"形变化趋势，各测点随距洞口距离的增加其温度波动幅度逐渐减小，其原因是洞口段受到外界环境因素的直接影响，随距离的增加影响越来越弱，同样断面温度分布也表现出不均匀性，隧道上部温度较下部温度高 1.5 ~ 2 ℃，左侧较右侧温度高 0.5 ~ 1.5 ℃，因此进口右线断面温度最高点出现在左拱肩处，最低点出现于右拱脚处，两点温差为 2 ~ 3.5 ℃。同时由图还可以看出，进口右线隧道段内最大负温时间较进口外部多约 30 d，表现在距隧道洞口 10 ~ 25 m 的范围内，隧道洞外日照时间及强度比该段要充分，因此距隧道洞口 10 ~ 25 m 的范围是负温时间持续时间最长的段落。对比进口左右洞温度差异可以看出：左线温度较右线温度整体偏低 0.5 ~ 1 ℃，同时可以发现这种差异主要集中在距隧道洞口 200 m 的范围内，随着与隧道洞口距离的增加这种差异逐渐减小，这是由于隧道左线更加接近山体外侧，围岩温度更易受外环境温度影响而偏低从而导致隧道内温度偏低，此外隧道进口段在入洞约 200 m 才开始进入曲线段，因此这种差异在 200 m 的范围内较为明显。

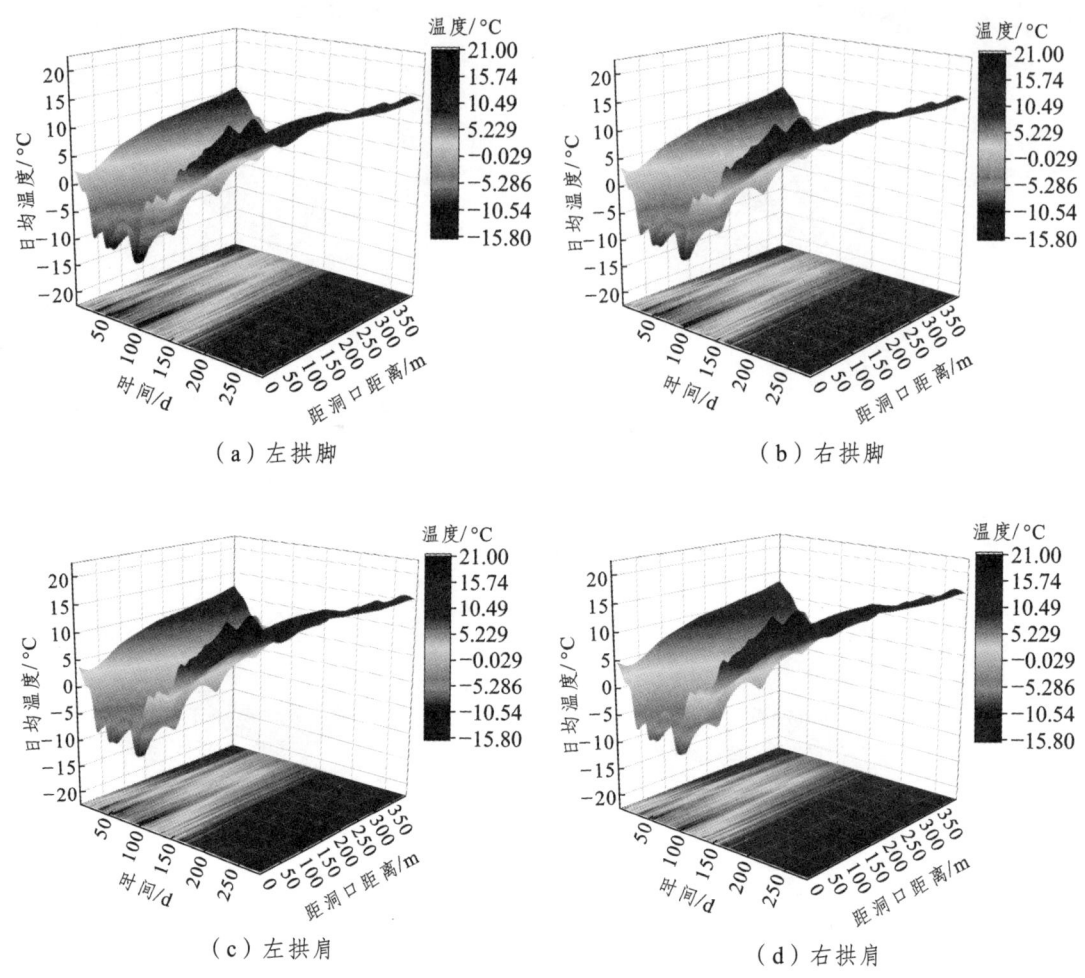

图 3.3-27　隧道出口端左线温度纵向时空分布图

由图 3.3-27 可以看出：隧道出口端左线温度整体变化同样是先减小后增大的趋势，温度变化速度随沿纵向距离增加逐渐减小，即与洞口距离越大，温度越稳定；在低温区段温度变化表现出类似"W"形的波动，距隧道洞口 0 m 处左拱脚处波动范围为 –8.6 ~ –5 ℃，波动幅度为 3.6 ℃，右拱脚处波动范围为 –8 ~ –5 ℃，波动幅度为 3 ℃，左拱肩处波动范围为 –6.8 ~ –4.8 ℃，波动幅度为 2 ℃，右拱肩处波动范围为 –6 ~ –4.2 ℃，波动幅度为 1.8 ℃，这种波动趋势随着与隧道洞口距离的增加而逐渐减弱，且左线出口段波动幅度较进口段有一定程度的衰减。此外，由于空气热交换和特殊曲线线形对内外侧风速的影响使得温度在断面分布表现出不均匀性，隧道上部温度较下部温度高 1.3 ~ 1.8 ℃，右侧较左侧温度高 0.5 ~ 1.5 ℃，出口左线断面温度最高点出现在右拱肩处，最低点出现在左拱脚处，两点温差为 1.4 ~ 2.8 ℃。

由于进口风速较出口风速大以及隧道出口在冬季施作了保温措施,使进口左线断面温度不均匀性较出口更为明显。

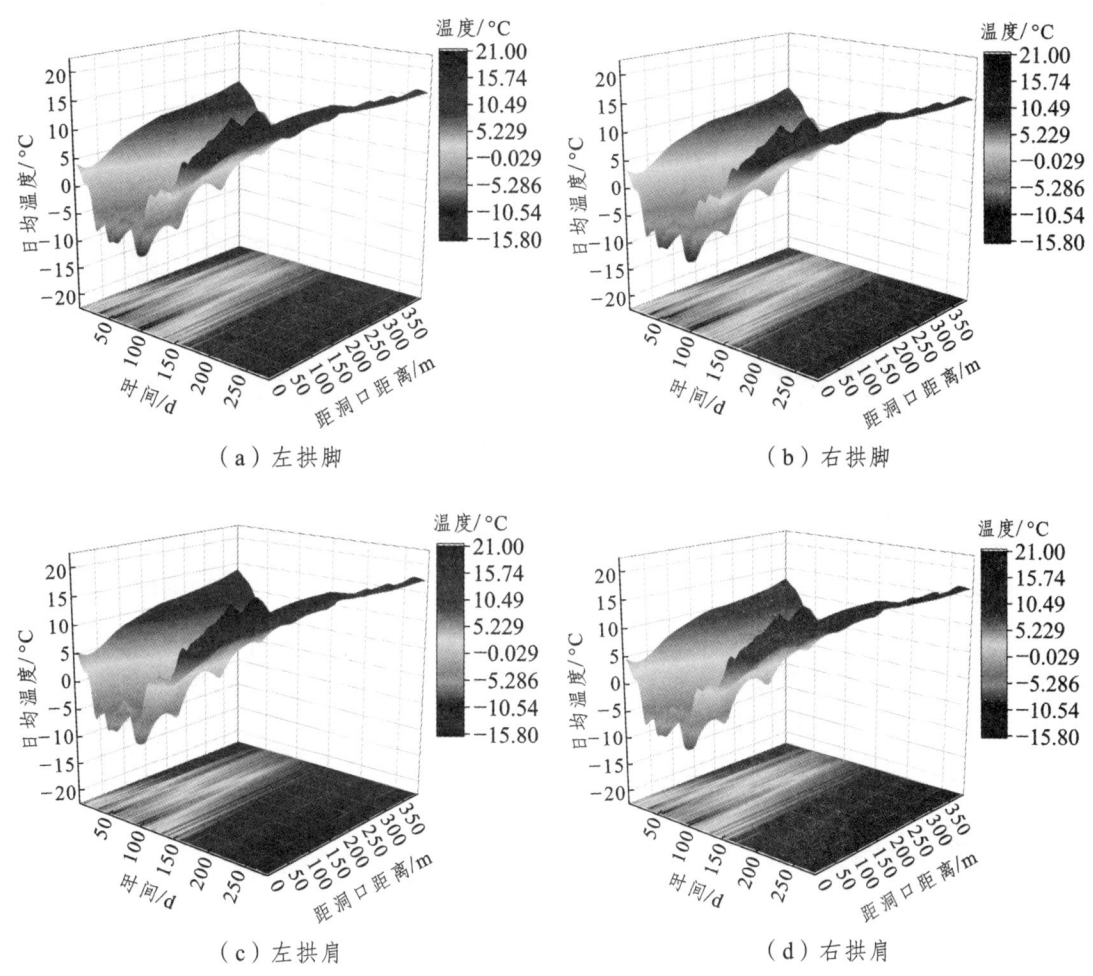

(a) 左拱脚 (b) 右拱脚

(c) 左拱肩 (d) 右拱肩

图 3.3-28　隧道出口端右线温度纵向时空分布图

由图 3.3-28 可以看出:隧道出口端右线温度整体表现出先减小后增大的趋势,这与隧道洞口外环境温度随时间变化规律一致,并且随着与隧道洞口距离的增加温度变化速度逐渐减小,即与洞口距离越大,温度越稳定;同时隧道右线出口段低温持续时间较进口段更长,高温持续时间短,温度变化范围较进口减小。同样在低温时间段内温度变化表现出类似"W"形的波动,距隧道洞口 0 m 处左拱脚处波动范围为 −8 ~ −5 °C,波动幅度为 3 °C,右拱脚处波动范围为 −8.5 ~ −5 °C,波动幅度为 3.5 °C,右拱肩处波动范围为 −6.5 ~ −5 °C,波动幅度为 1.5 °C,左拱肩处波动范围为 −6 ~ −4 °C,波动幅度为 2 °C,且这种波动趋势随着与隧道洞口距离的增加而逐渐减弱,同时发现在隧道右线出口段这种波动幅度较右线进口段有一定程度的衰减,这与隧道出口处风速较小有关。此外,温度在断面分布表现出不均匀性,隧道上部温度较下部温度高 1.3 ~ 1.8 °C,左侧较右侧温度高 0.5 ~ 1.5 °C,同样这种温差也未随距洞口距离的增大而显著减小,因此出口右线断面温度最高点出现在左拱肩处,最低点出现在右拱脚处，两点温差为 1.5~3.1 ℃。发现进口右线断面温度不均匀性较出口右线处明显，这是由于隧道洞内进口风速较出口风速大，在一定程度上减小了隧道出口段断面温度的不均匀性。同时由图还可以看出：距洞口 10~25 m 范围为洞内负温持续时间最长区域且较出口外部多约 18 d。比较发现，隧道右线出口段洞内最大负温时间较右线进口段最大负温时间减少约 30%，分析原因是隧道出口采取了防寒保温措施。对比出口左右线温度差异可以看出，左线温度较右线温度整体偏低 0.5~1.1 ℃，同时可以发现这种差异主要集中在距隧道洞口 120 m 的范围内，随着与隧道洞口距离的增加这种差异逐渐减小，这是由于隧道左线更加接近山体外侧，围岩温度更易受外环境温度影响而偏低从而导致隧道内温度偏低。对比隧道进出口温度差异可以看出：隧道进口段洞内温度在全观测期内整体偏高约 1 ℃，这主要是由于隧道进口处于低海拔位置，在寒季隧道进口段洞内温度波动幅度及温度范围较出口段大，隧道进口段洞内风速更大，隧道出口段采取了一定的防寒措施。

采集每个测点位置的日平均温度，如图 3.3-25~图 3.3-28 所示，可以看出随着与隧道洞口距离的增加，温度变化幅度逐渐减小，表现为距隧道洞口 100 m 范围内，每 10 m 平均增加 0.2 ℃，距隧道洞口 100~200 m 范围内每 10 m 平均增加 0.15 ℃，距隧道洞口 200 m 后增加趋势逐渐放缓，每 10 m 平均增加 0.05~0.08 ℃。同时可以看出各段温度在观测期第 2~30 d 内温度快速下降，即 2018 年 10—11 月间温度快速下降；在观测期第 30~110 d 内温度保持低温，并呈波动式变化，即 2018 年 11 月—2019 年 3 月间各段温度处于低温区间，特别是接近隧道洞口的段落，这种现象尤为明显；此后直到 2019 年温度快速回升，在 7—8 月达到峰值，并保持 10~20 d 的高温时间段。以年为单位来看，日平均温度数据具有一定的周期性，且随着与洞口距离的增大，这种周期性呈逐渐衰减的趋势，即与洞口距离越大，温度波动幅度越小。采用正弦函数对温度数据进行拟合，拟合通式与式 3.1 相同。由此可得各个测点的温度-时间回归方程参数如表 3.3-2~表 3.3-5 所示。

表 3.3-2 隧道右线进口洞内测点温度参数

断面桩号	距洞口距离 x/m	测点位置		年平均温度 A_m/℃	年温度振幅 A_t/℃	时间相位 d_0/d
K80+390	4	拱脚	右侧	6.364	11.742	206.951
			左侧	7.118	11.757	207.008
		拱肩	右侧	7.715	11.737	206.961
			左侧	8.517	11.760	206.988
K80+405	19	拱脚	右侧	5.071	10.959	206.038
			左侧	5.798	10.947	206.236
		拱肩	右侧	6.423	10.961	206.029
			左侧	7.915	10.942	206.207
K80+475	89	拱脚	右侧	6.823	9.915	202.565
			左侧	7.570	9.210	202.562
		拱肩	右侧	8.178	9.195	202.590
			左侧	8.967	9.203	202.609

续表

断面桩号	距洞口距离 x/m	测点位置		年平均温度 A_m/°C	年温度振幅 A_t/°C	时间相位 d_0/d
K80+575	189	拱脚	右侧	8.806	7.580	194.593
			左侧	9.055	7.564	194.710
		拱肩	右侧	10.404	7.578	194.586
			左侧	11.211	7.559	194.733
K80+675	289	拱脚	右侧	9.555	5.893	189.881
			左侧	10.308	5.915	189.745
		拱肩	右侧	10.910	5.895	189.872
			左侧	11.709	5.916	189.717
K80+775	389	拱脚	右侧	10.679	4.954	185.287
			左侧	11.420	4.966	185.378
		拱肩	右侧	12.028	4.950	185.175
			左侧	12.822	4.969	185.339

表 3.3-3 隧道右线出口洞内测点温度参数

断面桩号	距洞口距离 x/m	测点位置		年平均温度 A_m/°C	年温度振幅 A_t/°C	时间相位 d_0/d
K84+485	5	拱脚	右侧	5.695	11.732	206.915
			左侧	6.434	11.730	206.940
		拱肩	右侧	7.040	11.728	206.915
			左侧	7.836	11.731	206.907
K84+470	20	拱脚	右侧	4.374	10.914	206.147
			左侧	5.112	10.906	206.237
		拱肩	右侧	5.726	10.909	206.133
			左侧	6.513	10.900	206.208
K84+400	90	拱脚	右侧	6.137	9.212	202.593
			左侧	6.883	9.213	202.589
		拱肩	右侧	7.485	9.213	202.558
			左侧	8.280	9.214	202.574
K84+300	190	拱脚	右侧	8.360	7.549	194.499
			左侧	9.103	7.542	194.610
		拱肩	右侧	9.720	7.555	194.509
			左侧	10.503	7.544	194.664
K84+200	290	拱脚	右侧	8.829	5.904	190.062
			左侧	9.591	5.906	190.065

续表

断面桩号	距洞口距离 x/m	测点位置		年平均温度 A_m/°C	年温度振幅 A_t/°C	时间相位 d_0/d
K84+200	290	拱肩	右侧	10.175	5.906	190.220
			左侧	10.993	5.909	190.045
K84+100	390	拱脚	右侧	9.968	4.951	185.487
			左侧	10.722	4.966	185.613
		拱肩	右侧	11.310	4.963	185.430
			左侧	12.142	4.962	186.112

表 3.3-4 隧道左线进口洞内测点温度参数

断面桩号	距洞口距离 x/m	测点位置		年平均温度 A_m/°C	年温度振幅 A_t/°C	时间相位 d_0/d
ZK80+405	7	拱脚	左侧	6.873	11.747	207.037
			右侧	7.620	11.755	206.984
		拱肩	左侧	8.255	11.732	207.066
			右侧	9.024	11.760	207.188
ZK80+420	22	拱脚	左侧	5.576	10.932	206.276
			右侧	6.316	10.950	206.282
		拱肩	左侧	6.896	10.956	206.335
			右侧	7.712	10.949	206.285
ZK80+490	92	拱脚	左侧	7.316	9.203	202.573
			右侧	8.064	9.213	202.628
		拱肩	左侧	8.661	9.201	202.611
			右侧	9.462	9.209	202.608
ZK80+590	192	拱脚	左侧	9.551	7.582	194.532
			右侧	10.299	7.586	194.715
		拱肩	左侧	10.906	7.576	194.495
			右侧	11.703	7.591	194.694
ZK80+690	292	拱脚	左侧	10.071	5.931	189.875
			右侧	10.805	5.929	189.804
		拱肩	左侧	11.433	5.929	189.949
			右侧	12.207	5.926	189.714
ZK80+790	392	拱脚	左侧	11.187	4.971	185.547
			右侧	11.933	4.975	185.367
		拱肩	左侧	12.533	4.981	185.649
			右侧	13.337	4.974	185.440

表 3.3-5　隧道左线出口洞内测点温度参数

断面桩号	距洞口距离 x/m	测点位置		年平均温度 A_m/ °C	年温度振幅 A_t/ °C	时间相位 d_0/d
ZK84+620	6	拱脚	左侧	4.873	11.746	206.855
			右侧	5.619	11.757	206.916
		拱肩	左侧	6.223	11.754	206.874
			右侧	7.016	11.753	206.957
ZK84+605	21	拱脚	左侧	3.543	10.944	206.191
			右侧	4.309	10.946	206.162
		拱肩	左侧	4.885	10.949	206.233
			右侧	5.715	10.944	206.096
ZK84+535	91	拱脚	左侧	5.317	9.228	202.592
			右侧	6.064	9.225	202.546
		拱肩	左侧	6.667	9.212	202.626
			右侧	7.470	9.230	202.560
ZK84+435	191	拱脚	左侧	7.566	7.579	194.759
			右侧	8.313	7.562	194.762
		拱肩	左侧	8.916	7.585	194.690
			右侧	9.710	7.561	194.789
ZK84+335	291	拱脚	左侧	8.052	5.908	190.073
			右侧	8.811	5.930	189.813
		拱肩	左侧	9.413	5.925	189.935
			右侧	10.214	5.935	189.855
ZK84+235	391	拱脚	左侧	9.167	4.982	185.483
			右侧	9.924	4.983	185.287
		拱肩	左侧	10.532	4.981	185.553
			右侧	11.327	4.990	185.238

由表 3.3-2～表 3.3-5 可以看出：随着与洞口距离的增加，无论是隧道左线右线、进口出口都表现出隧道内纵向温度年平均温度逐渐增加，年温度振幅逐渐减小；另外，距离洞口最近断面平均温度较其后断面大，这是由于隧道所处区域属于我国高日照强度区域，造成距离洞口一定距离的二衬表面温度测量偏大。

对表 3.3-2～表 3.3-5 中实测得到的年平均温度 A_m 和年温度振幅 A_t 进行回归，可以得到该参数沿隧道纵向的变化规律。对隧道右线进口端不同测点位置进行拟合，对年平均温度 A_m 采用 Lorentz 函数进行拟合，对年温度振幅 A_t 采用指数函数进行拟合，采用 Levenberg-Marquardt 算法进行回归，可以得到拟合曲线如图 3.3-29、图 3.3-30 所示，并得到如下回归方程：

1. 右线进口端

右拱脚：
$$A_\mathrm{m} = 10.684 - \frac{2 \times 1722.254}{\pi} \cdot \frac{211.412}{4 \cdot (x-34.814)^2 + 211.412^2}$$
$$A_\mathrm{t} = 11.276 \times \mathrm{e}^{0.0026x} + 0.657$$

左拱脚：
$$A_\mathrm{m} = 12.897 - \frac{2 \times 4402.473}{\pi} \cdot \frac{441.001}{4 \cdot (x-8.127)^2 + 441.001^2}$$
$$A_\mathrm{t} = 9.312 \times \mathrm{e}^{0.0036x} + 2.579$$

右拱肩：
$$A_\mathrm{m} = 11.718 - \frac{2 \times 1202.974}{\pi} \cdot \frac{146.211}{4 \cdot (x-41.708)^2 + 146.211^2}$$
$$A_\mathrm{t} = 9.389 \times \mathrm{e}^{0.0035x} + 2.490$$

左拱肩：
$$A_\mathrm{m} = 13.005 - \frac{2 \times 1830.367}{\pi} \cdot \frac{235.599}{4 \cdot (x-36.568)^2 + 235.599^2}$$
$$A_\mathrm{t} = 9.272 \times \mathrm{e}^{0.0036x} + 2.620$$

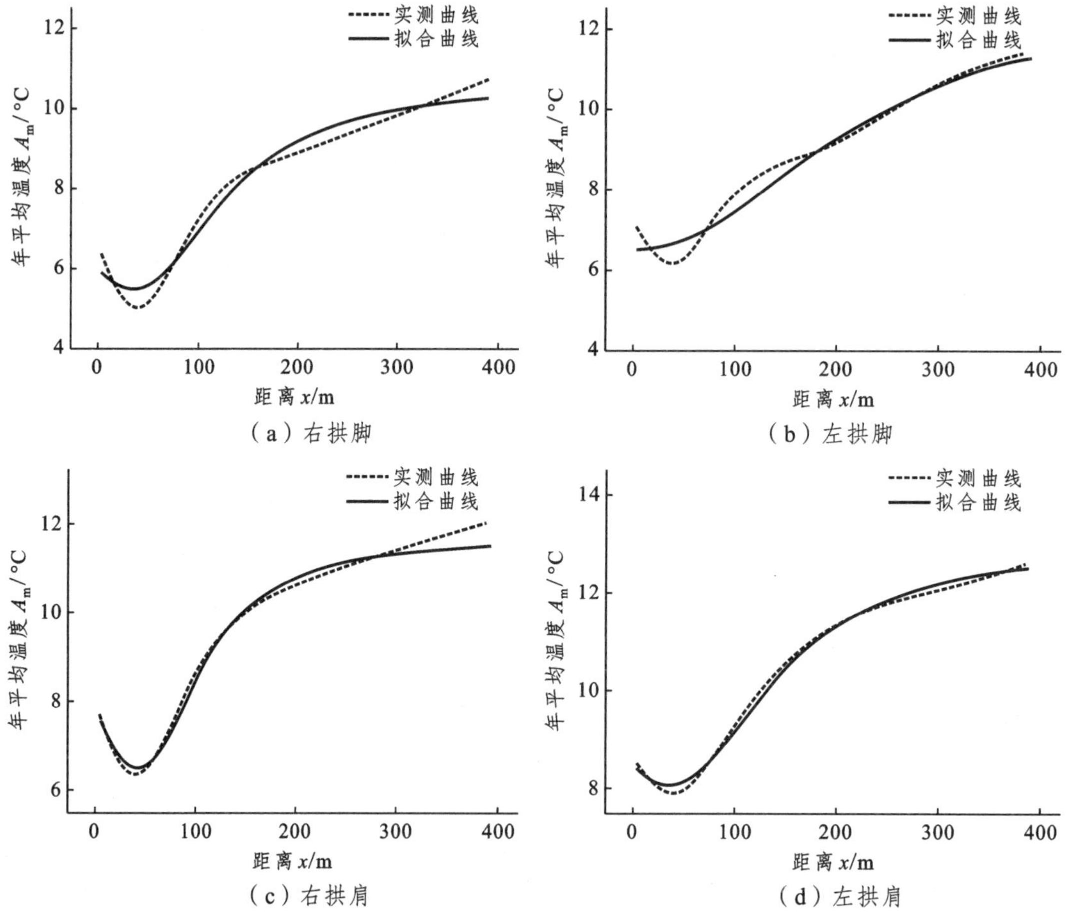

（a）右拱脚

（b）左拱脚

（c）右拱肩

（d）左拱肩

图 3.3-29　隧道进口端右线年平均温度 A_m 参数拟合图

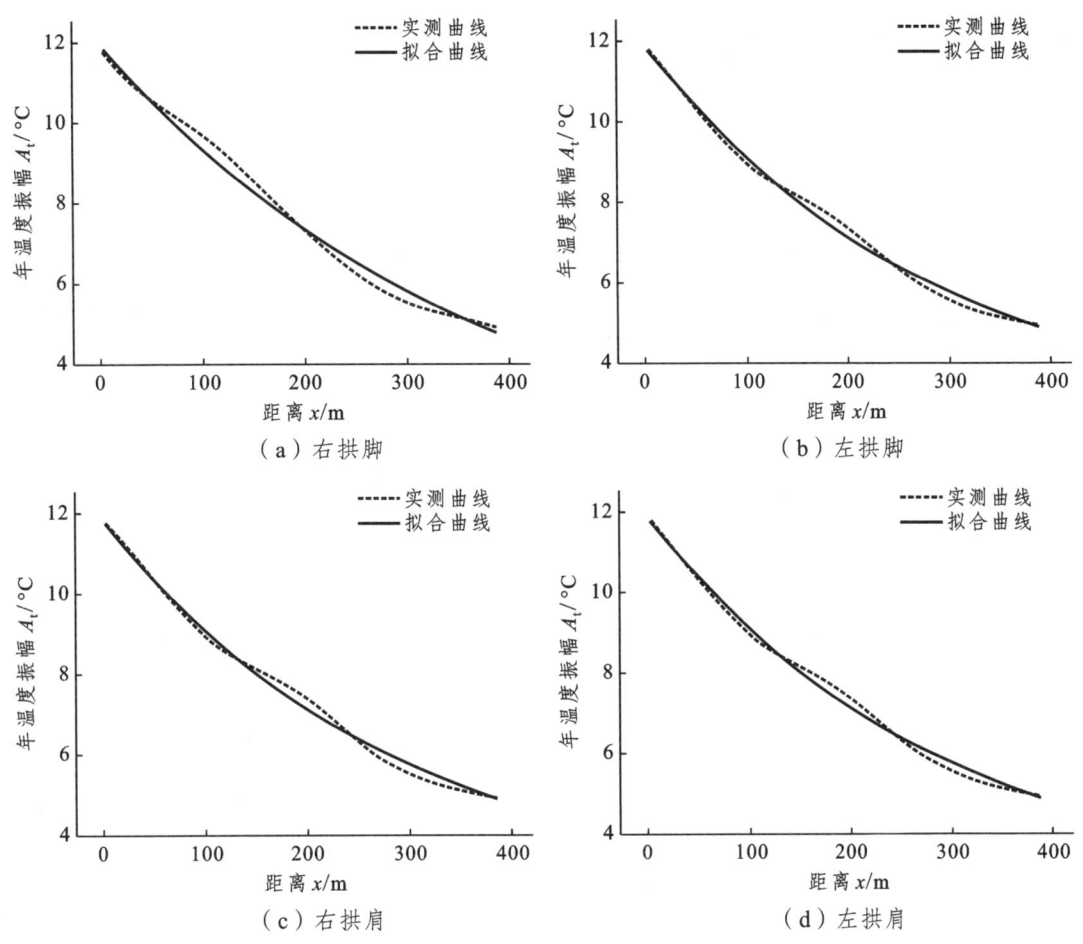

图 3.3-30 隧道进口端右线年温度振幅 A_t 参数拟合图

同理,可分别得到左线进口端、出口端和右线出口端回归方程及温度参数拟合图,如图 3.3-31 ~ 图 3.3-36 所示。

2. 左线进口端

左拱脚:
$$A_m = 10.751 - \frac{2 \times 1080.315}{\pi} \cdot \frac{120.354}{4 \cdot (x-44.971)^2 + 120.354^2}$$

$$A_t = 9.412 \times e^{0.0033x} + 2.348$$

右拱脚:
$$A_m = 11.485 - \frac{2 \times 1071.382}{\pi} \cdot \frac{118.897}{4 \cdot (x-45.033)^2 + 118.897^2}$$

$$A_t = 9.425 \times e^{0.0033x} + 2.353$$

左拱肩:
$$A_m = 12.072 - \frac{2 \times 1044.580}{\pi} \cdot \frac{113.054}{4 \cdot (x-41.708)^2 + 113.054^2}$$

$$A_t = 9.369 \times e^{0.0033x} + 2.400$$

右拱肩：
$$A_m = 12.885 - \frac{2 \times 1068.186}{\pi} \cdot \frac{118.043}{4 \cdot (x-45.126)^2 + 118.043^2}$$

$$A_t = 9.426 \times e^{0.0033x} + 2.354$$

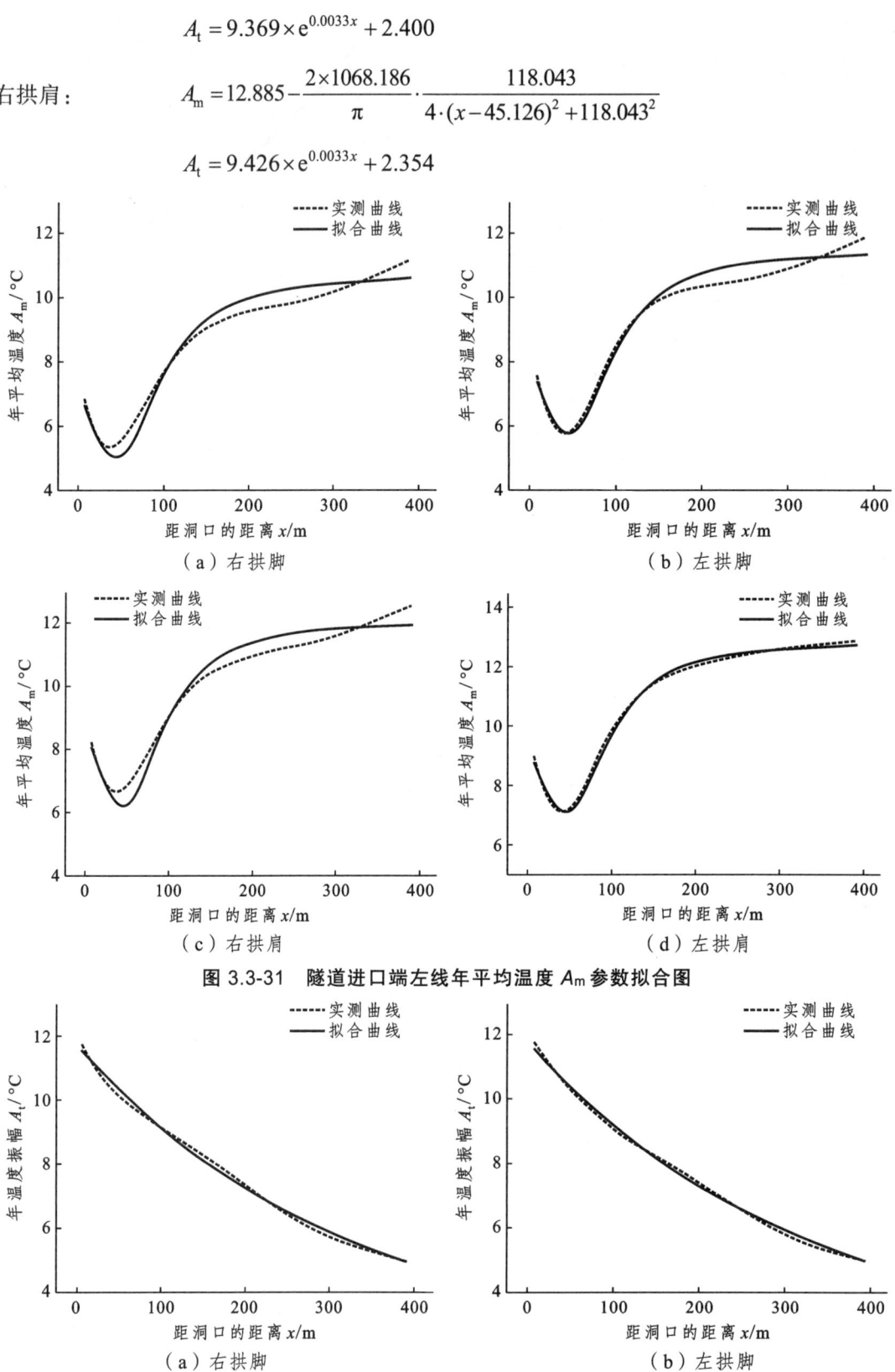

图 3.3-31　隧道进口端左线年平均温度 A_m 参数拟合图

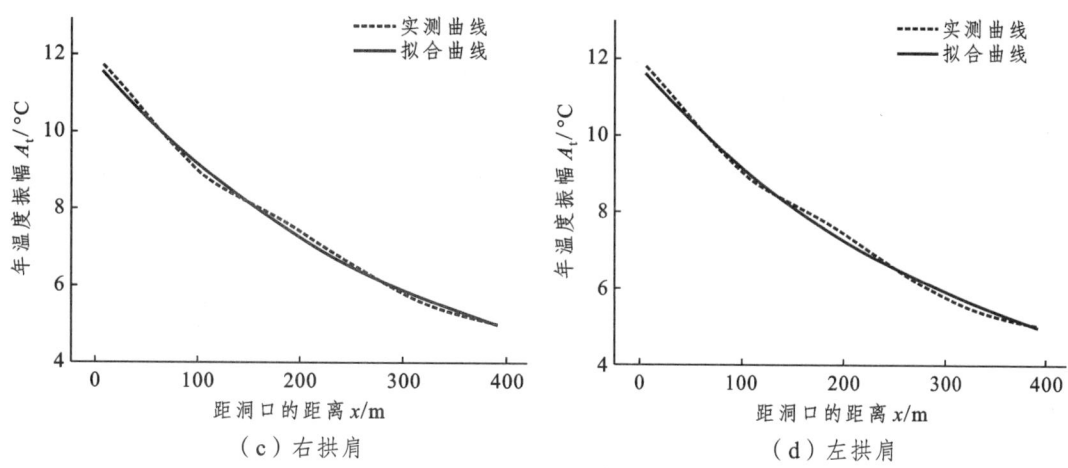

(c) 右拱肩   (d) 左拱肩

图 3.3-32 隧道进口端左线年温度振幅 A_t 参数拟合图

3. 右线出口端

左拱脚：
$$A_m = 9.497 - \frac{2 \times 1037.288}{\pi} \cdot \frac{114.163}{4 \cdot (x-43.256)^2 + 114.163^2}$$
$$A_t = 9.392 \times e^{0.0032x} + 2.300$$

右拱脚：
$$A_m = 10.256 - \frac{2 \times 1044.786}{\pi} \cdot \frac{114.955}{4 \cdot (x-43.172)^2 + 114.955^2}$$
$$A_t = 9.320 \times e^{0.0033x} + 2.368$$

左拱肩：
$$A_m = 10.845 - \frac{2 \times 1036.032}{\pi} \cdot \frac{113.989}{4 \cdot (x-43.254)^2 + 113.989^2}$$
$$A_t = 9.369 \times e^{0.0032x} + 2.317$$

右拱肩：
$$A_m = 11.671 - \frac{2 \times 1053.520}{\pi} \cdot \frac{116.087}{4 \cdot (x-43.154)^2 + 116.087^2}$$
$$A_t = 9.344 \times e^{0.0033x} + 2.342$$

(a) 右拱脚   (b) 左拱脚

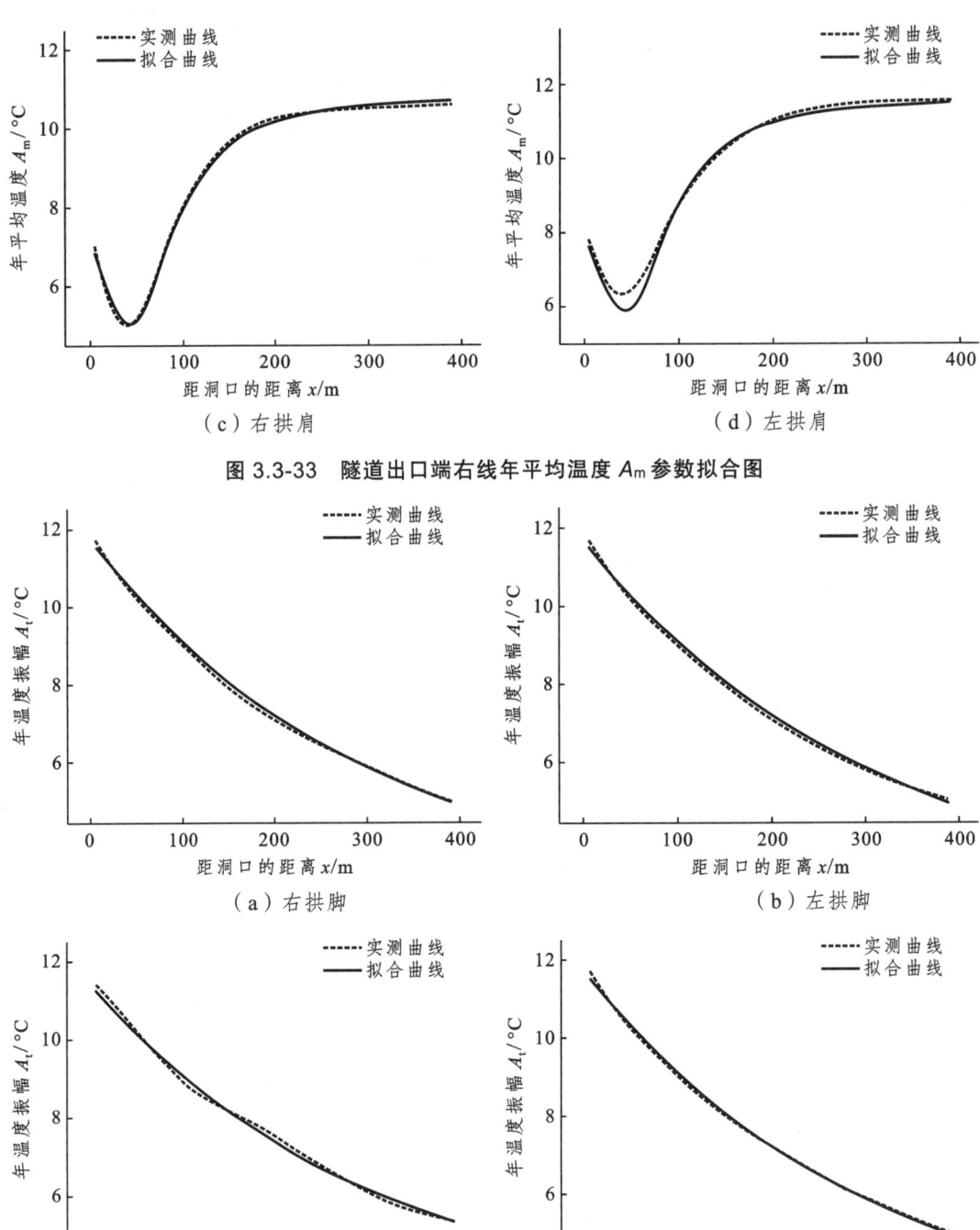

（c）右拱肩　　　　　　　　　　　　　（d）左拱肩

图 3.3-33　隧道出口端右线年平均温度 A_m 参数拟合图

（a）右拱脚　　　　　　　　　　　　　（b）左拱脚

（c）右拱肩　　　　　　　　　　　　　（d）左拱肩

图 3.3-34　隧道出口端右线年温度振幅 A_t 参数拟合图

4. 左线出口端

左拱脚：
$$A_\mathrm{m} = 8.709 - \frac{2 \times 1045.126}{\pi} \cdot \frac{113.869}{4 \cdot (x-44.300)^2 + 113.869^2}$$
$$A_\mathrm{t} = 9.402 \times e^{0.0033x} + 2.342$$

右拱脚：
$$A_\mathrm{m} = 9.479 - \frac{2 \times 1062.003}{\pi} \cdot \frac{116.943}{4 \cdot (x-44.141)^2 + 116.943^2}$$
$$A_\mathrm{t} = 9.330 \times e^{0.0033x} + 2.422$$

左拱肩：
$$A_\mathrm{m} = 10.070 - \frac{2 \times 1049.365}{\pi} \cdot \frac{113.998}{4 \cdot (x-44.293)^2 + 113.998^2}$$
$$A_\mathrm{t} = 9.367 \times e^{0.0033x} + 2.381$$

右拱肩：
$$A_\mathrm{m} = 10.886 - \frac{2 \times 1068.025}{\pi} \cdot \frac{118.221}{4 \cdot (x-44.004)^2 + 118.221^2}$$
$$A_\mathrm{t} = 9.318 \times e^{0.0033x} + 2.432$$

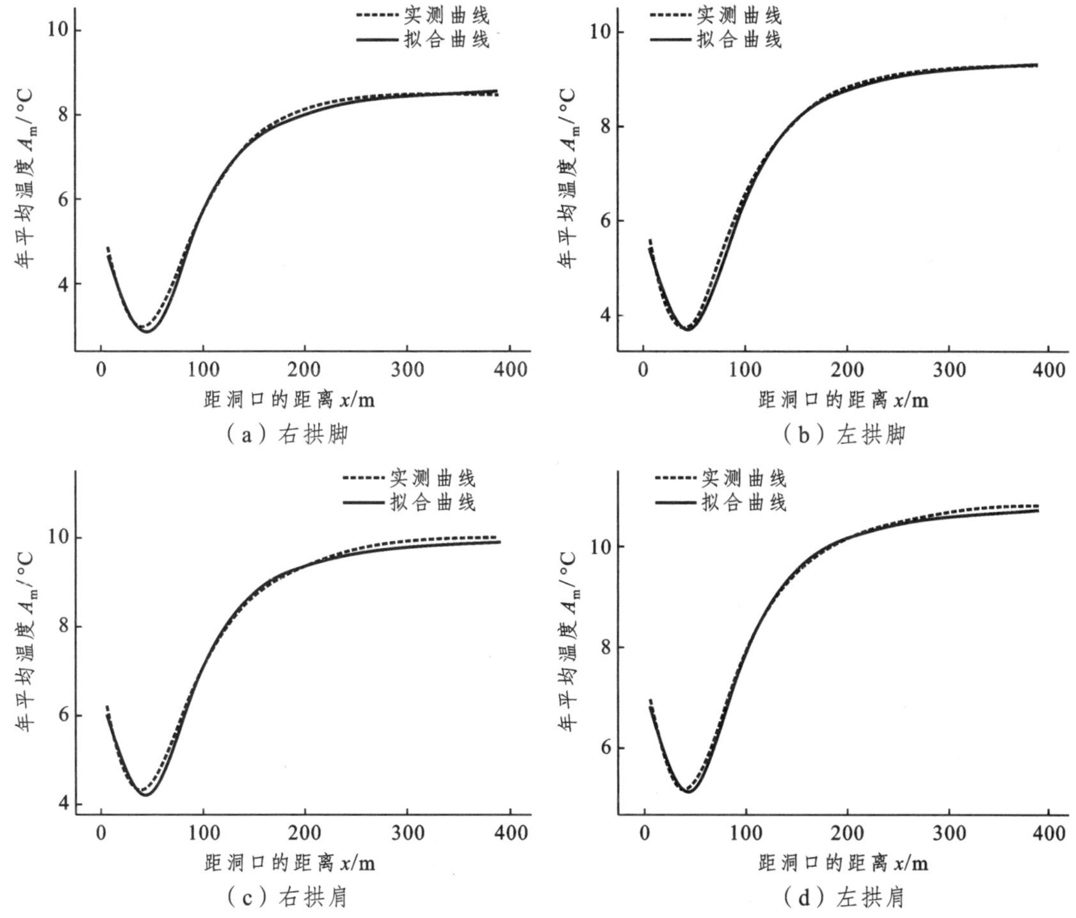

（a）右拱脚　　（b）左拱脚　　（c）右拱肩　　（d）左拱肩

图 3.3-35　隧道出口端左线年平均温度 A_m 参数拟合图

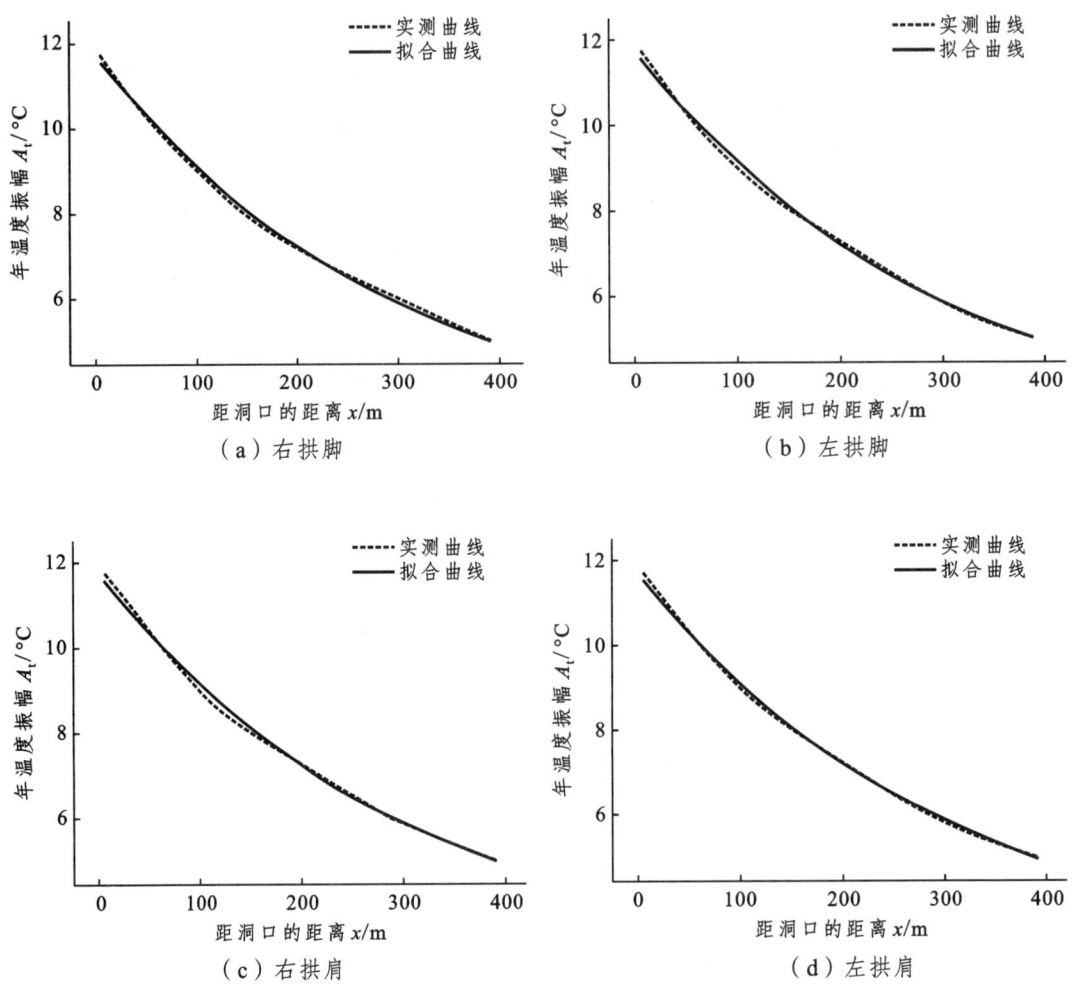

（a）右拱脚　　　　　　　　　　　（b）左拱脚

（c）右拱肩　　　　　　　　　　　（d）左拱肩

图 3.3-36　隧道出口端左线年温度振幅 A_t 参数拟合图

由上述公式可以看出：金家庄螺旋隧道右线进口段在进入隧道约 150 m 后，隧道断面各位置处年平均温度均大于年温度振幅，可以认为在该位置后不会出现全天负温的情况，同理隧道右线出口段在进入隧道约 170 m 后，隧道左线进口段在进入隧道约 130 m 后，隧道左线出口段在进入隧道约 160 m 后，各段在这些断面位置处年平均温度均大于年温度振幅，可以认为在该位置后不会出现全天负温的情况，即隧道在距洞口 200 m 后，除了个别极端温度，全年都保持在 0 ℃ 以上，该值可以作为保温设防区段的参考值。

综上可以看出：隧道内部温度分布不均匀，考虑是受螺旋线形的影响导致隧道风流风速分布不均匀从而引起温度分布不均匀。此外，隧道同一断面上部温度较下部温度高，拱腰处温度高于拱脚处温度。同一断面不同测点时间相位差别不大，但随着距洞口距离的增加，时间相位逐渐减少，表现出温度由洞中向两侧传递的特点。

3.3.3 隧道径向温度分析

隧道内部径向测温断面采用左右侧对称布点,每测点布置 5 个温度传感器,间距 50 cm,如图 3.1-5 所示。每 2 d 进行一次观测,为了避免影响施工,测温断面布设距离洞口较远,在 15 d 后隧道径向测温断面趋于稳定,受外界环境影响较小。

1. 隧道进口右洞

由图 3.3-37 可以看出:在测量时间内断面最高温度(18.74 ℃)出现在隧道左侧 2.5 m 深度处,最低温度(12.26 ℃)出现在隧道右侧 0.5 m 深度处。可以看出,围岩内部温度与隧道初期支护面的距离越大温度越高,同时随着时间的增加,围岩内部热量向接触面方向传导,即随着时间的增加围岩内部温度逐渐降低,而与隧道接触部分围岩温度增加,最终逐渐趋于稳定。此外可以观测到隧道左侧温度略大于右侧,结合进口左洞右侧温度比左侧偏高,可能是由于爆破能量在两洞之间产生热量造成靠近邻洞一侧温度偏高。

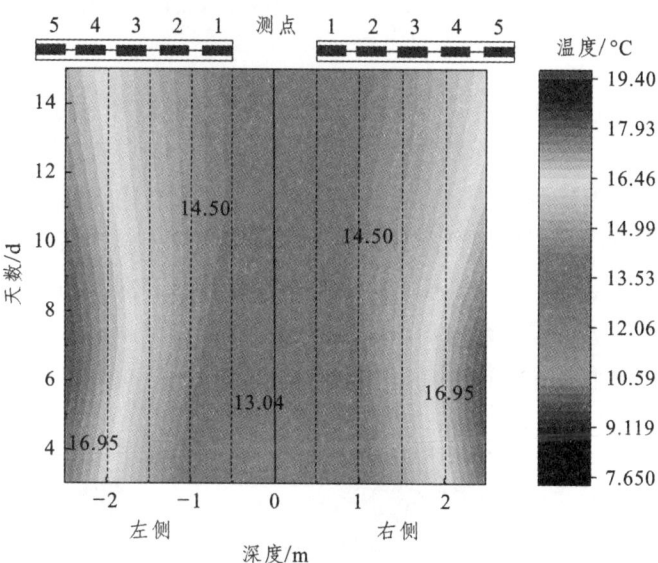

图 3.3-37 K81+220 径向测温断面位置时程变化图

2. 隧道进口左洞

由图 3.3-38 可以看出:在测量时间内断面最高温度(18.95 ℃)出现在隧道右侧 2.5 m 深度处,最低温度(12.32 ℃)出现在 隧道左侧 0.5 m 深度处。可以看出,围岩内部温度与隧道初期支护面的距离越大温度越高,同时随着时间的增加,围岩内部热量向接触面方向传导,即随着时间的增加围岩内部温度逐渐降低,而与隧道接触部分围岩温度增加,最终逐渐趋于稳定。此外可以观测到隧道右侧温度略大于左侧,结合进口右洞左侧温度比右侧偏高,可能是由于爆破能量在两洞之间产生热量造成靠近邻洞一侧温度偏高。

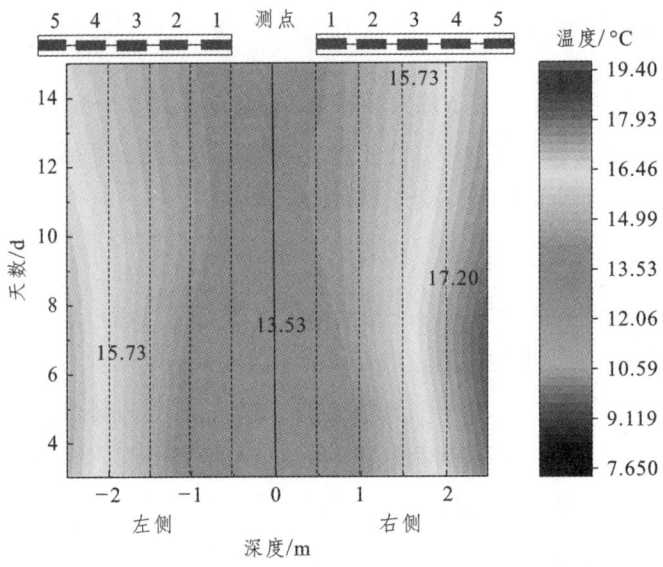

图 3.3-38　ZK81+230 径向测温断面位置时程变化图

3. 隧道出口右洞

由图 3.3-39 可以看出：在测量时间内断面最高温度（15.20 ℃）出现在隧道右侧 2.5 m 深度处，最低温度（8.48 ℃）出现在隧道左侧 0.5 m 深度处。可以看出，围岩内部温度与隧道初期支护面的距离越大温度越高，同时随着时间的增加，围岩内部热量向接触面方向传导，即随着时间的增加围岩内部温度逐渐降低，而与隧道接触部分围岩温度增加，最终逐渐趋于稳定。此外可以观测到隧道右侧温度略大于左侧，结合出口左洞左侧温度比右侧偏高，可能是由于爆破能量在两洞之间产生热量造成靠近邻洞一侧温度偏高。可以看出相较于进口，出口径向测量断面温度偏低，这是由于进口径向断面距隧道洞口距离更大，距掌子面更近。

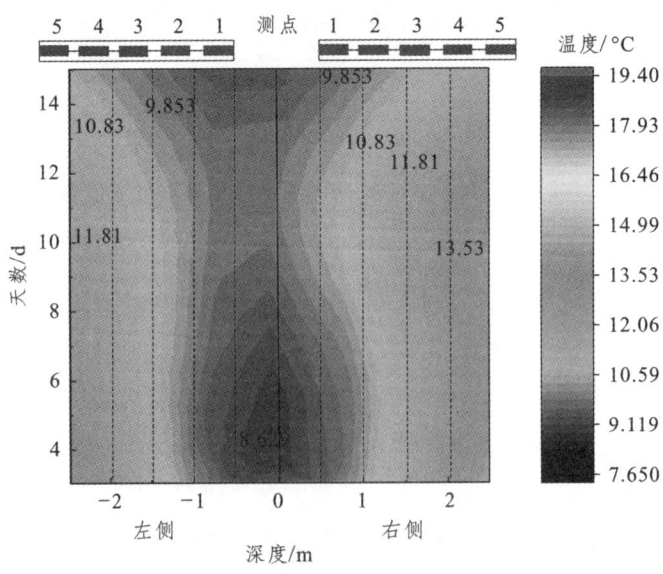

图 3.3-39　K83+660 径向测温断面位置时程变化图

4. 隧道出口左洞

由图 3.3-40 可以看出：在测量时间内断面最高温度（19.36 ℃）出现在隧道左侧 2.5 m 深度处，最低温度（7.68 ℃）出现在隧道右侧 0.5 m 深度处，围岩内部温度与隧道初期支护面的距离越大温度越高，同时随着时间的增加，围岩内部热量向接触面方向传导，即随着时间的增加围岩内部温度逐渐降低，而与隧道接触部分围岩温度增加，最终逐渐趋于稳定。此外可以观测到隧道左侧温度略大于右侧，结合出口右洞右侧温度比左侧偏高，可能是由于爆破能量在两洞之间产生热量造成靠近邻洞一侧温度偏高。可以看出相较于进口，出口径向测量断面温度偏低，这是由于进口径向断面距隧道洞口距离更大，距掌子面更近。

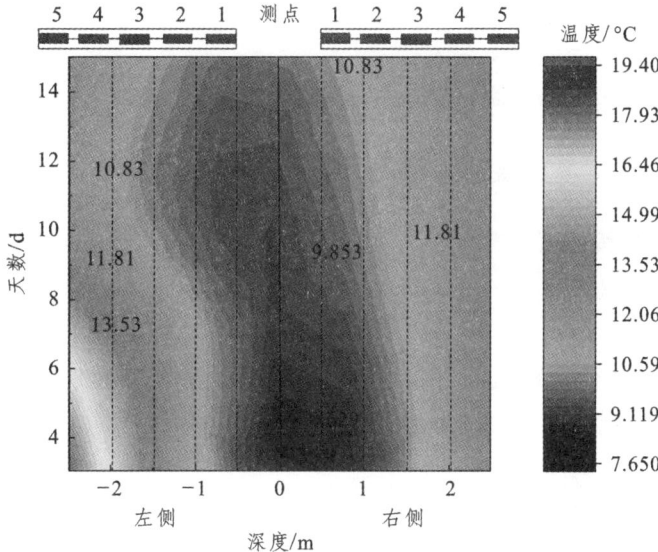

图 3.3-40　ZK83+795 径向测温断面位置时程变化图

第 4 章 金家庄特长螺旋隧道洞口段主动保温技术研究

4.1 隧道洞口段温度场数值仿真

4.1.1 隧道口温度场数值仿真基础理论

1. 热力学基本热传递方式

热传导、热对流与热辐射为经典热力学中热传递的三种基本传递方式,它们的传递机理各不相同。

热传导:自然界中不同物体间,因相互接触而发生的内能交换现象称为热传导,接触物体间的温度梯度是发生热传导现象的直接原因,其传导原理符合式 4.1 所示关系。

$$\frac{Q}{t} = \frac{KA(T_{hot} - T_{cold})}{d} \tag{4.1}$$

式中:Q——为时间 t 内的传热量;

K——热传导系数;

T——温度;

A——平面面积;

d——两平面之间的距离。

热对流:当自然界中的固态物质与其相接触的流体之间存在温差,从而引起的热量交换。主要有两种类型:自然对流和强制对流。这种传递方式可以用牛顿冷却方程进行描述,见式 4.2。

$$q'' = h(T_s - T_b) \tag{4.2}$$

式中:h——对流换热系数;

T_s——固定表面的温度;

T_b——周围流体的温度。

热辐射:低温物体通过吸收周围高温物体发射的电磁波,并将电磁波转化为自身内能的热传递过程。一般情况下,温度越高的物体向周围环境发射的电磁能越大,因此高温物体辐射出的热量与自身的温度成正比。它与其他两种热传递方式的区别在于:热辐射在进行热量传递时无须通过传热介质即可完成。实际工程中的热辐射通常要同时考虑多个物体间的辐射情况，它们在热传递过程中同时进行着热能的吸收和辐射，工程中常用斯蒂芬-玻尔兹曼方程来计算热辐射的能量传递，见式4.3。

$$q = \varepsilon \sigma A_1 F_{12} \left(T_1^4 - T_2^4 \right) \tag{4.3}$$

式中：q——热流率；

ε——辐射率；

σ——斯蒂芬-玻尔兹曼常数；

A_1——1辐射面的面积；

F_{12}——由1辐射面到2辐射面的形状系数；

T_1——1辐射面的绝对温度；

T_2——2辐射面的绝对温度。

2. 稳态导热和非稳态导热

稳态导热：温度场不随时间变化的导热过程，流入系统的热量与系统自身产生的热量之和刚好等于流出系统的热量，则为稳态导热。其能量平衡方程见式4.4。

$$[K]\{T\} = \{Q\} \tag{4.4}$$

式中：$[K]$——传导矩阵；

$\{T\}$——节点温度向量；

$\{Q\}$——节点热流率向量。

非稳态导热：温度场随时间变化的导热过程，在导热过程中系统的温度、边界条件、热流率及系统内能随时间在不停变化中，其热平衡方程见式（4.5）。

$$[C]\{\dot{T}\} + [K]\{T\} = \{Q\} \tag{4.5}$$

式中：$[K]$——传导矩阵；

$[C]$——比热矩阵，考虑了系统内能的增加；

$\{T\}$——节点温度向量；

$\{\dot{T}\}$——温度对时间的导数；

$\{Q\}$——节点热流率向量。

3. 热力学三类边界条件

（1）第一类边界条件。

物体边界中已知其温度函数，则用式4.6表示。

$$T\big|_r = T_0; \quad T\big|_r = f(x, y, z, t) \tag{4.6}$$

式中：T——物体边界；

T_0——已知温度；

$f(x, y, z, t)$——已知温度函数。

(2)第二类边界条件。

物体边界中已知其热流密度,则用式 4.7 表示。

$$-k\frac{\partial T}{\partial n}\bigg|_r = q; -k\frac{\partial T}{\partial n}\bigg|_r = g(x,y,z,t) \qquad (4.7)$$

式中:q——热流密度;

$g(x,y,z,t)$——热流密度函数。

(3)第三类边界条件。

与物体接触的流体介质的温度和换热系数已知,则见式 4.8。

$$-k\frac{\partial T}{\partial n}\bigg|_r = \alpha(T-T_f)\big|_r \qquad (4.8)$$

式中:T_f——流体介质温度;

α——换热系数。

4. 流体力学基本理论

流体力学为研究流体自身、固体与流体间、流体与流体间、其他运动形态物体与流体间在各种力的作用下的相互作用原理,流体力学为隧道温度场热传递求解提供了理论基础。工程中流体力学所遵循的基本原理均建立在动量守恒定律、能量守恒定律与质量守恒定律这三大守恒定律基础之上。

(1)质量守恒定律。

流体问题均应满足质量守恒定律。该定律可描述为单位时间流入质量等于单位时间流出质量与单位时间质量增值之和。质量守恒方程表达式的一般形式见式 4.9。

$$\frac{\partial \rho}{\partial t} + \frac{\partial(\rho u_i)}{\partial x_i} = s_m \qquad (4.9)$$

(2)动量守恒方程。

动量守恒定律也是任何流动系统都必须满足的基本定律,具体可以表述为微元体中流体的动量对时间的变化率等于外界作用在该微元体上的各种力之和。动量守恒公式见式 4.10。

$$\frac{\partial(\rho u_i)}{\partial t} + \text{div}(\rho u_i \vec{u}) = \frac{\partial \rho}{\partial x_i} + \frac{\partial \tau_{ij}}{\partial x_i} + \rho f_i \qquad (4.10)$$

(3)能量守恒方程。

能量守恒方程又称伯努利方程,具体可以表述为微元体中能量的增加率等于进入微元体的净热流量加上体积力和表面力对微元体所做的功。其表达式见式 4.11。

$$\frac{\partial(\rho T)}{\partial t} + \text{div}(\rho T \vec{u}) = \text{div}\left(\frac{k}{c_p}\text{grad}\,T\right) + S_T \qquad (4.11)$$

流体力学中的基本概念及理论为后续数值模拟工作提供了理论基础。流体力学中的基本理论主要包括:

（1）流体的导热性：当流体之间存在温差时，热量传递方向为从高温地区传递到低温地区，分别有热传导、热对流、热辐射3种热传递方式。

（2）连续介质模型：流体力学认为用宏观流体模型来代替微观有空隙的分子结构来表现出明显的连续性与确定性，将流体看成是由无限多流体质点所组成的稠密而无间隙的连续介质。

（3）流体的黏性：由于分子不停运动使其之间存在动量交换和吸引力从而产生流体之间的内摩擦力或黏性阻力，阻碍着这两种相邻流体的运动，这种现象叫作流体的黏性。黏性力表达形式见式4.12。

$$\tau = \mu \frac{dV}{dv} \tag{4.12}$$

式中：τ——流体间的黏性力；

μ——黏性系数；

dV/dv——垂直于接触面的速度梯度。

（4）可压缩性与非可压缩性：在流体力学中根据流体压强和流体密度之间是否存在相互影响将流体按照是否可被压缩分为两大类：可压缩性和非可压缩性。对于压缩性的判别需通过计算马赫数 m 来确定，计算公式见式4.13。

$$m = \frac{v}{a}; a = \sqrt{\gamma RT} \tag{4.13}$$

式中：v——流体速度；

a——当地声速；

γ——特定热比率；

R——气体常量；

T——温度。

对于马赫数小于0.3的流体则可以假设为不可压缩的，因此文中流体问题均是基于不可压缩进行研究。

（5）流体稳态与非稳态流动：在流体力学中，流体流动时，质量、温度、密度、表面张力、比热、导热系数等参数不随时间而变化，这种流动就称为流体稳态流动，当参数随时间发生变化时则称为流体非稳态流动。

（6）湍流和层流：在流体力学中存在两种流动形态，即层流和湍流。层流流动时其运动特征表现为互不干扰、稳定有序；湍流流动时，流体相互参和、不稳定。一般采用无量纲指标雷诺数 R_e 来表征流体流动情况，其公式见式4.14。

$$R_e = \frac{\rho VL}{\mu} \tag{4.14}$$

式中：ρ——密度；

V——速度；

μ——黏度；

L——流体运动的长度。

一般雷诺数大于 2500 的流体表现出紊流的性态。大部分与工程相关的流体均为紊流。

4.1.2 隧道口温度场数值仿真模型

随着科学技术的不断发展，工程数值分析方法也得到长足的进步。CFD（Computational Fluid Dynamics）计算流体动力学正是在此背景下诞生并运用于流体的控制分析，它是一门基于流体力学、数学与计算机科学的交叉学科，通过数值计算方法利用计算机求解流体力学的控制方程，将工程中的物理问题进行数值建立、仿真模拟，最终对模拟结果进行提取分析。CFD 的计算原理：将原先时间域和空间域上的连续物理量简化为一系列有限离散点，建立关于这些离散点场变量之间关系的代数方程组，赋予离散点不同的变量值，最终演变为求解代数方程组的过程。CFD 数值计算应遵循以下步骤：

（1）建立所研究问题的物理模型，再将其抽象成数学、力学模型；

（2）建立几何形体及其影响区域，将整个计算区域进行网格划分；

（3）确定求解所需初始条件；

（4）选择适当的算法，对分析的问题进行求解；

（5）利用后处理器提取计算结果文件。

计算流体力学的求解过程如图 4.1-1 所示。

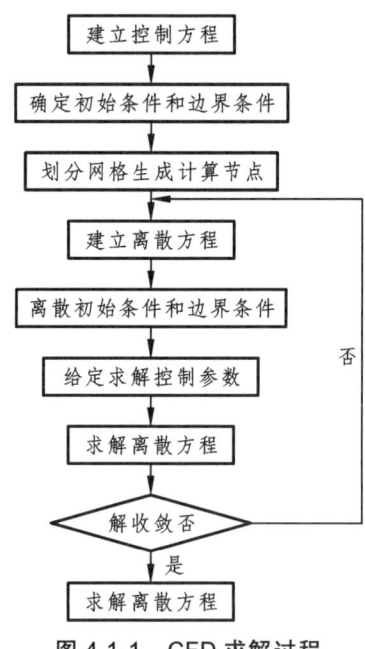

图 4.1-1 CFD 求解过程

1. 数值模拟软件介绍

FLUENT 作为一款功能强大的数值计算软件，在航空航天、车辆行驶、工程通风等领域的设计研究中占有较高使用率。基于 C 语言开发的 FLUENT，支持多种物理模型的建立，动态内存分配的运行模式使其具有先进的数值计算与结果处理能力，在算法方面具有较高的灵活性，能够实现分离计算的 client/server 软件结构可以广泛地适用多种操作系统。

ANSYS-FLUENT 用于建模时，具备多种网格划分方式，三角形、四边形、四面体、六面体、金字塔形网格以及混合型非结构网格等均可用于解决复杂的流动计算。ICEM 常用于配合 FLUENT 的分析计算，除用于流场模拟、定常与非定常分析外，还可完成不可压流和可压流计算、传热和热混合分析、层流和湍流模拟、多相流分析、固体与流体耦合传热分析等。

2. 模型的建立

根据金家庄螺旋隧道的线形特征，本次计算建立了曲线半径为 890 m，长度为 600 m 的隧道模型进行分析，隧道几何截面的选取从简化计算的角度出发，选取隧道内轮廓断面设计尺寸，洞外建立长宽高均为 100 m 的空气边界。利用 ANSYS 中 ICEM 模块对模型进行网格划分，模型网格数量 136420 个，单元网格划分如图 4.1-2 所示。

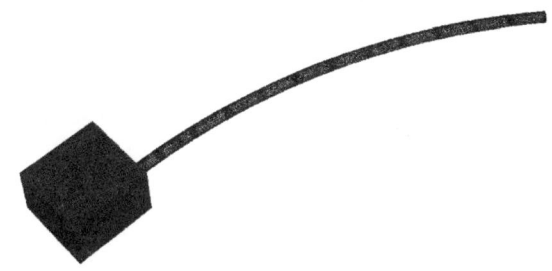

图 4.1-2　模型网格划分

3. 计算参数设置

考虑到沥青混合料空隙率变化会导致沥青混合料导热系数的变化，从而影响加热效果，即空隙率越大导热系数越低，加热效果越差。查阅文献，导热系数随空隙率变化如图 4.1-3（a）所示，对其进行非线性拟合，结果如图 4.1-3（b）所示，得拟合公式。

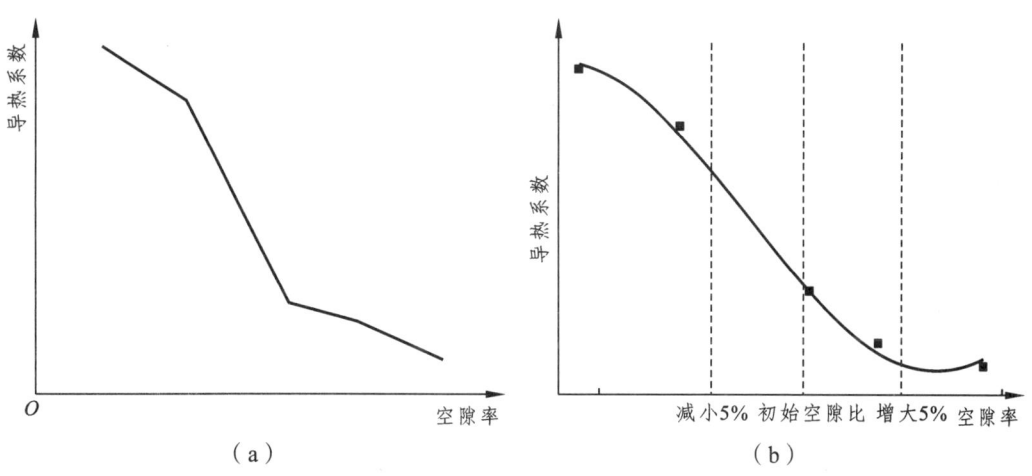

图 4.1-3　导热系数随沥青混合料变化关系

拟合所得公式：

$$y = -0.00884\sin(1.67717x + 0.03561) + 0.0046 + D$$

式中：y——导热系数；

x——空隙率；

D——初始空隙率对应的导热系数。

当沥青及集料材料确定时，数值试验时要考虑沥青混合料空隙率的影响，本项目中上层沥青孔隙率为 4%±0.5%，下层沥青孔隙率为 5%±0.5%，其参数如表 4.1-1 所示。

表 4.1-1　数值试验沥青混合料参数

材料	密度/（kg/m³）	比热/[J/（kg·℃）]	导热系数/[W/（m·℃）]
细集料沥青混凝土	2100	1030	1.2988~1.3036
粗集料沥青混凝土	2600	1150	1.0486~1.0530
水泥混凝土	2480	1390	2.56

4. 数值模拟算法的选取

FLUENT 软件采用的是有限体积法进行计算，提供了 3 种算法：非耦合求解算法、耦合显示算法、耦合隐式算法。其中：非耦合求解算法主要适用于不可压缩或压缩性不强的流体流动；耦合显示算法适用于可压缩流动；耦合隐式算法可以求解于全速度范围，但是其缺点是对内存要求较高。

综上所述，本次数值模拟中采用非耦合求解算法。该算法源于经典的 SIMPLE 算法，是目前工程实际中应用最为广泛的一种流场计算方法，它属于压力修正法的一种。该方法的核心是基于"猜测—修正"的过程，在交错网格的基础上来计算压力场，从而达到求解动量方程的目的。

4.2　隧道洞口段温度场影响因素

本节通过数值模拟主要探讨主动保温段加热电缆在曲线隧道洞口段的应用效果，并考虑不同环境条件下主动保温段设防长度对加热效果的影响，其中环境条件包括进入隧道的外部空气流速及温度；对比相同环境条件下不同设防长度对隧道温度场的影响，以及不同加热温度对温度场的影响。

4.2.1　隧道进口风速影响分析

高寒地区隧道由于所处的位置以及隧道的走向不同，隧道洞口处的风速也不相同。对金家庄螺旋隧道洞口附近隧道进行调查发现，隧道内风速主要是由进口流向出口，在冬季温度低的时间段存在出口风流向进口的情况，因此选取洞内风速为进口吹入、出口流出。在调查阶段发现隧道内风速范围为 0~6 m/s，其中 4 m/s 左右风速占的比重较大，因此选取 4 m/s、

6 m/s 两种情况进行分析，并就直线、曲线隧道分别建模考虑隧道结构对风速场、温度场的影响规律。

为研究不同风速对寒区隧道洞内加热电缆工作后空气温度场的影响，计算模型中除进口风速不同外，其他边界条件和计算参数都相同；隧道环境温度设定为 0 ℃，隧道洞口主动加热段长度为洞内 100 m+洞外 50 m，下面分别对进口风速为 4 m/s、6 m/s 两种情况进行分析。

分别选取曲线隧道进口洞深 15 m、40 m、65 m、90 m、125 m、175 m、225 m、275 m、325 m、375 m、425 m、475 m、525 m 和 575 m 共 14 个位置的道路表面空气温度进行分析，并分别选取距隧道路面 0 m、0.1 m、0.2 m 高度处隧道路面横向温度的均值进行分析，在进口风速为 4 m/s、6 m/s 两种情况下纵向温度分布云图如图 4.2-1、图 4.2-2 所示。

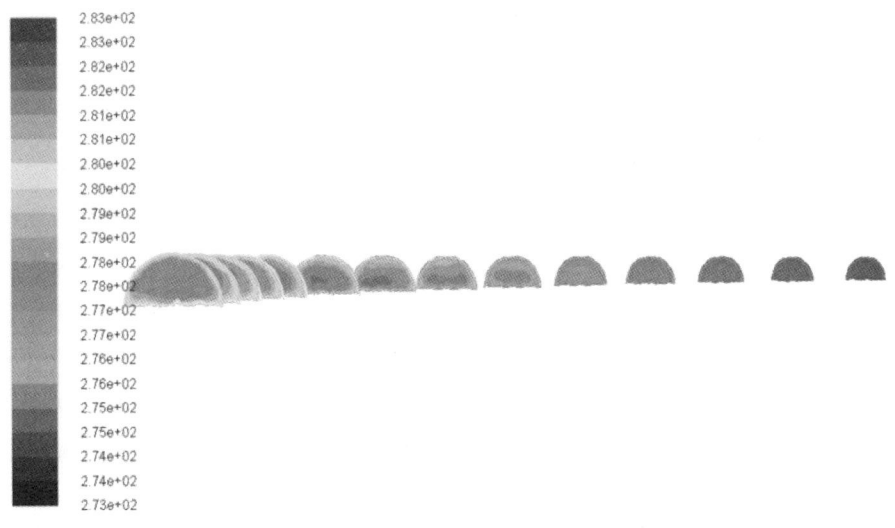

图 4.2-1　风速 4 m/s 时曲线隧道纵向温度

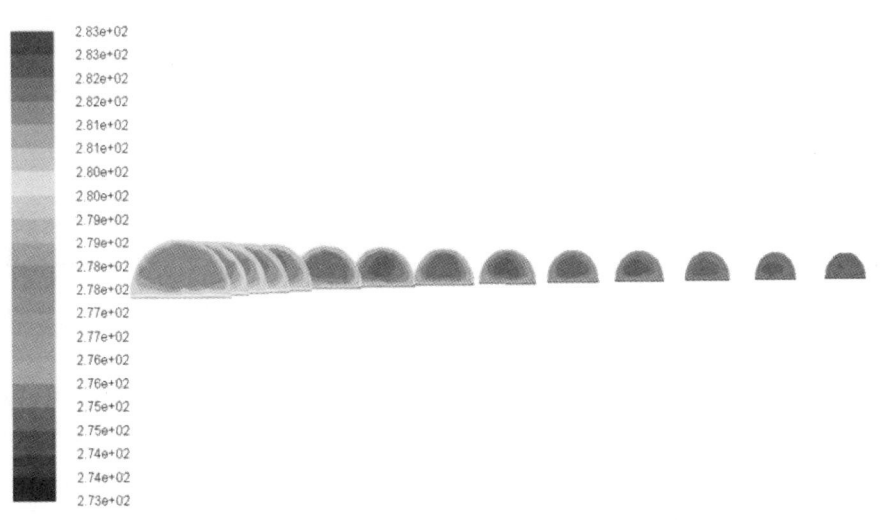

图 4.2-2　风速 6 m/s 时曲线隧道纵向温度

由云图直观可见：当风速为 6 m/s 时对隧道温度场分布影响更为显著。对其各断面不同高度处的温度数据提取并进行定量分析，各断面处纵向温度数据分布分别如图 4.2-3、图 4.2-4 所示。

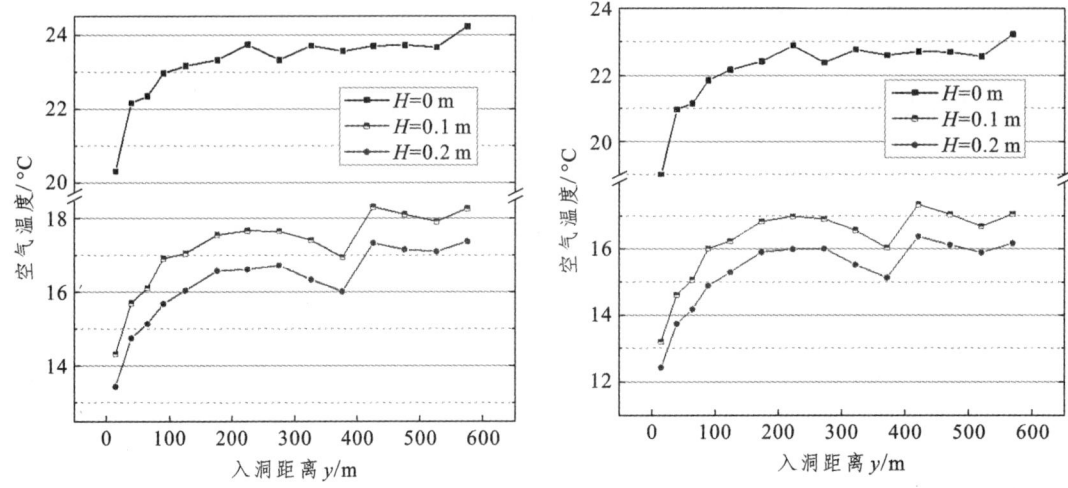

图 4.2-3　v=4 m/s 曲线隧道路面温度纵向分布　　图 4.2-4　v=6 m/s 曲线隧道路面温度纵向分布

由图 4.2-3 可以看出：在进口风速为 4 m/s 时，隧道空气温度在距离道路表面 0 ~ 0.1 m 的范围内衰减极快，两点相差 5.3 ~ 6.6 ℃，在 0.1 ~ 0.2 m 范围内两点温度相差约 1 ℃，温度降低速率变缓；同时对图 4.2-4 风速为 6 m/s 情况下的温度分布观测可知，在 0 ~ 0.1 m 范围温度也表现出较快的降低，其幅度达到 5.5 ~ 6.7 ℃，0.1 ~ 0.2 m 范围温度的降幅在 1 ℃ 左右，温度降低速率也趋于平缓。在两种风速条件下温度分布均表现出：随着距道路表面距离的增加，空气温度变化逐渐趋于平缓，并较道路表面空气温度大幅降低。此外从图中可以发现，加热电缆正常工作后，温度均随进洞深度的增加逐渐升高。分别对两种风速条件下的温度分布观测发现如下结果：

图 4.2-3 风速为 4 m/s 时，进洞 90 m 后表面温度上升至 23 ℃，在进入隧道 200 m 后趋于稳定，道路表面空气温度稳定在 23 ~ 24 ℃，并表现出波动式增长，但增幅并不明显。距道路表面 0.1 m、0.2 m 高度处的空气温度，进洞 65 m 后分别达到 16 ℃、15 ℃，其后亦表现出波动式增长的趋势。此外可以明显看出，在 275 ~ 375 m 范围内温度出现明显的下降，分别下降 0.48 ℃、0.34 ℃，后又逐渐升高，在距洞口 575 m 位置处分别达到最大温度：24.2 ℃、18.2 ℃、17.3 ℃。分析在 275 ~ 375 m 范围内温度降低的原因，是由于在隧道曲线段中部下游位置，隧道风速受隧道曲线结构影响更明显，隧道风速增大，并且 0.1 m 高度处温度受风速影响更明显。

图 4.2-4 风速为 6 m/s 时，观测发现进洞 90 m 后表面温度上升至 22 ℃，同样在进入隧道 200 m 后温度相对平缓且稳定在 23 ℃ 左右。距道路表面 0.1 m、0.2 m 高度处的空气温度随进洞深度的增加呈现波动式增长的趋势，进洞 65 m 后分别达到 15 ℃、14 ℃，在 275 ~ 375 m 范围内温度同样出现显著降低，分别下降 0.91 ℃、0.88 ℃，也表现出在 0.1 m 高度处温度受风速影响更明显，温度下降较 0.2 m 处更大。整体温度波动式增长，在距洞口 575 m 位置处

分别达到最大温度：23.4 ℃、17.1 ℃、16.2 ℃。由两种风速条件下的温度分布图均可看出距离路表高度越大，温度波动幅度越大，总终增温幅度越大，这也符合位置越高风速越大，随着入洞深度的增加，隧道内部上下层空气间对流换热越充分的规律。通过对比发现：当风速为 4 m/s 时，其进洞 90 m 处表面温度、进洞 65 m 处 0.1 m、0.2 m 高度的空气温度以及距洞口 575 m 位置处达到最大温度均比风速为 6 m/s 时要大，风速越大隧道内热交换越快，温度整体下降。

曲线隧道其线形结构与直线隧道有较大的差异，为了说明曲线隧道对隧道内部温度场、风速场分布的影响，有必要建立相同结构的直线隧道加以对比分析。对相同条件下直线段隧道进行数值计算，其在风速为 4 m/s 和 6 m/s 情况下的隧道纵向温度分布如图 4.2-5、图 4.2-6 所示。

图 4.2-5　风速 4 m/s 时直线隧道纵向温度

图 4.2-6　风速 6 m/s 时直线隧道纵向温度

同理，选取进口洞深 15 m、40 m、65 m、90 m、125 m、175 m、225 m、275 m、325 m、375 m、425 m、475 m、525 m 和 575 m 共 14 个位置的道路表面空气温度进行定量分析，并分别选取距隧道路面 0 m、0.1 m、0.2 m 高度处，隧道路面横向温度的均值进行分析，在进口风速为 4 m/s、6 m/s 两种情况下温度分布分别如图 4.2-7、图 4.2-8 所示。

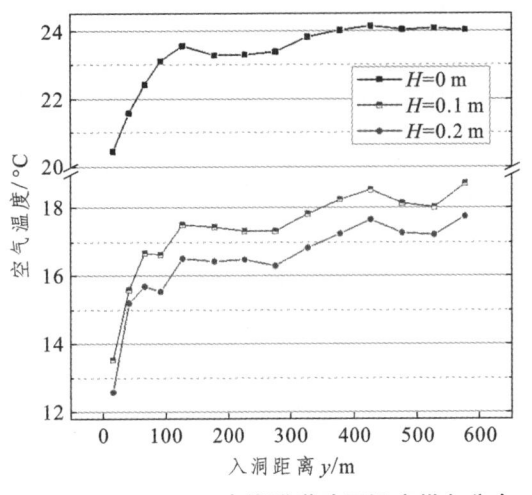
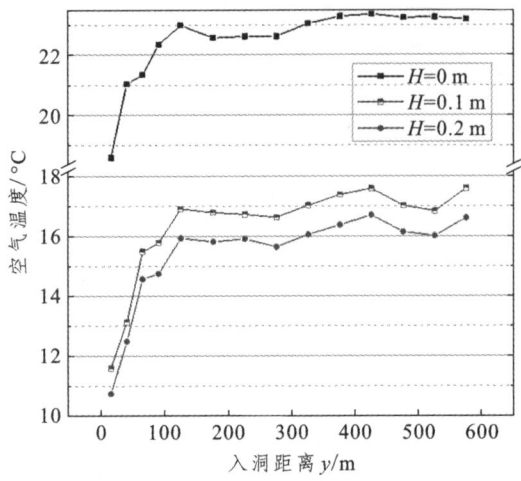

图 4.2-7　v=4 m/s 直线隧道路面温度纵向分布　　图 4.2-8　v=6 m/s 直线隧道路面温度纵向分布

通过比较两种风速条件下直线隧道纵向温度分布规律可以看出：当风速为 4 m/s 时，温度在距离地面 0.1 m 范围内下降 5.6～6.9 ℃，0.1～0.2 m 范围温度下降 0.5～0.9 ℃；当风速达到 6 m/s 时，隧道空气温度在距离道路表面 0.1 m 的范围内衰减较快，降幅 5.9～7.1 ℃；两种风速条件下均表现出随着进洞深度的增加温度在逐步增大，特别是在进洞 125 m 之后整体温度变化趋于平稳，当风速为 6 m/s 时其整体温度要低于风速为 4 m/s 时的情况。

对比相同风速情况下直线隧道和曲线隧道的温度变化发现：沿隧道纵向温度分布规律大致相同，但在 0.1～0.2 m 范围内，直线隧道温度衰减较小，推断直线隧道风速在该范围内变化程度较曲线隧道小。特别注意曲线隧道中 275～375 m 范围内温度出现下降，随后又逐步升高，但在直线隧道中 275～375 m 范围内温度反而出现升高，说明螺旋隧道其曲线结构对隧道内部纵向温度场的分布具有一定影响；此外，直线隧道在进洞 125 m 后温度变化就趋于平缓，但曲线隧道在进洞 425 m 之后温度变化才表现得相对缓和。

以上对不同风速条件下隧道温度沿隧道进深分布规律进行了研究，而且对比了直线隧道和曲线隧道的不同。考虑到螺旋隧道特殊的曲线线形会对断面风速分布产生影响，从而引起断面温度分布不均匀，因此选取入洞 425 m 处断面在 6 m/s 风速条件下该断面风速、温度的分布云图，并与同条件下直线隧道进行对比，分别如图 4.2-9～图 4.2-12 所示。

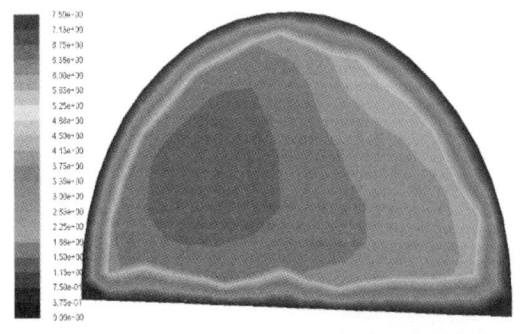
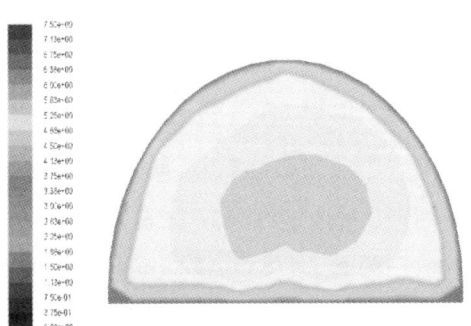

图 4.2-9　曲线隧道 425 m 处断面风速分布　　图 4.2-10　直线隧道 425 m 处断面风速分布

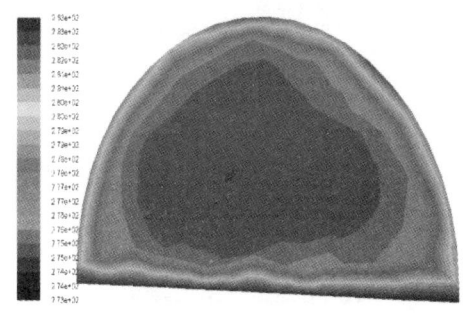

图 4.2-11　曲线隧道 425 m 处断面温度分布　　　图 4.2-12　直线隧道 425 m 处断面温度分布

由图 4.2-9～图 4.2-12 可见：曲线断面风速的分布亦与直线隧道有很大的不同，且断面风速的不均匀导致隧道断面温度分布不均匀，对此进行定量分析，以隧道道路表面为 x 方向，道路表面中心点为原点，隧道道路宽度设置为 14 m，曲线外侧为 x 正向，选取入洞距离 425 m 处的断面分析当风速为 4 m/s、6 m/s 两种条件下该断面风速、温度的分布，如图 4.2-13 所示，并与同条件下的直线隧道进行对比分析，如图 4.2-14 所示。

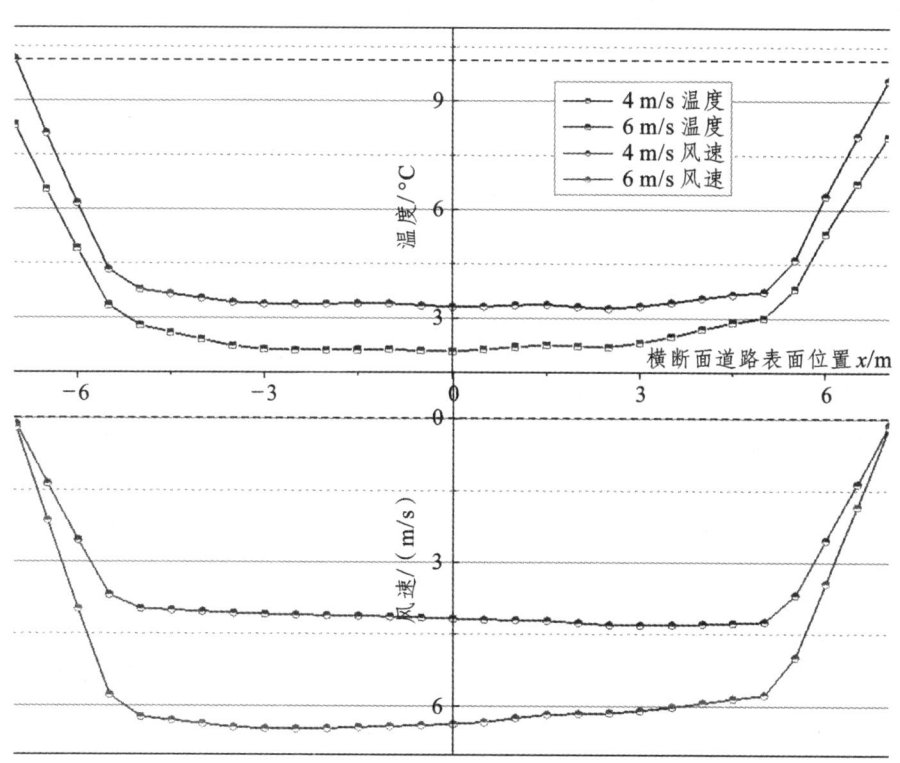

图 4.2-13　曲线隧道 425 m 处断面风速及温度分布

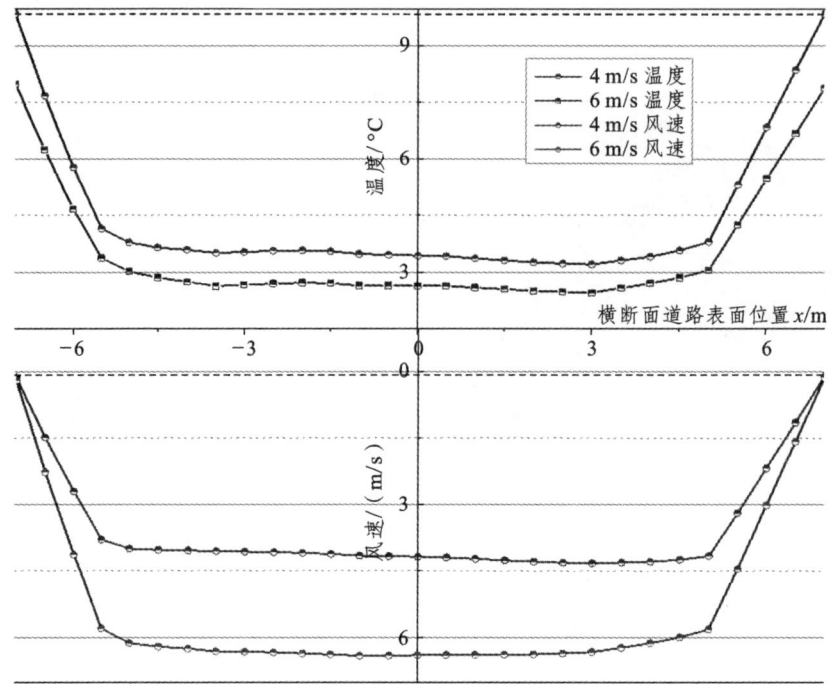

图 4.2-14　直线隧道 425 m 处断面风速及温度分布

对图 4.2-13 进行观测可以看出两种不同风速条件下隧道入洞 425 m 断面位置处隧道道路表面风速、温度分布均表现出：隧道中心位置处温度最低，风速为 4 m/s 时温度为 3.31 ℃，该点风速最大，断面温度表现为从中心向两侧逐渐增加，而断面风速表现为由中心向两侧逐渐减小；当风速为 6 m/s 时，隧道中心位置温度为 2.13 ℃，断面温度分布由中间向两侧逐渐升高，且整体断面温度相较于风速为 4 m/s 时下降 1.2～1.5 ℃。在两种风速条件下均可以看出：隧道内测温度要高于外侧温度，风速为 4 m/s、6 m/s 时内测温度较外侧温度大约分别高出 0.6 ℃、0.4 ℃。

由图 4.2-14 可以看出直线隧道入洞 425 m 处断面在两种不同外界风速条件下温度、风速分布规律如下：隧道中心位置温度最低，温度表现为从中心向两侧逐渐升高，同时中心位置风速最大，向两侧逐渐减小。将图 4.2-13、图 4.2-14 进行对比发现：直线隧道入洞 425 m 断面位置处隧道道路表面风速、温度分布规律与曲线隧道一致，表现为隧道中心位置处温度最低、风速最大，并向两侧温度逐渐升高、风速逐渐降低。不同在于直线隧道两侧风速、温度几乎一致，内侧较外侧高约 0.03 ℃，直线隧道其断面温度、风速分布基本上是以隧道中心为轴线对称分布；但曲线隧道其断面温度、风速显然不是对称分布，且表现出曲线外侧温度与内侧温度相比有所降低，说明直线隧道与曲线隧道风速、温度横断面分布具有差异性。

分析在不同风速情况下直线隧道和曲线隧道在入洞 425 m 处断面位置的道路表面温度分布方差，如表 4.2-1 所示。

表 4.2-1　进口风速不同时距洞口 425 m 处断面路表温度分布方差

进口风速 $v/$(m/s)	曲线隧道水平温度分布方差	直线隧道水平温度分布方差
4	4.0440	4.0178
6	3.4636	2.7698

可以看出直线隧道和曲线隧道其风速越大，断面温度分布方差越小，说明风速越大，断面温度分布越均匀，这是由于风速越大，隧道断面温度纵向扩散程度越大，因此断面均值较小，从而使得断面水平温度分布方差小，从而分布均匀。观察直线隧道与曲线隧道温度分布方差区别可以看出：在不同风速条件下曲线隧道温度分布方差均大于直线隧道温度分布方差，当风速为 4 m/s 时，差值为 0.03；当风速为 6 m/s 时，差值达到 0.69。当风速为 4 m/s 时，曲线隧道和直线隧道其水平温度分布方差差值较小；但随着风速增大到 6 m/s，直线隧道较曲线隧道其方差值减小更大，说明其沿纵向温度扩散程度更大，可以验证直线隧道纵向传热较曲线隧道更明显。

4.2.2　隧道进口温度影响分析

由现场温度实测结果分析可知隧道洞内温度场受进口处风温影响显著，因此有必要对主动保温段工作的情况下外界温度对洞内温度场、风速场以及加热效果的影响进行分析。选定加热段设防长度为洞内 100 m+洞外 50 m，隧道进口处入洞风速为 6 m/s，并选取隧道外界温度分别为 0 ℃、−5 ℃、−10 ℃、−15 ℃、−20 ℃ 等 5 种情况进行模拟计算，隧道纵向温度分布云图如图 4.2-15 ~ 图 4.2-18 所示。

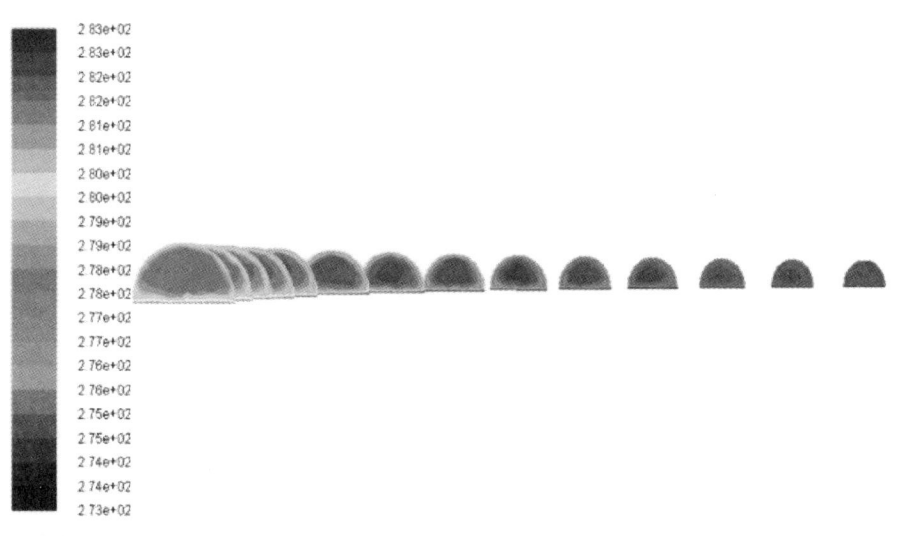

图 4.2-15　外界温度为 0 ℃ 时的温度分布云图

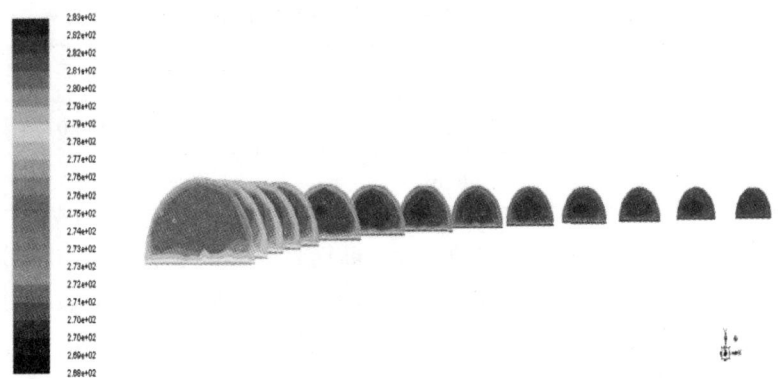

图 4.2-16　外界温度为 -5 ℃ 时的温度分布云图

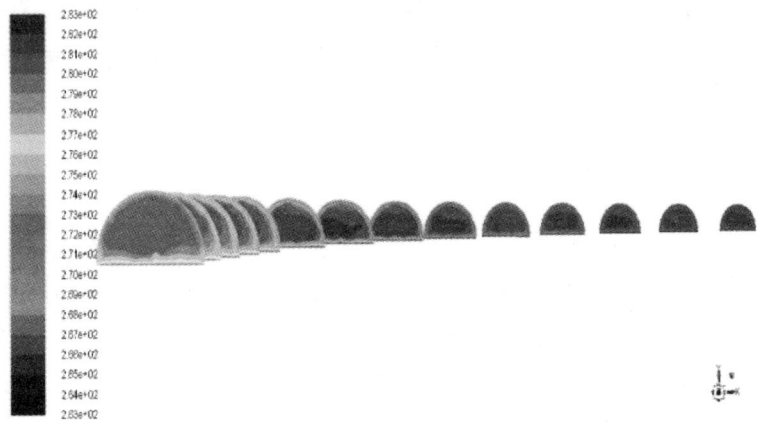

图 4.2-17　外界温度为 -10 ℃ 时的温度分布云图

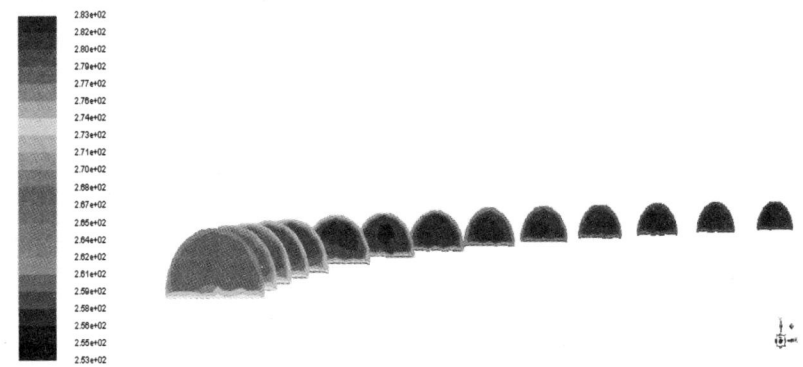

图 4.2-18　外界温度为 -20 ℃ 时的温度分布云图

同样选取隧道进口洞深 15 m、40 m、65 m、90 m、125 m、175 m、225 m、275 m、325 m、375 m、425 m、475 m、525 m 和 575 m 共 14 个位置的道路表面空气温度进行定量分析，并分别选取距隧道路面 0 m、0.1 m、0.2 m 高度处隧道路面横向温度的均值进行分析，其纵向分布如图 4.2-19～图 4.2-23 所示。

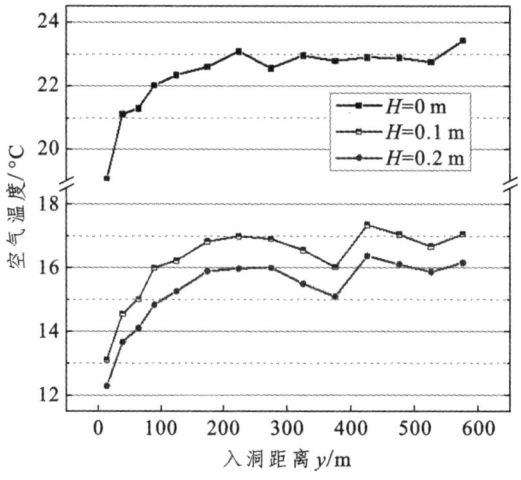
图 4.2-19 t=0 ℃ 隧道路面温度均值纵向分布

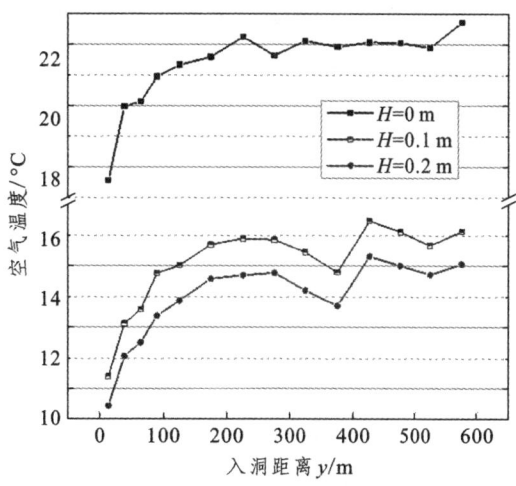
图 4.2-20 t=−5 ℃ 隧道路面温度均值纵向分布

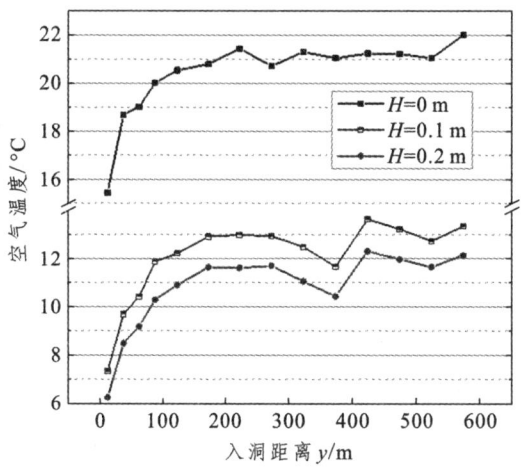
图 4.2-21 t=−10 ℃ 隧道路面温度均值纵向分布

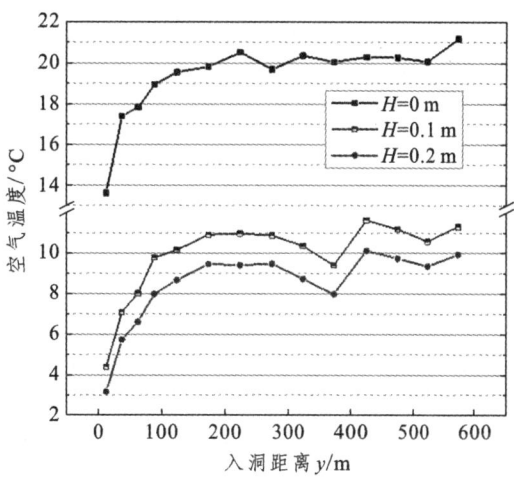
图 4.2-22 t=−15 ℃ 隧道路面温度均值纵向分布

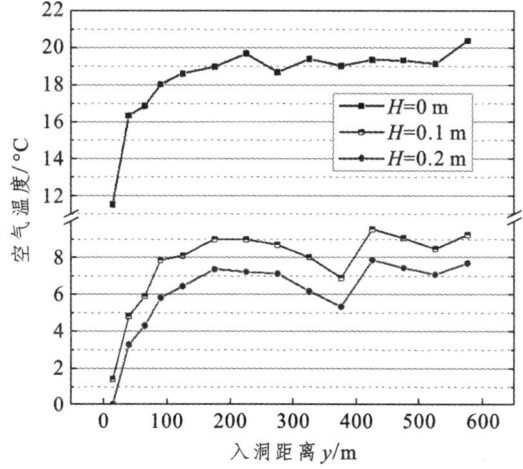
图 4.2-23 t=−20 ℃ 隧道路面温度均值纵向分布

由图 4.2-19～图 4.2-23 可以看出：在外界环境温度从 0 ℃ 依次变化为 -20 ℃ 的过程中，隧道路面温度纵向分布规律基本相同，随着进洞距离的增加温度逐步波动式升高，隧道空气温度在距离道路表面 0～0.1 m 范围内衰减极快，在外界温度为 0 ℃、-5 ℃、-10 ℃、-15 ℃、-20 ℃ 时，其差值分别为 5.5～6.7 ℃、6.6～7.5 ℃、7.5～8.6 ℃、8.8～10.3 ℃、9.6～11.5 ℃。可见随着外界温度的降低，对 0～0.1 m 范围内温度的影响程度越来越大。对 0.1～0.2 m 范围温度变化进行比较发现：随温度变化衰减程度依次为 0.81～1.1 ℃、0.95～1.38 ℃、1.08～1.58 ℃、1.2～1.8 ℃、1.35～2.05 ℃。同样发现随着温度降低，对 0.1～0.2 m 范围的温度影响越发显著；在进入隧道 200 m 后，道路表面 H=0 处温度趋于稳定呈波动式增长，其 575 m 断面最终温度处于 20.4～23.4 ℃ 之间，外界环境温度降低对其最终温度影响为 3 ℃ 左右。对距道路表面 0.1 m、0.2 m 高度处的空气温度观测发现：温度在进洞 275～375 m 的范围内均出现了下降，统计发现 0.1 m 高度处的温度在 275～375 m 的范围内的下降值更大，随外界温度的降低其温度降低值分别为 0.89 ℃、1.06 ℃、1.27 ℃、1.48 ℃、1.80 ℃。随着温度降低，位于 275～375 m 范围内的温度下降值也越来越大，而且随着外界温度的降低，在 575 m 断面处 0.1 m 高度最终温度的变化范围为 17.06～9.26 ℃，由于温度降低带来的影响为 7.8 ℃。同理在 575 断面处 0.2 m 高度最终温度的变化范围为 16.1～7.7 ℃，由于温度降低带来的影响为 8.4 ℃。外界温度变化对道路表面温度的影响程度要小于对距道路表面 0.1 m、0.2 m 高度处温度的影响。

以上对不同外界温度条件下隧道路面温度，距路面 0.1 m、0.2 m 高度处温度随隧道进深分布规律进行了研究，并且对比了外界温度变化对不同高度处温度的影响程度，以及不同外界温度对 575 m 断面不同高度最终温度的影响。但缺乏外界温度变化对不同进深处断面温度影响程度大小的研究，因此选取进洞深度为 15 m、125 m、225 m、325 m、425 m 和 525 m 处断面，研究各断面温度在不同外界温度下的变化情况，如图 4.2-24～图 4.2-29 所示。

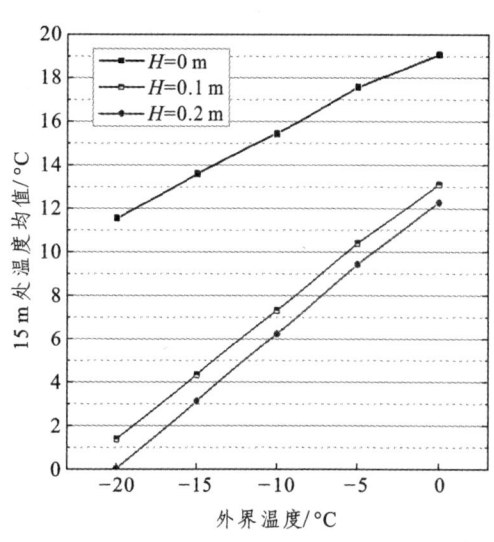

图 4.2-24　15 m 处断面温度随气温变化趋势

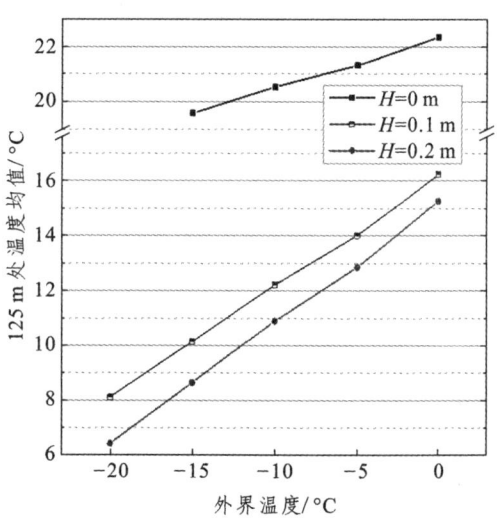

图 4.2-25　125 m 处断面温度随气温变化趋势

第 4 章
金家庄特长螺旋隧道洞口段主动保温技术研究

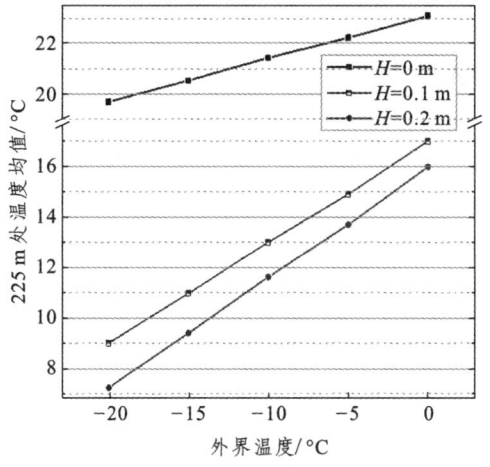

图 4.2-26　225 m 处断面温度随气温变化趋势

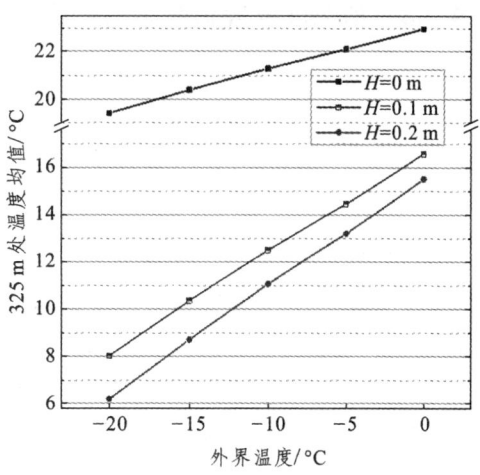

图 4.2-27　325 m 处断面温度随气温变化趋势

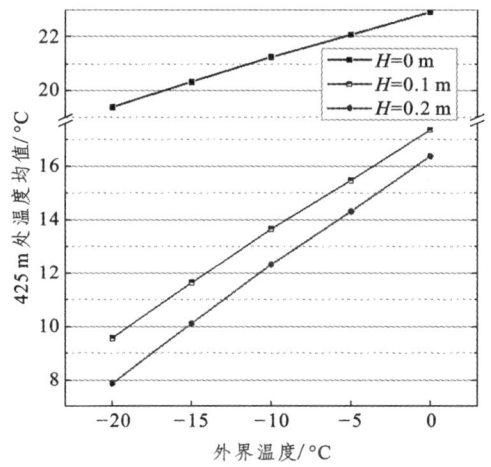

图 4.2-28　425 m 处断面温度随气温变化趋势

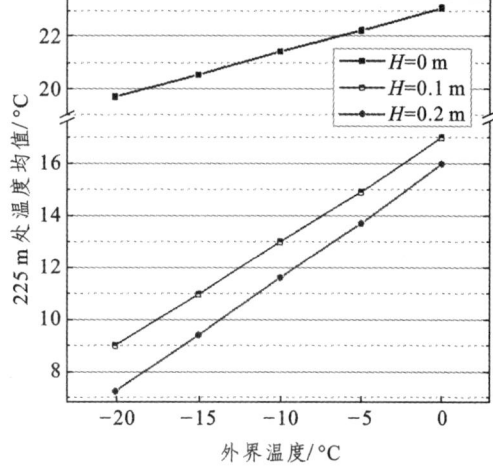

图 4.2-29　525 m 处断面温度随气温变化趋势

显然从图中可以发现：在隧道不同进深断面的各高度处，其温度均随外界温度的降低逐渐下降。同样可以发现同一断面不同高度处温度的下降速率不同：道路表面温度下降速率较低，而 0.1 m、0.2 m 位置处温度下降速率明显较大，且 0.1 m 高度处的速率要大于 0.2 m 高度处。研究温度下降对不同进深断面温度的影响程度的大小，可以通过比较在相同外界温度变化条件下，断面温度的下降幅度来判定，在图中表现为温度变化趋势的斜率，斜率越大则该范围受到外界温度的影响越大。统计分析之后可知：当外界温度从 0 ℃ 下降到 -20 ℃ 时，各断面 0.1 m 高度处温度下降幅度分别为 11.6 ℃、8.1 ℃、8.0 ℃、8.5 ℃、7.8 ℃、8.1 ℃。发现距离洞口越近其断面温度分布受外界温度影响程度越大，在距洞口 125 m 之后，其断面温度受外界温度的影响程度基本稳定。同样外界温度变化条件下观察各断面道路表面温度的下降幅度分别为 7.5 ℃、3.7 ℃、3.4 ℃、3.5 ℃、3.5 ℃、3.6 ℃，同样表现为入洞 125 m 后，断面温度受外界温度变化的影响逐渐减小。综上可知：外界温度降低，对距洞口 125 m 范围的温度影响最大，进洞 125 m 以后外界温度变化对各断面温度影响逐渐减小。

4.2.3 加热段设置长度影响分析

以上已经分别研究了在不同风速条件、不同外界温度条件下隧道温度场的分布规律,但是未对加热段设置长度进行比较研究。现设定外界环境为温度-10 ℃、风速为 6 m/s,分析不同加热段设防长度对隧道温度场分布的影响,加热段布设长度分为 3 种工况,工况一:洞内 100 m+洞外 50 m;工况二:洞内 100 m+洞外 25 m;工况三:洞内 75 m+洞外 50 m。对比 3 种工况在相同外界条件下,隧道整体纵向温度分布情况,并对 3 种工况进行分类对比,从而研究洞内外不同铺设长度对温度场的影响。通过对比工况一和工况二研究洞外布设长度对温度场的影响,通过对比工况一和工况三研究洞内布设长度对温度场的影响,从而研究 3 种不同设防长度下对隧道温度的影响。

3 种加热布设长度下隧道纵向的温度分布如图 4.2-30 ~ 图 4.2-32 所示。

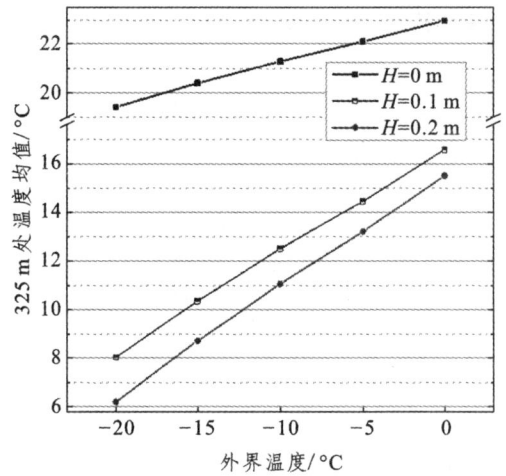

图 4.2-30 工况一隧道纵向温度分布

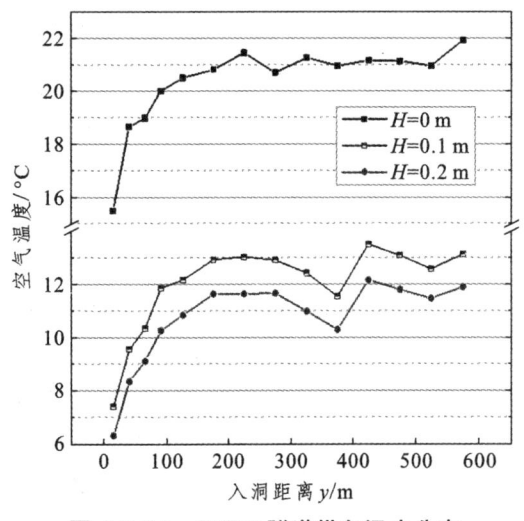

图 4.2-31 工况二隧道纵向温度分布

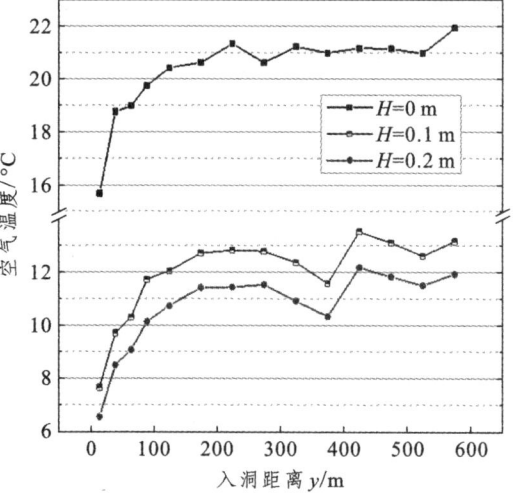

图 4.2-32 工况三隧道纵向温度分布

从图中可见：在 3 种不同加热布设长度下隧道纵向温度分布规律基本保持一致，表现为温度随进洞深度的增加逐渐增大，且 0.1 m、0.2 m 高度处温度均在 275~375 m 之间出现短暂下降随后逐渐升高。发现图中各断面温度均可达到融雪除冰的要求，即 3 种设防长度都符合基本要求。因此，有必要选取具有代表性的断面分析其温度在不同工况下的分布情况，进而确定加热段设防长度对温度场的影响。综合考虑选取 125 m、425 m 处断面进行研究，不同工况下两端面、3 种高度处的温度分别如表 4.2-2、表 4.2-3 所示。

表 4.2-2　125 m 处断面不同工况下温度分布

工况	道路表面温度/°C	0.1 m 高度处温度/°C	0.2 m 高度处温度/°C
工况一	20.58	12.29	10.93
工况二	20.52	12.17	10.81
工况三	20.43	12.08	10.72

表 4.2-3　425 m 处断面不同工况下温度分布

工况	道路表面温度/°C	0.1 m 高度处温度/°C	0.2 m 高度处温度/°C
工况一	21.23	13.65	12.32
工况二	21.17	13.53	12.11
工况三	21.13	13.48	12.24

对表格数据分析可见：125 m 及 425 m 断面各高度位置处温度在 3 种加热设防长度下变化很小，对比工况一和工况二发现洞外设防长度增加使断面位置温度有微小升高。分析工况一和工况三断面数据，发现洞内设防长度增加并未使断面温度显著提高。综上分析，当外界环境温度和风速相同情况下，3 种加热设防长度均符合融雪除冰的要求，但对隧道温度场分布并未产生显著影响。

4.2.4　加热温度影响分析

上述已经就不同风速条件、不同外界温度条件、不同加热设防长度对隧道温度场分布的影响进行了对比分析，但未针对不同加热温度对隧道温度场分布的影响进行研究，本节设定外界环境：−10 °C，风速为 6 m/s、加热电缆设防长度为洞内 100 m+洞外 50 m，研究不同加热温度对隧道温度场分布的影响。分别设置加热温度为 30 °C、40 °C、50 °C，研究隧道纵向温度分布情况并选取 125 m 和 425 m 处断面进行分析。

加热温度分别为 30 °C、40 °C、50 °C 情况下达到稳定时的隧道纵向温度分布如图 4.2-33～图 4.2-35 所示。

对比 3 种加热温度下的隧道温度纵向分布可知：其分布规律保持一致，随入洞距离的增加整体温度呈现波动上升趋势，但 3 种加热温度对温度场纵向分布的影响不明显。选取 125 m、425 m 处断面，研究加热温度对断面温度分布的影响，如表 4.2-4、表 4.2-5 所示。

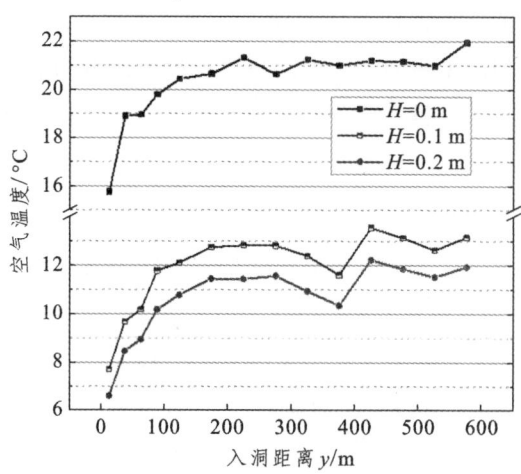

图 4.2-33　加热温度 30 ℃ 时隧道纵向温度分布

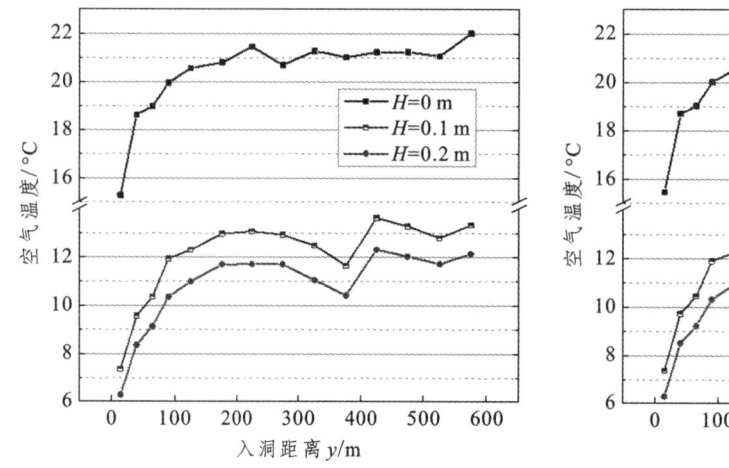

图 4.2-34　加热温度 40 ℃ 时隧道纵向温度分布　　图 4.2-35　加热温度 50 ℃ 时隧道纵向温度分布

表 4.2-4　125 m 处断面不同加热温度下断面温度分布

加热温度/℃	表面温度/℃	0.1 m 处温度/℃	0.2 m 处温度/℃
30	20.44	12.12	10.79
40	20.55	12.27	10.91
50	20.58	12.29	10.93

表 4.2-5　425 m 处断面不同加热温度下断面温度分布

加热温度/℃	表面温度/℃	0.1 m 处温度/℃	0.2 m 处温度/℃
30	21.20	13.58	12.24
40	21.22	13.63	12.31
50	21.23	13.65	12.32

对表中数据进行分析，在 125 m 位置处断面温度随着加热温度的升高基本相同，均只是产生微小升高，同理在 425 m 断面处温度也表现出并未随加热温度的升高而显著升高。可知，在相同外界温度、风速及加热电缆设防长度的情况下，隧道温度场的纵向分布受加热电缆不同加热温度的影响微弱。

4.3 主洞保温系统设计方案

4.3.1 加热电缆选型

电加热系统是一种主动供热系统，是由加热电缆系统通电将电能经加热系统转化为热能，并通过路面结构层的导热属性传递到道路表面，使其温度升高达到融雪除冰的效果。电加热系统凭借其自身热效率高、稳定性好、受外界干扰小、易于控制等优点在多个领域得到了高度的认可。

现阶段加热电缆根据其采用的发热元件不同，分为自限温式和恒功率式两种主要形式。恒功率式加热电缆的发热元件为线性发热元件，电源母线一般选取低电阻的纯铜导线，盘踞在母线上的合金加热丝选取镍、铬合金类高电阻材料，在两根母线上按一定距离划分为若干单元，每单元通过合金加热丝相连形成闭合回路，当接入电网后各单元之间形成并联电阻，将电能按照恒定功率转化为热能。自限温式加热电缆的发热元件为非线性发热元件，且具有较高的正温度系数 PTC（Positive Temperature Coefficient），PTC 材料最显著的特点就是其电阻值随温度会产生阶跃性增大。现阶段自限温式加热电缆与恒功率式加热电缆在结构主体上相似，也是由两根平行导线构成骨架，区别于恒功率式加热电缆采用加热丝连接平行导线，自限温式加热电缆是采用 PTC 材料均匀挤塑在两根导线之间并包裹为一体，接入电网后，由于 PTC 材料将导线包裹为一体，整体都在参与电能转化为热能的过程，且稳定性好、过载能力强，不会因结构问题导致电路断路不能正常发热。随着整体温度的提升，PTC 材料的特性开始逐步显现，在通电一定时间之后，温度随之升高，PTC 材料的电阻发生阶跃增大，达到一定数值时，相当于绝缘物质将两导线之间断开，温度不再进一步升高达到自限温的效果。通过对市场上加热电缆型号基本参数进行调研，得到单回路参数规格如表 4.3-1 所示。

表 4.3-1 加热电缆参数规格

	名称	尺寸/（mm×mm）	材料	额定功率/（W/m）	工作电压/V	稳态温度/°C
自限式电热带	自限式电热带 BTV	7×12	PTC	20	220	60
	自限式电热带 QTV	7×12	PTC	30	220	105
	自限式电热带 XTV	9×14	PTC	40	220	135
恒功率电热带	并联恒功率电热带 VPL2-CT	8×12	并联电阻发热丝	30	220	205
	串联恒功率电热带 XPI-S	6×10	串联电阻发热丝	25	220	125
	串联恒功率电热带 MI	15×15	串联电阻发热丝	60	220	600

加热电缆有其独特的优势，它接通电源后，升温速度快，且转换成热量的效率高，与其他的金属材料相比，电热转换效率能达到 25%左右，电热效率可达 100%，导电、导热能力好；本身可耐高温，在 1000 ℃ 的高温下，其机械性能不会受到温度的作用而破坏，且与金属丝、碳化硅等电热材料相比，PTC 材料在通电发热后强度衰减很小，不易出现拉压、氧化断裂，因此其作为发热材料具有相当的优势，是用于融雪化冰的良好发热材料。

单位长度加热电缆所加载的电压越大，则说明同等加载时间内加热电缆所产生的热能就越大，加热电缆提供的发热温度就越高，所以道路表面结构融化冰雪所花费的时间就越少。但是当加热电缆埋设至沥青混凝土结构内部发热时，加热电缆与沥青混合料直接接触，温度过高时会导致道路表面和加热电缆温度差异较大，路面结构可能会出现"外硬内软"的情况，从而导致沥青混凝土结构出现破坏，所以为了防止沥青混凝土路面出现较大变形，结构内部温度不宜过高，所以在确定加热电缆的线功率大小时，不但要考虑其融冰效果，还要兼顾温度对稳定性的影响。

通过调研发现 PTC 自限式加热带可耐高温，在高温状态下，其机械性能不会受到温度的作用而破坏，且 PTC 材料在通电发热后强度衰减很小，不易出现拉伸、氧化断裂，因此其作为发热材料具有更大的优势，是用于融雪化冰的良好发热材料。

通过对比确定采用自限温式加热电缆之后，其具体的型号的选取也尤为重要，自限温式加热电缆根据其达到动态平衡后稳态温度的高低分为 3 种：低温型（BTV 型）、中温型（QTV 型）和高温型（XTV）。对于路面加热系统，加热电缆将埋置于路面内部，与路面沥青混合料直接接触，查阅资料可知中温型和高温型加热电缆，其稳态温度分别达到 105 ℃ 和 135 ℃，均超过了路面沥青材料的软化点，导致路面结构出现"外硬内软"的情况，从而使沥青混凝土结构出现破坏。对于自限温式加热电缆的选型应采用低温型。

加热电缆线的外皮的主要作用为保护加热电缆线并使其避免遭受外界环境条件的侵蚀作用。当 PTC 加热电缆应用至工程中时，将不可避免地承受多种荷载的作用。不仅如此，还要考虑极端情况，如高温、高紫外线强度等。目前为了保护加热电缆的 PTC 材料，多采用绝缘材料制作加热电缆线的外皮，市场上多采用 PVC（聚氯乙烯）、氟塑料、硅橡胶等材质来制造。PVC 材料的优点是易制造、阻燃性能好、耐高温（180 ℃）、抗老化、防腐蚀、防酸碱、防水性好，缺点是在酸碱、热油、有机溶剂中耐久性较差。硅橡胶优点是柔韧度好、耐高温（最高温度可达 350 ℃）、电阻率高且稳定，但其易被外力破坏，抗拉性能较差。与 PVC 及硅橡胶相比，氟塑料优点明显，其耐高温（150～250 ℃ 的高温环境亦可使用）、阻燃性好、电气性能优异、稳定性好，受温度、酸、碱和有机溶剂影响小。本项目应用于寒区道路面层结构中，在沥青混凝土摊铺中不仅要承受高温，还会被沥青包裹，要求耐高温和受有机溶剂影响小，因此选择氟塑料外壳加热电缆。

市面上生产加热电缆的厂家多不胜数，不同厂家生产的加热电缆结构会有一定的差异。综合而言主要分为普通型和加强型两种不同规格，加强型的加热电缆较普通型的加热电缆多了一层金属铠装，用于保护线缆内部结构，其抗拉、抗压强度更高，能够更好地适应于各种恶劣的环境条件而不被损坏。由于文中是将加热电缆埋设在道路结构中，加热电缆不仅要承受上部面层施工的压力，还要承受车辆荷载的作用力，为了保证加热电缆的正常工作，综上应选择加强型低温自限温式加热电缆用于道路融冰化雪系统中,如图 4.3-1 所示。

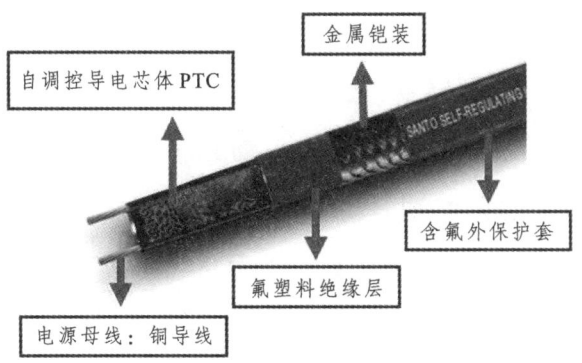

图 4.3-1 自限温式加热电缆结构示意图

4.3.2 加热电缆设防长度

路面加热系统在确定加热电缆选型之后,应该综合实际情况确定合理的加热电缆的设置长度,既要能够达到融雪除冰的效果保证行车安全,又要考虑控制加热系统整体的能耗,不能造成能源过度浪费。综合考虑隧道洞口段加热电缆主动保温设防的目的主要是应对寒季降雪所带来的路面积雪以及由于车辆胎夹雪造成路面结冰,从经济性角度考虑,在隧道路面全长范围铺设势必造成资源浪费,这种做法不科学,但设置太短又不能起到相应融雪除冰的效果。因此,对铺设长度的研究是十分必要的。在不考虑隧道内部积水的条件下考虑影响发热电缆保温设防长度的主要因素有 3 个:负温区长度、最大落雪长度、车辆应急制动距离。

1. 负温区长度的确定

对于融雪化冰路段的设防长度,确定的基本依据是保证隧道路面不发生成冰,即只要隧道路面的温度恒为正温就可以不设置主动保温段。对于隧道路面的温度可利用隧道温度场的测量结果加以分析。隧道内最低气温 t_0 可由式 4.15 得出。

$$t_0 = A_m - A_t - d_{min} \quad (4.15)$$

式中:t_0——全年最低气温;

A_m——年平均温度;

A_t——年温度振幅;

d_{min}——日下限温度(日平均温度与最低温度的差值)。

将隧道内最低气温 t_0 作为融雪化冰路段设防长度的临界值,即 $t_0 \geq 0$ 时,可以不设置主动保温段,否则需要设置。

在隧道温度场的现场测试及研究中,由隧道温度场分布规律研究可知隧道右线进口段年平均温度 A_m 和年温度振幅 A_t,沿隧道纵向的变化规律的回归方程为

右线进口端:

右拱脚：
$$A_\mathrm{m} = 10.684 - \frac{2 \times 1722.254}{\pi} \cdot \frac{211.412}{4 \cdot (x-34.814)^2 + 211.412^2}$$

$$A_\mathrm{t} = 11.276 \times e^{0.0026x} + 0.657$$

左拱脚：
$$A_\mathrm{m} = 12.897 - \frac{2 \times 4402.473}{\pi} \cdot \frac{441.001}{4 \cdot (x-8.127)^2 + 441.001^2}$$

$$A_\mathrm{t} = 9.312 \times e^{0.0036x} + 2.579$$

右拱肩：
$$A_\mathrm{m} = 11.718 - \frac{2 \times 1202.974}{\pi} \cdot \frac{146.211}{4 \cdot (x-41.708)^2 + 146.211^2}$$

$$A_\mathrm{t} = 9.389 \times e^{0.0035x} + 2.490$$

左拱肩：
$$A_\mathrm{m} = 13.005 - \frac{2 \times 1830.367}{\pi} \cdot \frac{235.599}{4 \cdot (x-36.568)^2 + 235.599^2}$$

$$A_\mathrm{t} = 9.272 \times e^{0.0036x} + 2.620$$

对日温度变化规律分析可以发现：各洞口各位置在 5 m 范围内平均温度与最低温度最大温差为 6.88 ℃（小于 7 ℃）；5~20 m 范围内下限温度最大为 4.07 ℃（小于 5 ℃）；20~100 m 范围内下限温度最大为 2.66 ℃（小于 3 ℃）；100~200 m 范围内下限温度最大为 2.12 ℃（小于 3 ℃）；200~400 m 范围内下限温度最大为 0.62 ℃（小于 1 ℃）。可以看出设防长度越大，日温度变化规律对设防长度的选取影响越小。因此，计算时将下限温度分别代入，即

$$\begin{cases} 7 = A_\mathrm{m} - A_\mathrm{t} & (x \leqslant 5\,\mathrm{m}) \\ 5 = A_\mathrm{m} - A_\mathrm{t} & (5\,\mathrm{m} < x \leqslant 20\,\mathrm{m}) \\ 3 = A_\mathrm{m} - A_\mathrm{t} & (20\,\mathrm{m} < x \leqslant 200\,\mathrm{m}) \\ 1 = A_\mathrm{m} - A_\mathrm{t} & (200\,\mathrm{m} < x \leqslant 400\,\mathrm{m}) \end{cases}$$

求解 x，可得如下结果：

左线进口段：左拱脚 $x=264.595$ m；右拱脚 $x=251.640$；左拱肩 $x=249.651$；右拱肩 $x=232.083$。

同理经过计算可以得出：

右线进口段：左拱脚 $x=262.356$ m；右拱脚 $x=250.832$；左拱肩 $x=246.815$；右拱肩 $x=230.885$。

左线出口段：左拱脚 $x=268.732$ m；右拱脚 $x=254.845$；左拱肩 $x=254.022$；右拱肩 $x=238.560$。

右线出口段：左拱脚 $x=266.094$ m；右拱脚 $x=253.008$；左拱肩 $x=251.986$；右拱肩 $x=234.558$。

因此选取最大负温长度 268.732 m 作为负温区间长度，此外还需要考虑两个影响因素：一是随着地热与冷空气的热交换越来越多，隧道内气温可能会继续上升，那设防长度应该更短；二是随着隧道的通车，洞内空气热交换更为频繁，会降低隧道内的气温，设防长度应该加长。因此在考虑负温区影响下的主动保温设防区段长度 l_1 取 200 m。

2. 最大落雪长度

在不考虑隧道内部防排水措施出现故障而导致路面积水的情况，即假设隧道内部雪水全是外部带入的条件时，隧道路面凝冰的必要因素除了负温外还有洞内落雪长度。隧址区环境因素及隧道自身洞口、洞门的结构形式都会导致落雪长度不一，通过对隧址附近隧道出现"雪坎"的位置进行统计得出：隧道运营后在隧道出入口到洞内 40~50 m 的范围内比较集中出现"雪坎"，并且隧道入风一侧洞内"雪坎"位置较出风一侧远。此外，除了风将雪带入洞内外，还有许多车辆因为路过积雪地带而将外部雪水带入隧道内部，并在进入隧道后约 30 m 的范围内将雪水抛洒在道路表面，因此在考虑最大落雪长度的条件下，主动保温设防区段长度 l_2 取 50 m。

3. 车辆应急制动距离

隧道洞口区域本身就由于其明暗视觉适应及雨雪天气伴随的大风导致视线模糊而成为事故的重灾区，据日本学者的统计数据，隧道出口交通事故占比 14.8%，入口交通事故占比 19.2%。路面积雪结冰对车辆行驶安全带来最直接的威胁就是导致路面摩擦系数下降，路面附着系数大幅减小，使得车辆在制动过程中出现侧滑、操控稳定性严重下降，从而导致事故发生。因此在考虑主动保温融雪化冰设防长度时须考虑车辆在紧急情况下可以安全制动，有足够长的安全距离让车辆可以在稳定操控的前提下刹停。

将该段设置为安全制动区的长度，而行驶安全距离则是在紧急情况下从洞门向内的安全刹车制动距离，保证车辆在遇到紧急情况下可以在主动保温融雪化冰设防段内安全停车。安全距离的计算如式 4.16。

$$v^2 = 2\mu g s \tag{4.16}$$

式中：v——行车速度；

μ——路面与轮胎摩擦系数；

g——重力加速度；

s——紧急刹车时的制动距离。

通过式 4.16 可以看出：安全距离的确定主要由 2 个因素决定，即行车速度和路面与轮胎间摩擦系数。行车速度采用车辆依规正常行驶通过隧道时的最高限速，即金家庄螺旋隧道的行车设计速度 80 km/h。经查阅设计文件可知该隧道路面采用沥青路面，其摩擦系数在标准温湿度条件下为 0.6，在积雪情况下摩擦系数仅为 0.2 左右，当路面加热系统开启工作后，路面积雪结冰开始融化，摩擦系数也将有所提高，但必然达不到标准温湿度状态下的数值，故采用中间值 0.4 进行计算。经过计算可以得到在假设条件下的安全制动距离是 62.97 m。因此在车辆安全制动距离的条件下，主动保温设防区段长度 l_3 取 65 m。

路面主动加热系统的主要任务是消除隧道洞口段由于外界不利因素造成的路面积雪结冰所带来的行车安全隐患，而隧道内部负温区路面虽然温度较低，但在通常情况下不会形成冰雪，因此在确定加热电缆设防长度时将最大落雪长度和紧急制动距离作为主要因素进行考虑。由最大落雪长度可以判定加热电缆设防的下限长度不应短于 50 m，同时结合紧急制动距离的测算，当摩擦系数假定采用中间值 0.4 计算时得到制动距离为 62.97 m，但因考虑最不利状态下的紧急制动距离作为设计安全储备，即将摩擦系数为 0.2 时的制动距离作为加热电缆设防长度的上限参考值，摩擦系数取 0.2 时计算得到制动距离为 125.95 m。

此外，《公路隧道设计规范》（JTG 3370—2018）规定：隧道洞外连接线线形应与隧道线形相协调，隧道洞口内外侧各 3 s 设计速度行程长度范围的平、纵线形应一致。金家庄螺旋隧道设计行车速度为 80 km/h，按照规范要求 3 s 时间车辆行驶的距离仅为 67 m，则应考虑该因素对主动保温设防区段长度的影响，选取该因素作为洞外设防长度的参考。

综上分析并结合关于加热长度对隧道温度影响的研究，建议将主动保温融雪化冰加热段的长度设置为洞内 100 m、洞外 50 m。

4.3.3 加热电缆埋置深度及间距

1. 加热电缆埋置深度

当路面主动保温融雪化冰技术应用于隧道路面时，应考虑埋设深度与施工便易性对融冰效果的影响。其中，从埋设深度的角度出发，当加热电缆越靠近表面位置，升温速率越快，发热融雪效果越好，如果越靠近表面，隧道路面施工的难度系数越大。因此，在进行加热电缆的埋设深度设计时，在保证加热电缆的升温融雪化冰效果的同时，应尽量减小对隧道路面施工及维护的影响。

金家庄螺旋隧道路面为复合式路面，如图 4.3-2 所示。隧道路面铺装结构为 4 cm 细粒式沥青混凝土+6 cm 中粒式沥青混凝土+26 cm 水泥混凝土。对于加热电缆路面融冰系统而言，分别在上下沥青混凝土面层之间、下面层沥青混凝土与水泥混凝土之间以及水泥混凝土基层内部埋设加热电缆，在同等环境条件下，加热电缆将热量传递至道路表层的升温速率依次递减。方案拟采用的加热电缆运行时其表面温度在 55~60 ℃。依托工程上层路面材料为 4 cm 沥青玛蹄脂碎石（SMA-13），下层为 6 cm 胶粉沥青混凝土（ARHM-20），选用的沥青材料皆为 SBS 复合改性沥青。根据《公路沥青路面施工技术规范》（JTG F40—2004）所述，该地区沥青材料软化点大于 53~55 ℃，并且查阅文献及试验资料发现 SBS 复合改性沥青软化点在 65 ℃以上，因此其不会导致上层路面沥青软化。

考虑到温度对路面结构的影响以及防止电缆被破坏等因素，对于加热电缆的埋设位置拟对比 2 种方案：①埋设在水泥混凝土路面，埋设深度距路面 10 cm；②埋设在中集料沥青混凝土路面，埋设深度距路面 4 cm。结合文献资料分析，方案②更加经济，保温效果相对较好，但其对沥青材料的影响稍大；从施工角度考虑，推荐方案①，即埋设于水泥混凝土路面，埋设深度 10 cm，如图 4.3-2 所示。

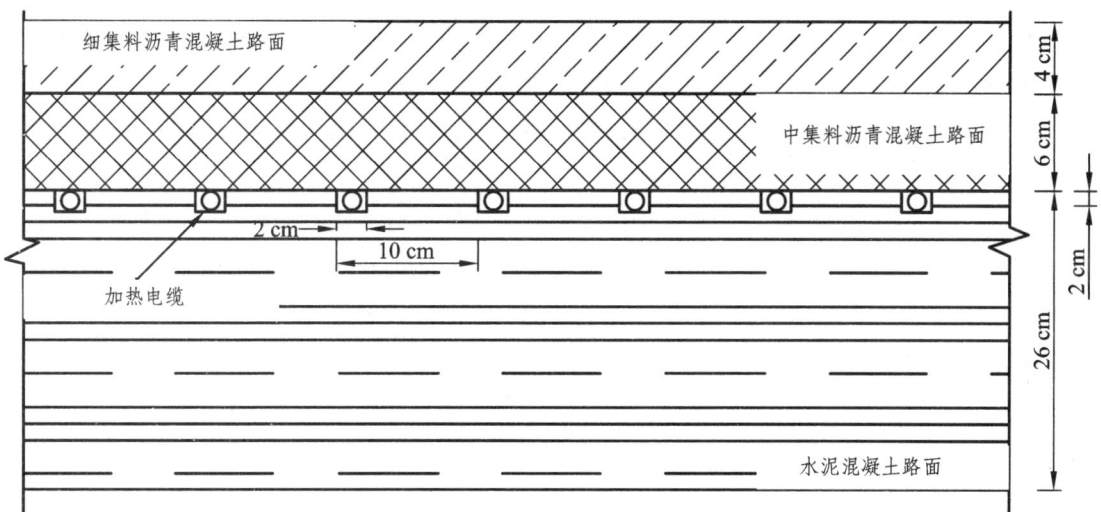

图 4.3-2　路面结构示意图

2. 加热电缆埋置间距

加热电缆线布设时垂直于行车道路方向，呈横向分布，电缆线之间的间距不同，对隧道路面升温效果的影响不同，显而易见的是加热电缆线布设得越密集，隧道路面结构表层温度上升效率越高，在短时间内能快速达到设定的发热温度。但若加热电缆线布置得过于密集，不但会导致加热电缆线施工的难度过大，还可能会导致隧道路面表面的温度分布不均匀，出现某一区域路面温度过高的情况，从而造成浪费和环保问题。同样地，当加热电缆线布置得过于稀疏时，也可能会导致隧道路面结构表面温度分布不均匀，从而在某些区域路面温度满足要求，可以保证融雪化冰的效果，而在某些区域道路路面温度过低，从而无法在短时间内达到融雪化冰的要求。相关研究指出，当加热电缆线的布设距离大于 10 cm 时，道路路面表层温度差异较为明显，无法满足道路表面温度分布均匀的要求，所以加热电缆线的布设间距不宜大于 10 cm。综合考虑发热效率、除冰效果、道路表面温度分布均匀性以及施工的便捷性，推荐采用 10 cm 作为加热电缆的埋置间距。

4.4　加热电缆铺装施工与控制

4.4.1　加热电缆铺装施工

对加热电缆的铺装方式进行调查，结果表明：路面结构刻槽与铺设电缆发热格栅为 2 种主要的加热铺设方式。刻槽法是利用刻槽机械对水泥混凝土基层表面进行刻槽，清理干净后在槽内铺设加热电缆，必要时可在清理后的基层上撒布黏层油，最后施工路面面层。发热格栅是将预先准备好的网状碳纤维格栅铺设在施工好的基层混凝土上方，通过发热格栅来加热电缆，铺设前应在基层表面撒布黏层油。

施工沥青混凝土路面时，铺设加热电缆发热格栅具有施工便捷、耗时短、对后期路面施工影响小的优点，但也会因发热格栅与路面的较大刚度差异而使路面面层与基层间的整体性降低，引起通车后路面的各种病害，如面层推移、拥包、沥青泛油等现象，降低路面的使用寿命。此外，铺设发热格栅的施工方法虽然简单，但发热格栅在面层碾压过程中可能会产生相对移动，进而破坏电缆的完整性。刻槽铺设方法虽然相对来说施工烦琐，但保证了后期面层施工碾压时的顺利进行，有效减弱了面层对电缆的不利影响。因此，加热电缆融化冰雪路面的设计中采用刻槽法来固定加热电缆，电缆的布设间距可根据现场实际情况进行调整，本项目中电缆间距选择10 cm。

在进行加热电缆线的刻槽工作前，应选定电缆线的布设形式，常用的2种布设形式有旋转型和平行型，如图4.4-1所示。旋转型布设方式常用于地暖管道的安装铺设，当加热面积较小时，旋转型布设的升温效率高、效果好，当加热面积较大时，由于走线困难、形式复杂等因素往往导致其施工难度增加。平行型布设形式施工难度小、形式简单，可根据现场平面情况对布置间距进行调整，为后续检测维修、电路连接等工作提供便利环境。

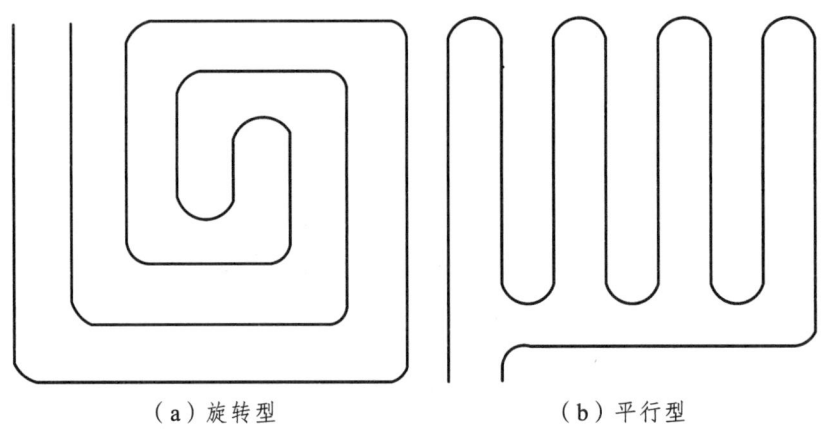

(a) 旋转型　　　　　　　　(b) 平行型

图 4.4-1　加热电缆常用布设形式

若采用刻槽的方式铺设加热电缆，需要对比两种不同的加热电缆线布设形式。从布设便捷角度考虑，旋转型的布设形式源于地暖的安装铺设，在铺装面积较小时，升温效果较好，但是在进行大面积铺装时，其形式较为复杂，且施工固定的难度较大。因此在进行内置加热电缆融冰路面设计时，推荐平行式的布设形式。采取平行的方式进行布设时，能够更加方便地进行布设间距的调控。从电路连接角度考虑，在采用平行型的布设形式铺设加热电缆线时，能选择的电路连接方式较多，主要分为串联式和并联式。反观采用旋转型的布设形式时，采用串联式较为便捷，若采用并联式的连接方式，则走线极为烦琐。对比两种不同的布设形式可知：当需要铺设面积较大时，如果采用串联的方式连接电路，当铺设的加热电缆线长度不断增加时，电压恒定，电流的大小会因为电阻的增大而减少，导致加热电缆线后端位置处的温度衰减严重，发热电缆很难到达设计参数的最高发热温度，从而导致加热电缆系统发热效率大幅度降低，升温效果明显变差，同时会增加输入功率，不具有经济性。此外，在加热电缆线的后期维修工作中，如果部分加热电缆线损坏将会导致整个主动保温融雪化冰系统的加热电缆无法工作，检修维修难度大大提高。与串联连接方式相比，并联连接方式铺设的加热电缆线长度较短，加热电缆线电阻仅影响该回路的电流大小，而对整个回路的电流影响相对较小，单独回路工作效率高，加热电缆系统发热较为均匀，路面发热融雪效果较好，且当部分加热电缆线出现故障时不至于影响整个主动保温系统的工作，能减小后期检查维护的难度。因此，选择并联的方式连接各单独回路的加热电缆线的方法具有明显的优势。

综上所述，对金家庄隧道洞口段加热电缆的铺装施工提出以下工艺要求：

（1）在水泥混凝土表面预留深度和宽度均为 2 cm 的槽。

（2）将加热电缆松弛放入槽中，要有一定的弯曲，以免路面变形时电缆受力过大。每回路加热电缆两端各留出约 15 cm 自由端，并用绝缘材料（如电气绝缘胶带）将其固定在电缆槽中。采用绝缘材料的目的是防止固定材料破坏加热电缆绝缘保护层从而出现短路现象。

（3）由于加热电缆线本身就是正负极交汇，因此每回路加热电缆线首部自由端连接入主电缆中，尾部自由端则进行绝缘封闭。

（4）加热电缆铺好后，在其上铺一层直径 1 mm、间距 3 cm×3 cm 的钢丝网。

（5）加热电缆和温控电缆在路面板边缘跨越路面边沟进入电缆槽接控制电路，如图 4.4-2、图 4.4-3 所示。

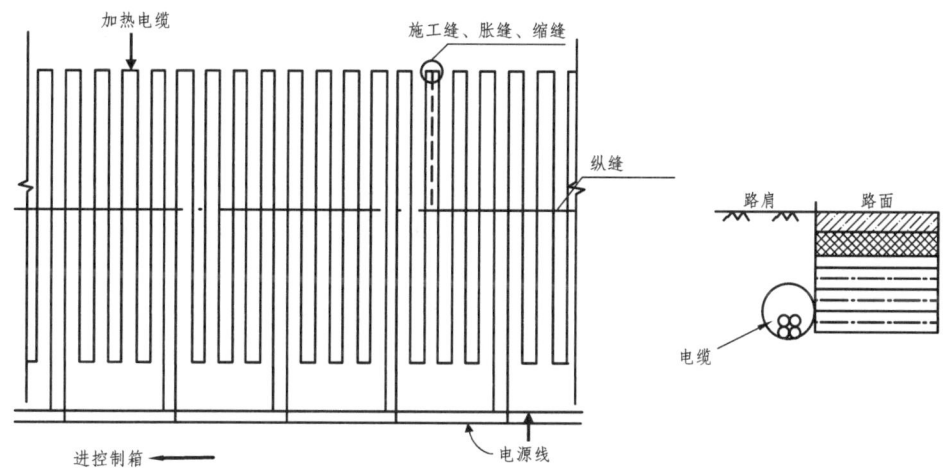

图 4.4-2　路面发热电缆铺设示意图

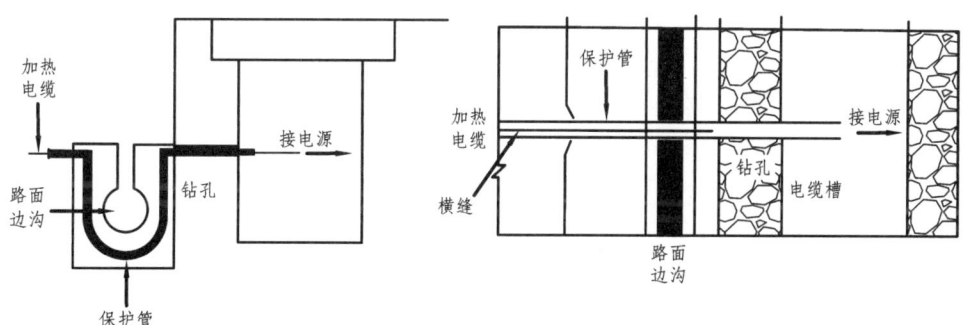

图 4.4-3　洞内路面边沟铺设示意图

（6）在加热电缆槽底部铺设阻温材料，使加热电缆所产生的热量向上部扩散，从而提高热利用率，如图 4.4-4 所示。在内置加热电缆系统路面中，加热电缆产生的大量热量沿电缆线四周逐渐扩散，给加热电缆输入的能量大于作用于路面加热的热量，是因为部分热量沿结构厚度方向向下传播，造成了热量损失，从而造成融冰化雪的效率不高。因此，选择阻温材料会提高加热电缆融雪化冰路面的升温速率，阻温材料可以采用隔热涂料或者铝箔复合气泡膜等材料。

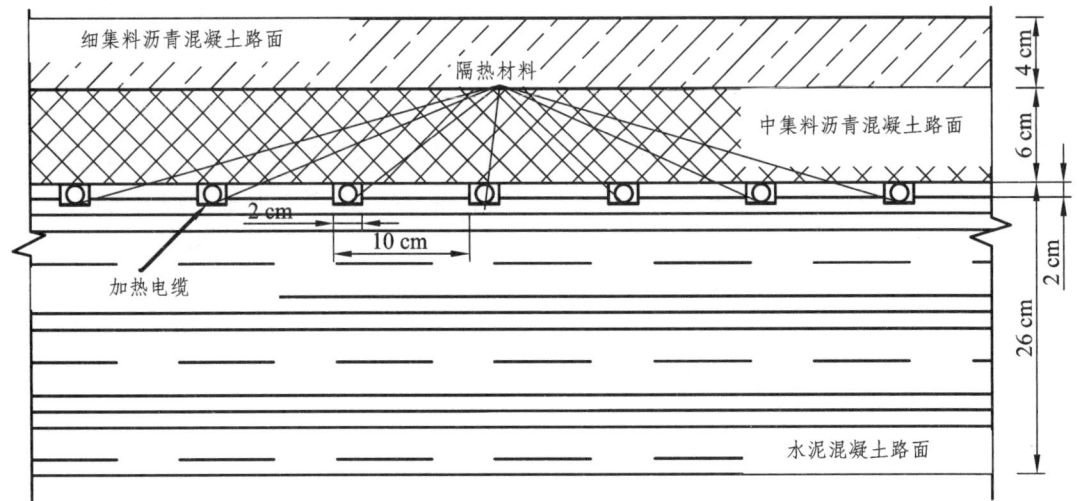

图 4.4-4 隔热材料布设示意图

（7）由于加热电缆线在使用时，每回路被连入电路参与发热的长度不能大于 100 m，因此对于隧道路面宽度为 11.25 m 的尺寸而言，其纵向铺设距离为 1 m，对于 PTC 材料加热电缆而言，当加热电缆线两端施加的电压为 220 V 时，其瞬间启动电流为 0.6 A。因此，当使用回路为 100 个时，干路上的导线需要至少能承受 60 A 电流，即承载功率至少为 13200 W，而 16 mm^2 的铜芯绝缘导线的载流量大于 90 A，能承载的安全功率为 19800 W，该条件下选择 16 mm^2 的铜芯绝缘导线作为加热电缆线的导线和电极。同理，当使用回路为 50 个时，干路上的导线需要能承受 30 A 以上的电流，即承载功率至少为 6600 W，而 10 mm^2 的铜芯绝缘导线在常温下的载流量大于 40 A，能承载最大功率为 8500 W，因此选择 10 mm^2 的铜芯绝缘导线作为加热电缆线的导线和电极。

在现场施工过程中发现，钢丝网片是直接铺在下层混凝土上，没有经过有效的固定。在上层沥青混凝土的摊铺过程中，由于人为干扰作用，钢丝网片易发生移动，从而对刚摊铺强度还未形成的路面造成一定程度的破坏，导致路面出现微小裂纹。此外，钢丝网片的存在导致摊铺时间过长，在某些段落出现基层混凝土与沥青混凝土面层、沥青混凝土面层之间的黏结强度不足，复合路面各层不能很好地黏结在一起。针对施工中存在的这种问题，建议选择刚度较大、焊点牢固的钢丝网，并且在铺设钢丝网时可以通过诸如张拉措施将钢丝网固定到模板上，从而减小施工过程中其位置的变动。此外，在上层沥青混凝土的摊铺过程中，严格控制施工温度，并且可以通过添加加筋材料等方式增强沥青混凝土面层强度及其与基层混凝土的黏结强度，保证施工过程中道路结构各层混凝土充分黏结，避免出现分层的现象。

4.4.2 加热电缆控制系统

为保证铺设的加热电缆可以达到完全的输出功率及保证运营阶段电路荷载的稳定，对加热电缆进行多回路设计，加热电缆线功率为 25 W，每 100 m 设计单独回路，10 回路构成一集电控制系统，采用标准控电箱进行控制，当加热电缆温度达到设计温度时，控制系统自动断电，在保证加热效果的同时减少对沥青路面的破坏及节约能源。控制电路示意图如图 4.4-5 所示。

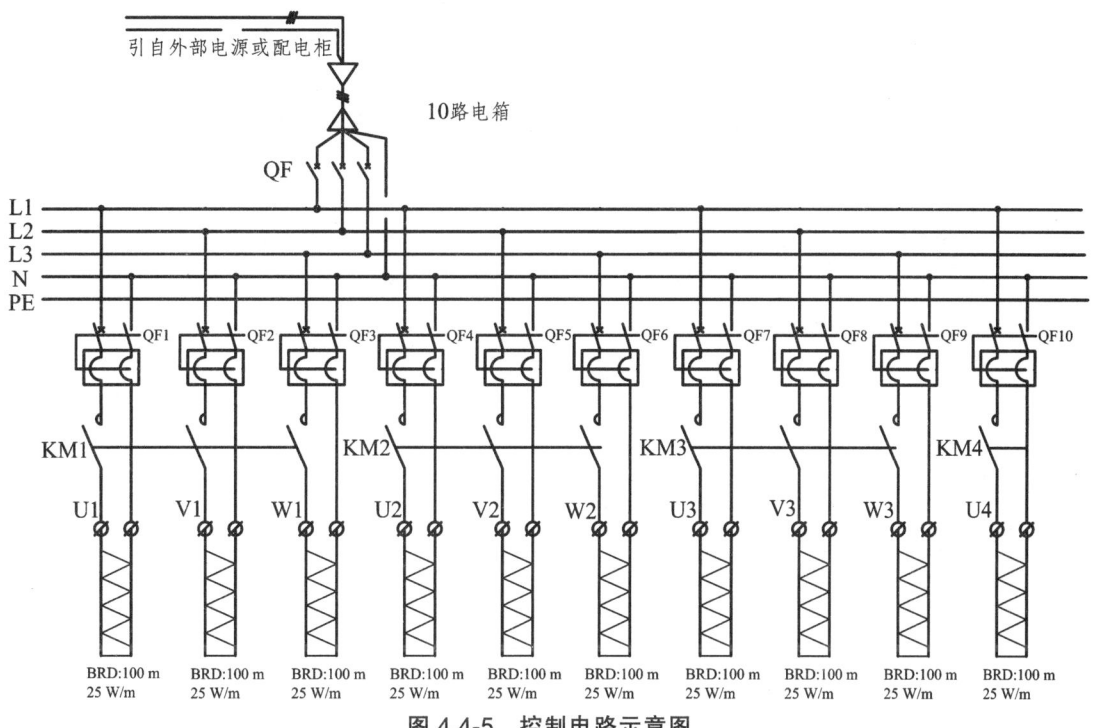

图 4.4-5 控制电路示意图

为使隧道洞口段路面的融雪化冰效果达到最佳，必须有完善的控制措施。控制系统需要建立以天气温度预报为基础，根据外界气温条件来确定系统的开启或关闭，并且能够对工作过程进行实时监控反馈，将加热数据实时动态传递给控制系统的工作机制。控制流程如图 4.4-6 所示。

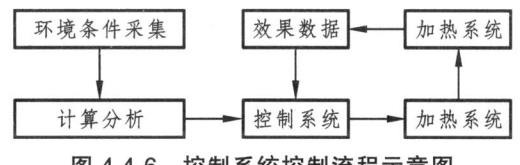

图 4.4-6 控制系统控制流程示意图

发热电缆融雪化冰系统在雨雪天气或结冰的情况下打开，在正常情况下，即使路面温度很低，但没有下雪或结冰的情况下，也不需要打开，以避免融雪系统电力能源的浪费。因此，整个加热控制系统必须在进行温度监测自动控制的同时增设手动控制，实现手动控制和自动控制相结合的控制方式。

如图 4.4-6 所示，在分析了环境条件等综合因素下，确定开启融雪化冰系统。根据现场道路的交通流量确定全线路的开启还是开启车轮处的几个回路。当现场交通流量较小，开启全线路加热系统比较浪费时，手动开启车轮处加热模式；当现场交通流量比较大，有必要开启全幅车道的电加热系统时，则开启全铺装模式。在加热模式确定后，根据现场温度情况，在路表温度低于设定的低温限值时，逐级打开多回路；若路表温度在低温限值以上，则开启部分回路。这个过程需要手动控制。系统开启后，加热电缆开始工作，同时布设在各点的温度传感器把温度信号反馈到控制中心。当某回路测点温度达到设定的上限温度（如 2~3 ℃）时，控制中心发出命令，该回路执行器执行关闭命令，发热电缆停止工作，但温度传感器继续工作。随着路面与冰、雪、空气进行热交换，路面温度下降，当低于 2 ℃ 时，传感器信号传至控制中心，控制中心发出命令，该回路执行器执行加热命令，加热电缆开始工作，如此循环。当融雪工作顺利完成，关闭整个系统。

第 5 章 螺旋隧道射流风机纵向通风数值模拟

测试评价一个软件是否可用关键要看该软件的计算分析理论的可靠性和真实性。计算流体动力学软件 FLUENT 是建立在比较成熟的计算流体动力学理论基础上的。任何流体运动的规律都是由以下 3 个定律为基础的：质量守恒定律、动量守恒定律和能量守恒定律。这些基本定律可以用数学方程组来表示，比如欧拉（Euler）方程、纳维-斯托克斯方程（N-S 方程）。联立这些方程进行求解，一般无法给出精确的解析解（除了在一些极特别的情况下，这些方程可以简化从而求出解析解）。

很显然，对于大部分实际复杂的流体动力学问题，是不可能通过简化方程组而得到解析解的，因此就出现许多求解这类问题近似解的方法。FLUENT 软件提供的计算分析方法就是其中的数值方法。

5.1 螺旋隧道射流风机纵向通风系统数值仿真模型建立

5.1.1 计算流体力学理论

FLUENT 是建立在计算流体动力学的基础上的有限元计算程序。我们知道计算流体动力学在计算分析的过程中有一些必要的假定，本节将具体介绍金家庄螺旋隧道双洞互补式网络通风系统仿真分析所采用的假定。

1. 流体的不可压缩性

流体的不可压缩性指的是流体的体积在外力的作用下不会发生改变的性状。但必须指出的是，这是一种理想化的状态。在现实世界中，任何流体均具有压缩性。为了简化工程计算分析，把一定的流体运动情况简化成为不可压缩的流体运动是计算流体力学经常采用的一种分析方法，其计算精度能够满足工程需要。

对于流体，可以定义其体积压缩系数和体积弹性模数。具体分析见式 5.1。

$$\beta = -\frac{\partial \tau / \tau}{\partial p} \quad (5.1)$$

式中：β——流体的体积压缩系数，其物理意义为在一定的温度下每升高一个单位压强时，流体体积的相对缩小量；

τ——单位质量流体的体积;

p——作用在单位面积上的压强,公式中负号代表 $\partial\tau$ 和 ∂p 的变化方向相反。

由于流体的质量不变,其体积的缩小使密度增加,存在

$$\frac{\partial \rho}{\rho} + \frac{\partial \tau}{\tau} = 0 \tag{5.2}$$

所以体积压缩系数 β 可改写为

$$\beta = \frac{1}{\rho}\frac{\partial \rho}{\partial p} \tag{5.3}$$

体积压缩系数的倒数就是流体的体积弹性模数 E,它是单位体积的相对变化所需要的压强增量,即

$$E = \frac{1}{\beta} = \rho\frac{\partial p}{\partial \rho} \tag{5.4}$$

对于不同的流体,体积弹性模数 E 具有不同的值。体积弹性模数 E 越大则流体越不容易被压缩;反之,体积弹性模数 E 越小则流体越容易被压缩。

所以对于气体流体而言,同样可以采用这样的指标来判断其压缩性。值得指出的是,气体的密度随压强的变化是和热力过程紧密相关的,而且气体的可压缩性比液体的要大得多。一般气体 p 由等于大气压等温压缩到 1.1 个大气压的时候,其密度增加率为 0.1。可见气体比液体易于压缩得多。一般说来,气体是不能当成不可压缩流体来处理的。但是在低速风场中,流场中各点的密度差不大时,对于这样的气流,可以认为整个流场中的密度为常数,即近似作为不可压缩流体处理。所以流体速度的大小是个很关键的决定因素。

一般情况下,对于速度低于 70 m/s 的气体流体可以作为不可压缩的流体处理。很显然,对于像公路隧道通风这样的流场而言,其风速一般均不可能达到 50 m/s。所以采用 FLUENT 模块中的"不可压缩性"流体进行计算分析是能够达到相关要求的。所以在具体计算分析过程中,对流体进行了不可压缩的假定。

2. 各向同性(Isotropic)

对于公路隧道通风流体而言,其流动体应该视为处于紊流状态。因此在数值计算中,考虑紊流的作用效果时,假定其余作用效果具有各向同性(Isotropic),即流体在各个方向上的作用效果具有一致性。这样的假定在一定意义上不会改变实际流体的情况,理论分析值和实际情况不会出现太大差别,同时可以简化后续的计算。

3. 恒定流

对于工程流体运动,从微观上,可以知道流体分子的运动是杂乱无序的。但从宏观上,各部分流体的运动是不变恒定的,或者是变化不大的。在工程通风中,假定任一坐标点的风速、压强是不随时间改变的,即只是空间坐标的函数。

4. 连续介质

在具体的 FLUENT 计算中,考虑流体的温度不发生变化、密度也不改变。由此认为流体是一种连续、均匀的介质。

公路隧道通风中的风场是一种三维的气体流动场,同时可知气体的流动状态是处于紊流状态。一般来说,建立在以时间为基础上的三维连续方程、N-S 方程和能量方程是可以用来计算处于紊流状态的流体的。

但是在 FLUENT 等有限元计算程序中,如果要采用这 3 个公式联立求解的话,那么所需要划分的节点单元数目将是巨大的,一般在 $10^6 \sim 10^8$ 之间,有的所需要的节点数目甚至更多,以现在的商用计算机将是无法求解的。

所以考虑到计算机资源问题,必须根据实际情况确定所需节点及求解方程。FLUENT 在计算中采用了"时均"(Time Averaged)的控制方程。

假设各个独立的量可以表示为一个固定的值和一个波动的值(Fluctuating Value),而且该波动值的变化不大,就可以得到这些控制方程。举个例子,沿 x 方向的速度分量可用式 5.5 表示:

$$u = U + u' \tag{5.5}$$

式 5.5 中 U 是一个定值,u' 是一个波动的但变化不大的值。这个表达式可以被用到控制方程中进行求解,而方程自身在计算一定时间后可以收敛。由此我们可以写出以下收敛控制方程:

连续方程:

$$\frac{\partial \rho}{\partial t} + \frac{\partial \rho u}{\partial x} + \frac{\partial \rho v}{\partial y} + \frac{\partial \rho w}{\partial z} = 0 \tag{5.6}$$

x 方向动量方程:

$$\rho \frac{\partial U}{\partial t} + \rho U \frac{\partial U}{\partial x} + \rho V \frac{\partial U}{\partial y} + \rho W \frac{\partial U}{\partial z} = \rho g_z - \frac{\partial P}{\partial x} + S_{DR} + S_\omega + \frac{\partial}{\partial x}\left[2\mu \frac{\partial U}{\partial x} - \rho uu\right] + \frac{\partial}{\partial y}\left[\mu\left(\frac{\partial U}{\partial y} + \frac{\partial V}{\partial z}\right) - \rho uv\right] + \frac{\partial}{\partial z}\left[\mu\left(\frac{\partial U}{\partial z} + \frac{\partial W}{\partial x}\right) - \rho uw\right] \tag{5.7}$$

y 方向动量方程:

$$\rho \frac{\partial V}{\partial t} + \rho U \frac{\partial V}{\partial x} + \rho V \frac{\partial V}{\partial y} + \rho W \frac{\partial V}{\partial z} = \rho g_y - \frac{\partial P}{\partial y} + S_{DR} + S_\omega + \frac{\partial}{\partial x}\left[\mu\left(\frac{\partial U}{\partial y} + \frac{\partial V}{\partial x}\right) - \rho uv\right] + \frac{\partial}{\partial y}\left[2\mu\left(\frac{\partial}{\partial y} - \rho uv\right)\right] + \frac{\partial}{\partial z}\left[\mu\left(\frac{\partial V}{\partial z} + \frac{\partial W}{\partial y}\right) - \rho vw\right] \tag{5.8}$$

z 方向动量方程:

$$\rho \frac{\partial W}{\partial t} + \rho U \frac{\partial W}{\partial x} + \rho V \frac{\partial W}{\partial y} + \rho W \frac{W}{\partial z} = \rho g_z - \frac{\partial P}{\partial z} + S_{DR} + S_\omega +$$

$$\frac{\partial}{\partial x}\left[\mu\left(\frac{\partial U}{\partial z}+\frac{\partial W}{\partial x}\right)-\rho vw\right]+\frac{\partial}{\partial z}\left[2\mu\frac{\partial W}{\partial z}-\rho wv\right] \quad (5.9)$$

能量方程：

$$\rho C_p \frac{\partial T}{\partial t}+\rho C_p U\frac{\partial T}{\partial x}+\rho C_p V\frac{\partial T}{\partial y}+\rho C_p W\frac{\partial T}{\partial z}=\frac{\partial}{\partial x}\left[k\frac{\partial T}{\partial x}-\rho C_p UT'\right]+ \\ \frac{\partial}{\partial z}\left[k\frac{\partial T}{\partial z}-\rho C_p WT'\right]+q_v \quad (5.10)$$

式 5.6~式 5.10 中大写字母表示的值是定值，小写字母表示的值是波动值（温度除外）。根据以上提供的公式以及已知条件就可以进行计算分析。

FLUENT 提供了以下 2 种计算模型以供用户选择。

（1）标准 K-ε 计算模型。

标准 K-ε 计算模型也叫作双方程模型（Two-Equation Model）。在给出收敛控制方程后，我们看到方程又产生了很多新的未知数，如 ρvv 等。这些额外产生的未知量概念我们称为"雷诺应力值"（Reynolds Stress Terms）。因此，加上这些新增的概念和未知数，可以知道 5 个控制方程总共有 14 个未知数。再根据边界条件我们引入两个概念：涡流黏度（Eddy Viscosity）和涡流传导性（Eddy Conductivity）。

$$\mu_t=\frac{-\rho uu}{2\frac{\partial U}{\partial x}}=\frac{-\rho uv}{\frac{\partial U}{\partial y}+\frac{\partial V}{\partial x}}=\frac{-\rho uv}{\frac{\partial V}{\partial z}+\frac{\partial W}{\partial y}} \quad k_t=\frac{-\rho C_p ut}{\frac{\partial T}{\partial x}}=\frac{-\rho C_p vt}{\frac{\partial T}{\partial y}}=\frac{-\rho C_p wt}{\frac{\partial T}{\partial z}} \quad (5.11)$$

从这些定义我们可以看出，在计算中已经采用前文论述的假定：紊流的作用具有各向同性（Isotropic）。将这些定义代到收敛方程中就可以得到一系列结果：

连续方程：

$$\frac{\partial \rho}{\partial t}+\frac{\partial \rho U}{\partial x}+\frac{\partial \rho V}{\partial y}+\frac{\partial \rho W}{\partial z}=0 \quad (5.12)$$

x 方向动量方程：

$$\rho\frac{\partial U}{\partial t}+\rho U\frac{\partial U}{\partial x}+\rho V\frac{\partial U}{\partial y}+\rho W\frac{\partial U}{\partial z}=\rho g_x-\frac{\partial P}{\partial x}+S_{DR}+S_\omega+\frac{\partial}{\partial x}\left[2(\mu+\mu_t)\frac{\partial U}{\partial x}\right]+ \\ \frac{\partial}{\partial y}\left[(\mu+\mu_t)\left(\frac{\partial U}{\partial y}+\frac{\partial V}{\partial x}\right)\right]+\frac{\partial}{\partial z}\left[(\mu+\mu_t)\left(\frac{\partial U}{\partial z}+\frac{\partial W}{\partial x}\right)\right] \quad (5.13)$$

y 方向动量方程：

$$\rho\frac{\partial V}{\partial t}+\rho U\frac{\partial V}{\partial x}+\rho V\frac{\partial V}{\partial y}+\rho W\frac{\partial V}{\partial z}=\rho g_y-\frac{\partial P}{\partial y}+S_{DR}+S_\omega+\frac{\partial}{\partial x}\left[(\mu+\mu_t)\left(\frac{\partial U}{\partial y}+\frac{\partial V}{\partial x}\right)\right]+ \\ \frac{\partial}{\partial y}\left[2(\mu+\mu_t)\frac{\partial V}{\partial y}\right]+\frac{\partial}{\partial z}\left[(\mu+\mu_t)\left(\frac{\partial V}{\partial z}+\frac{\partial W}{\partial y}\right)\right] \quad (5.14)$$

z 方向动量方程：

$$\rho\frac{\partial W}{\partial t}+\rho U\frac{\partial W}{\partial x}+\rho V\frac{\partial W}{\partial y}+\rho W\frac{\partial W}{\partial z}=\rho g_z-\frac{\partial P}{\partial z}+S_{DR}+S_\omega+\frac{\partial}{\partial x}\left[(\mu+\mu_t)\left(\frac{\partial U}{\partial z}+\frac{\partial W}{\partial x}\right)\right]+$$

$$\frac{\partial}{\partial y}\left[(\mu+\mu_t)\left(\frac{\partial V}{\partial z}+\frac{\partial W}{\partial y}\right)\right]+\frac{\partial}{\partial z}\left[2(\mu+\mu_t)\frac{\partial W}{\partial z}\right] \quad (5.15)$$

能量方程：

$$\rho C_p\frac{\partial T}{\partial t}+\rho C_p U\frac{\partial T}{\partial x}+\rho C_p V\frac{\partial T}{\partial y}+\rho C_p W\frac{\partial T}{\partial z}=\frac{\partial}{\partial x}\left[(k+k_t)\frac{\partial T}{\partial x}\right]+\frac{\partial}{\partial y}\left[(k+k_t)\frac{\partial T}{\partial y}\right]+$$

$$\frac{\partial}{\partial z}\left[(k+k_t)\frac{\partial T}{\partial z}\right]+q_v \quad (5.16)$$

由式 5.12~式 5.16 可知仅有涡流黏度（Eddy Viscosity）和涡流传导性（Eddy Conductivity）有待确定。FLUENT 正是采用了 $K\text{-}\varepsilon$ 计算模型来求解这些值。$K\text{-}\varepsilon$ 计算模型所说明的是紊流动力能（The Turbulent Kinetic Energy）以及紊流能量消耗变化率（ε）的变化情况。漩涡黏性值和漩涡传导值计算如式 5.17、式 5.18：

$$\mu_t=C_\mu\rho\frac{k^2}{\varepsilon} \quad (5.17)$$

$$k_t=\frac{\mu c_{p_t}}{\sigma_t} \quad (5.18)$$

式 5.18 中 σ_t 是紊流普朗特数（Prandt），通常取值为 1.0，C_μ 也是一个常量。将式 5.18、式 5.17 代入动力计算方程，则可以得到 K 和 ε 的计算公式如下：

紊流动力能公式：

$$\rho\frac{\partial K}{\partial t}+\rho U\frac{\partial K}{\partial x}+\rho V\frac{\partial K}{\partial y}+\rho W\frac{\partial K}{\partial z}=\frac{\partial}{\partial x}\left[\left(\frac{\mu_t}{\sigma_K}+\mu\right)\frac{\partial K}{\partial x}\right]+\frac{\partial}{\partial y}\left[\left(\frac{\mu_t}{\sigma_K}+\mu\right)\frac{\partial K}{\partial y}\right]+$$

$$\frac{\partial}{\partial z}\left[\left(\frac{\mu_t}{\sigma_K}+\mu\right)\frac{\partial K}{\partial z}\right]-\rho\varepsilon+\mu_t\left[2\left(\frac{\partial U}{\partial x}\right)^2+2\left(\frac{\partial V}{\partial y}\right)^2+2\left(\frac{\partial W}{\partial z}\right)^2+\left(\frac{\partial U}{\partial y}+\frac{\partial V}{\partial x}\right)^2+\left(\frac{\partial V}{\partial z}+\frac{\partial W}{\partial y}\right)^2\right]$$

$$(5.19)$$

紊流能量消耗公式：

$$\rho\frac{\partial \varepsilon}{\partial t}+\rho U\frac{\partial \varepsilon}{\partial x}+\rho V\frac{\partial \varepsilon}{\partial y}+\rho W\frac{\partial \varepsilon}{\partial z}=\frac{\partial}{\partial x}\left[\left(\frac{\mu_t}{\sigma_z}+\mu\right)\frac{\partial \varepsilon}{\partial x}\right]+\frac{\partial}{\partial y}\left[\left(\frac{\mu_t}{\sigma_z}+\mu\right)\frac{\partial \varepsilon}{\partial y}\right]+\frac{\partial}{\partial z}\left[\left(\frac{\mu_t}{\sigma_z}+\mu\right)\frac{\partial \varepsilon}{\partial z}\right]-C_2\rho\frac{\varepsilon^2}{K}$$

$$+C_1\mu_t\frac{\varepsilon}{K}\left[2\left(\frac{\partial U}{\partial x}\right)^2+2\left(\frac{\partial V}{\partial y}\right)^2+2\left(\frac{\partial W}{\partial z}\right)^2+\left(\frac{\partial U}{\partial y}+\frac{\partial V}{\partial x}\right)^2+\left(\frac{\partial U}{\partial z}+\frac{\partial W}{\partial x}\right)^2+\left(\frac{\partial V}{\partial z}+\frac{\partial W}{\partial y}\right)^2\right] \quad (5.20)$$

公式中 σ_K 和 σ_z 是紊流施密特数（Schmidt），C_1 和 C_2 是经验定值。所有的与该计算模型相关的模型参数值均列在表 5.1-1 中。这样综合以上的所有方程可知共有 9 个方程和 9 个未知数：U、V、W、P、T、μ_t、K_t、K、ε，所以可以求出所有的解。

表 5.1-1　标准 K-ε 计算模型参数说明

常量	数值	FLUENT 中的名称	提高数值的结果
C_μ	0.09	Cmu	混合型变强、剪切作用更明显、压强变化大
C_1	1.44	CE1	混合型弱、剪切作用小、压强变化小
C_2	1.92	CE2	混合型变强、剪切作用更明显、压强变化大
σ_K	1		不可更改
σ_Z	1.3		不可更改

标准 K-ε 计算模型在工程实际中得到了大量的应用，而且计算结果与实际情况比较吻合。但是，它的缺点是无法得出某些点的精确值。因此，为了提高某些点的值的精确性，同时又不提高分析的复杂性，FLUENT 又提供了另一种计算模型：RNG K-ε 模型（RNG-Two Equation Model）。

（2）RNG K-ε 模型。

在 RNG 计算模型中，动力方程组转化为波数距离（Wave-Number Space）形式。重标准化组理论被用来推导求解漩涡黏性值的公式。考虑到这样推导出来的公式的理论基础更为坚实，因此采用 RNG 计算模型计算出来的结果也更为准确。但是该计算模型也有其缺点，主要是该法计算的不稳定性很容易导致计算结果发散。所以在具体计算中一般采用的原则：先采用 K-ε 计算模型进行分析计算，然后采用 RNG 计算模型对所需要求的具体点、面的值重新计算。这样保证了计算结果的精确性。

RNG 计算模型也是用来计算漩涡黏值的紊流模型，其中紊流动能值和紊流动能消耗率的计算方法与前文所述一致。两种模型的差别在于对常量值的确定上。RNG 计算模型采用的各常量值如表 5.1-2 所示。

表 5.1-2　RNG K-ε 模型参数说明

常量	数值	FLUENT 中的名称	提高数值的结果
C_μ	0.085	Cmu	混合型变强、剪切作用更明显、压强变化大
C_0	1.42	CE0	混合型弱、剪切作用小、压强变化小
C_2	1.68	CE2	混合型变强、剪切作用更明显、压强变化大
σ_K	0.7179		不可更改
σ_Z	0.7179		不可更改
B	0.015	RNG Beta	混合型变强、剪切作用更明显、压强变化大
η_0	4.38	RNG Eta	混合型变强、剪切作用更明显、压强变化大

表 5.1-2 中的新参数计算公式如下：

$$C_1 = C_0 - \frac{\eta\left(1 - \dfrac{\eta}{\eta_0}\right)}{1 + \beta\eta^3} \quad (5.21)$$

其中 η 的值为

$$\eta = \frac{\sqrt{GK}}{\varepsilon} \quad (5.22)$$

$$G = 2\left[\left(\frac{\partial U}{\partial x}\right)^2 + \left(\frac{\partial V}{\partial y}\right)^2 + \left(\frac{\partial W}{\partial z}\right)^2\right] + \left(\frac{\partial U}{\partial y} + \frac{\partial V}{\partial x}\right)^2 + \left(\frac{\partial U}{\partial z} + \frac{\partial W}{\partial x}\right)^2 + \left(\frac{\partial V}{\partial z} + \frac{\partial W}{\partial y}\right)^2 \quad (5.23)$$

5.1.2 螺旋隧道模型建立

针对金家庄隧道曲线段射流风机纵向通风系统，采用 FLUENT 计算流体力学软件建立数值仿真模型，如图 5.1-1 所示，模型结构参数见表 5.1-3。为了达到曲线隧道射流风机系统的通风效果，计算模型曲线半径 R 分别为 800 m、890 m、1000 m 以及直线形。为了减小计算量又不影响计算结果，模型计算长度为 1500 m，射流风机距离隧道入口 200 m，射流风机出口直径为 1.12 m。计算模型网格划分如图 5.1-2 所示。

表 5.1-3　模型结构尺寸

当量直径/m	断面高度/m	断面周长/m	断面面积/m²
9.59	7.99	37.91	90.01

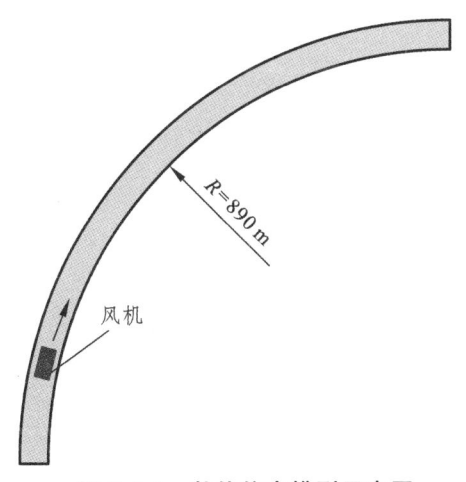

图 5.1-1　数值仿真模型示意图

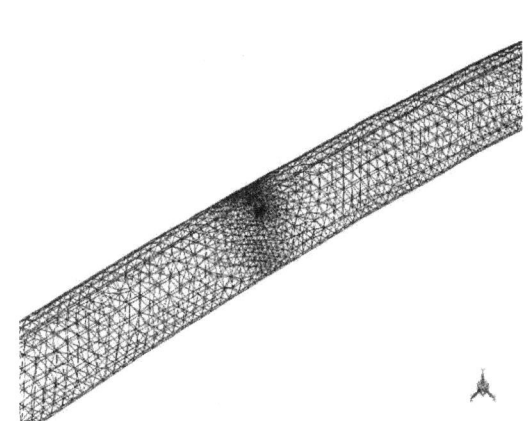

图 5.1-2　计算模型局部网格图

计算过程中，隧道出、入口压强为 0 Pa，隧道沿程阻力系数取 0.025，根据隧道通风公式计算模型壁面粗糙度为 2.4 mm。

$$\lambda = \frac{1}{\left(1.138 - 2\log\frac{\Delta}{D}\right)^2} \quad (5.24)$$

式中：Δ——平均壁面粗糙度；
D——隧道断面当量直径。

5.2 螺旋隧道射流风机通风效率影响因素分析

针对金家庄螺旋隧道射流风机纵向通风方式，建立曲线隧道射流风机通风数值仿真计算模型，模型计算长度 1500 m，模型断面面积 90.01 m²，射流风机出口直径 1.12 m，在计算过程中，调整射流风机安装高度、角度、纵向间距、风机出口风速等参数，研究射流风机安装参数对隧道内风速场分布、射流风机升压效率的影响规律。

5.2.1 射流风机通风效率

隧道射流纵向通风：射流风机形成高速射流，隧道内空气在高速射流的卷吸诱导作用下沿隧道纵向流动，射流风机为隧道内空气流动提供了升压力。由于射流风机的安装位置，风机出口的高速射流在隧道有限空间内扩散引起的能量损失，使得射流风机的实际升压力小于理论升压力。射流风机组的升压力效率如式 5.25 所示。

$$\eta = \frac{\Delta P_{j理论}}{\Delta P_r} = \frac{2n}{\zeta} \cdot \frac{A_j}{A_r} \cdot \frac{v_r}{v_j}\left(\frac{v_r}{v_j} - 1\right) \quad (5.25)$$

式中：$\Delta P_{j理论}$——射流风机组理论升压力，符合动量守恒；
ΔP_r——射流风机组实际升压力，即风流克服隧道内通风阻力的压力损失；
n——射流风机组数量；
v_j——射流风机出口风速；
v_r——隧道内风速；
A_j——射流风机出口面积；
A_r——隧道断面面积；
ζ——隧道通风阻力系数。

由式 5.25 可以看出：风机组升压效率 η 随隧道内风速 v_r 的增加而增加，因此提高射流风机组升压效率可以有效改善隧道内的通风效果。

5.2.2 风机安装高度影响规律

1. 条件参数

（1）隧道曲线半径：R=890 m，R=+∞（直线隧道）；

（2）射流风机安装在距隧道入口 200 m 处；

（3）射流风机间距：1.5 m；

（4）射流风机安装角度：0°；

（5）隧道出入口风压：0 Pa；

（6）射流风机安装高度：5.77 m、5.4 m、6 m、5.6 m；

（7）射流风机出口风速：25 m^3/s、30 m^3/s、35 m^3/s。

2. 计算结果

计算结果如图 5.2-1～图 5.2-11 所示。

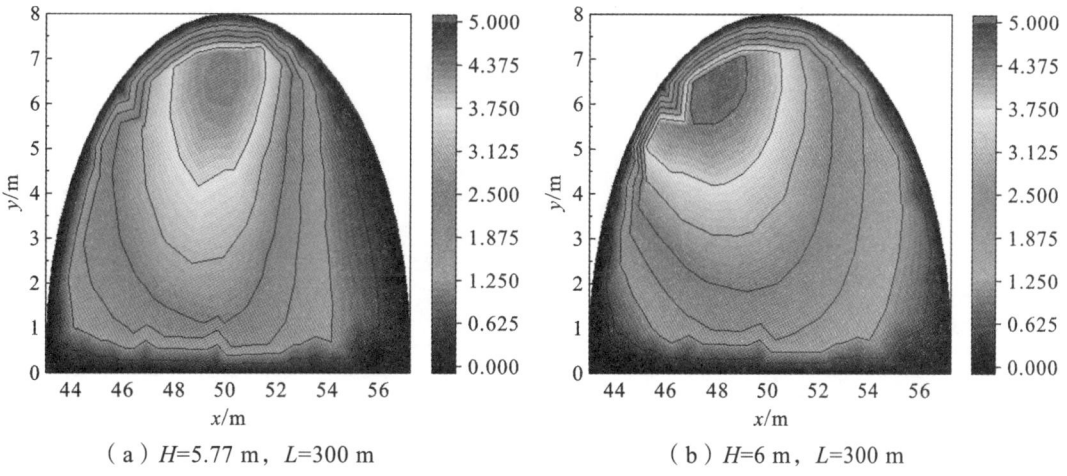

图 5.2-1　曲线隧道 L=300 m 处风速场分布（R=890 m）

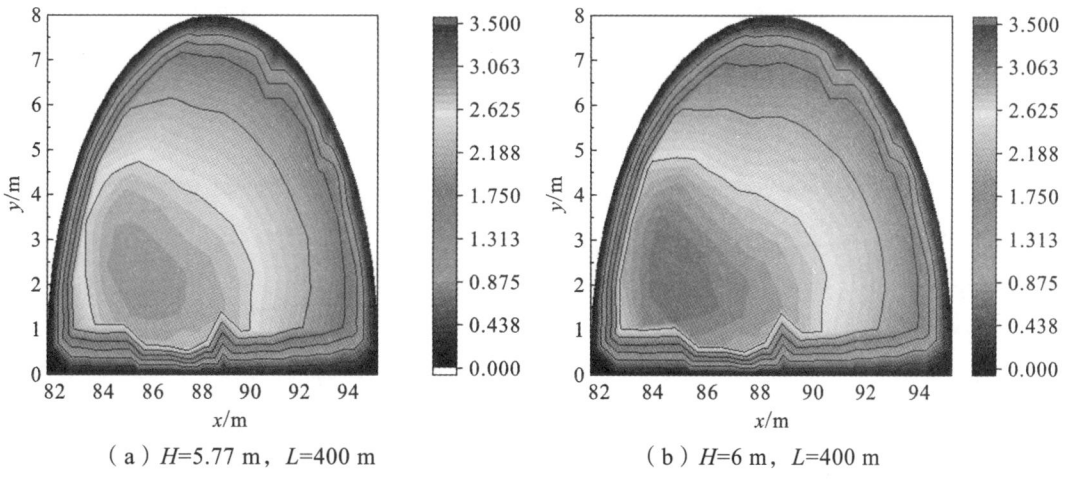

图 5.2-2　曲线隧道 L=400 m 处风速场分布（R=890 m）

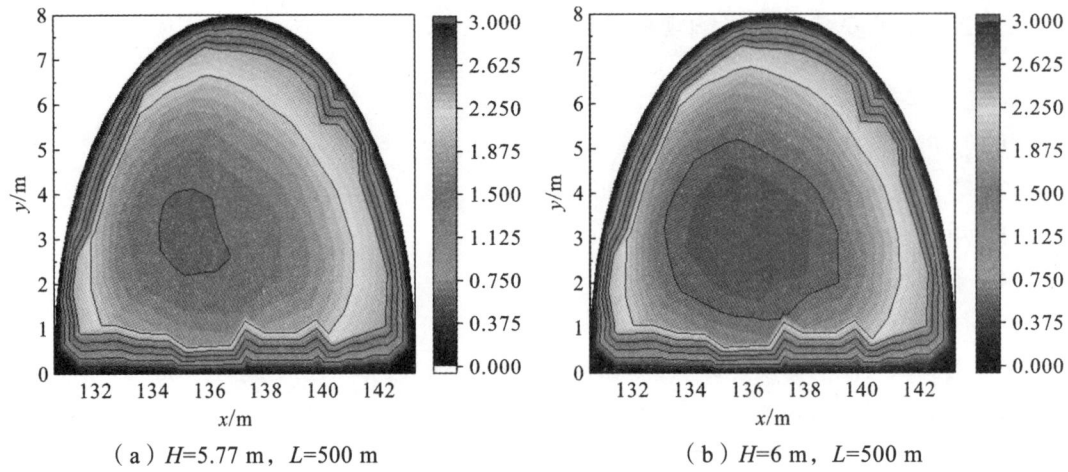

(a) H=5.77 m，L=500 m (b) H=6 m，L=500 m

图 5.2-3　曲线隧道 L=500 m 处风速场分布（R=890 m）

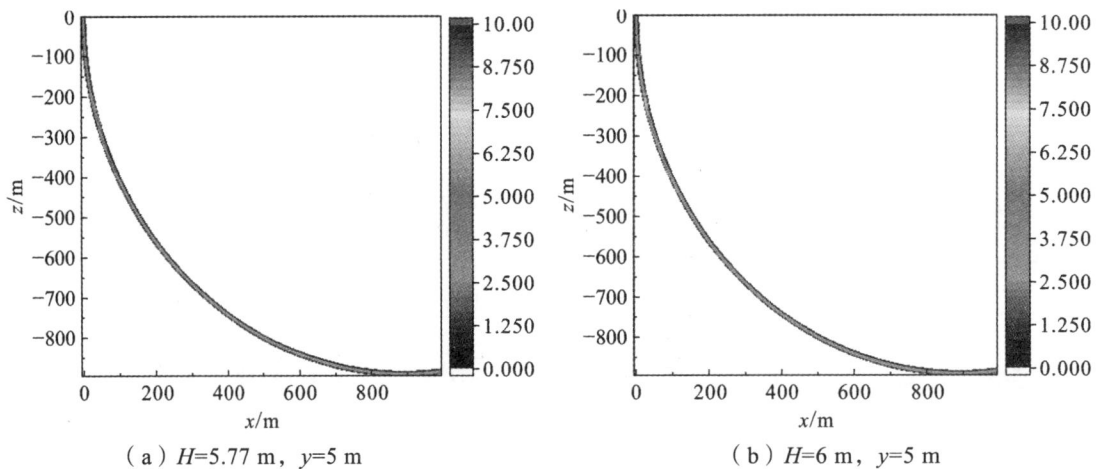

(a) H=5.77 m，y=5 m (b) H=6 m，y=5 m

图 5.2-4　曲线隧道高度 5 m 处风速场分布（R=890 m）

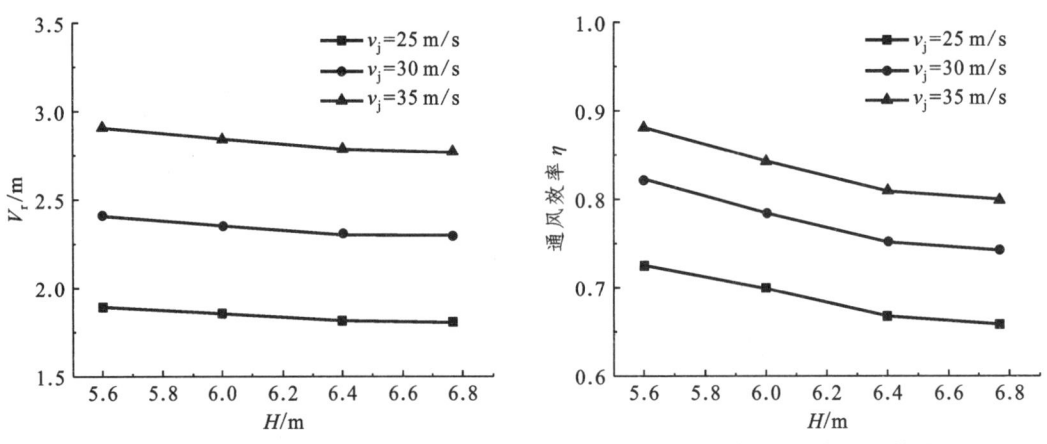

图 5.2-5　曲线隧道 v_r 随 H 变化规律（R=890 m）　图 5.2-6　曲线隧道 η 随 H 变化规律（R=890 m）

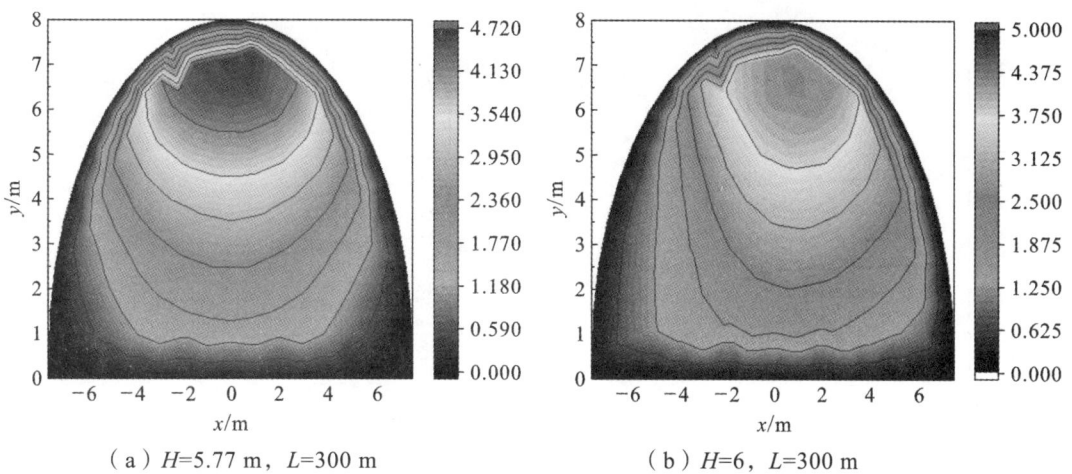

（a）H=5.77 m，L=300 m　　　　　（b）H=6，L=300 m

图 5.2-7　直线隧道 L=300 m 处风速场分布（R=+∞）

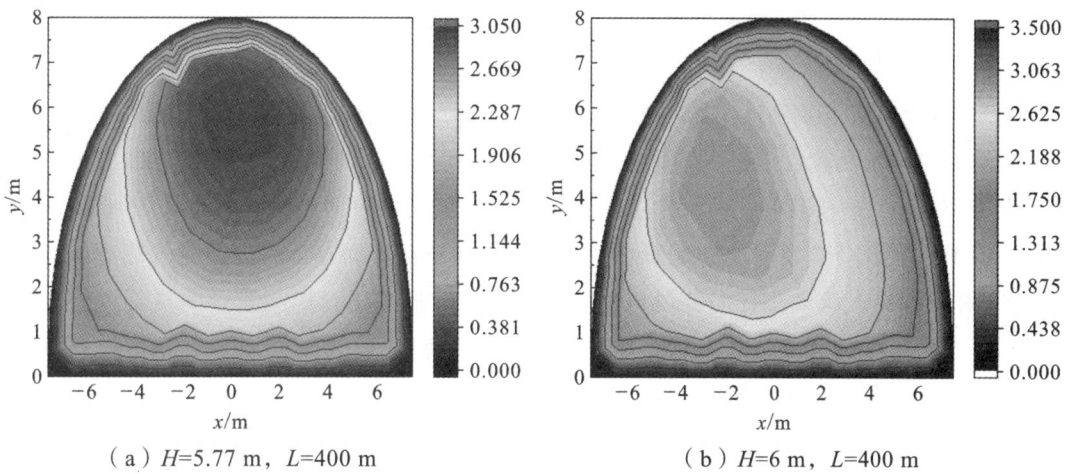

（a）H=5.77 m，L=400 m　　　　　（b）H=6 m，L=400 m

图 5.2-8　直线隧道 L=400 m 处风速场分布（R=+∞）

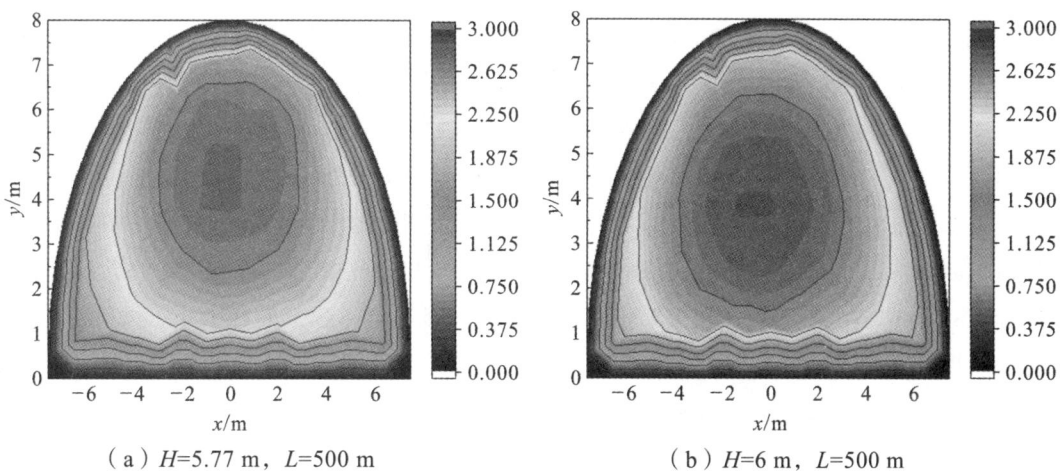

（a）H=5.77 m，L=500 m　　　　　（b）H=6 m，L=500 m

图 5.2-9　直线隧道 L=500 m 处风速场分布（R=+∞）

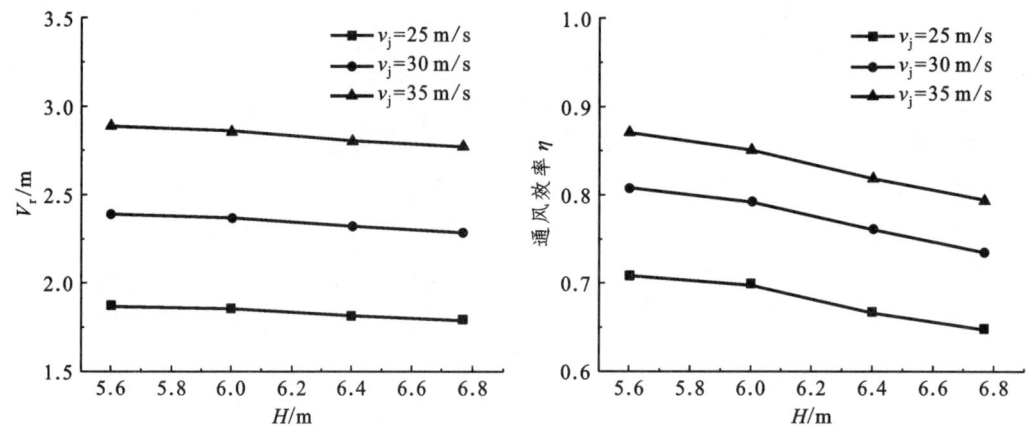

图 5.2-10　直线隧道 v_r 随 H 变化规律（$R=+\infty$）　　图 5.2-11　直线隧道 η 随 H 变化规律（$R=+\infty$）

（1）由图 5.2-1～图 5.2-6 可以看出，当射流风机安装角度为 0°时，曲线隧道内风速场、风流场分布规律如下：

① 当射流风机安装高度由 5.77 m 增加至 6 m 时，射流风机与隧道顶部距离减小，风机出口风流受拱顶两侧轮廓限制效应明显增强，因此在风机出口前方 100 m 处（$L=300$ m），安装高度 $H=5.77$ m 的风机出口风流中心区域仍位于隧道拱顶中部，而安装高度 $H=6$ m 的风机出口风流中心区域则受到拱顶侧壁面限制较小而偏向隧道断面左侧，即曲线外侧方向。

② 射流风机出口风流方向与风机轴线方向一致，风机出口风流受到曲线隧道外侧轮廓的限制，因此在风机出口前方 200 m 处（$L=400$ m），隧道内左侧（曲线外侧）风速高于隧道内右侧（曲线内侧）风速。

③ 当曲线隧道半径为 890 m 时，在射流风机前方 300 m 区域，风机出口射流基本扩散，但由于曲线隧道的结构特点，隧道内左侧风速仍高于右侧，其中当风机布置高度为 6 m 时，隧道右侧风速较大。

④ 随着射流风机布置高度的增加，隧道内断面风速减小，射流风机升压效率降低。随着风机布置高度 H 由 5.6 m 增加至 5.77 m，当风机出口风速 $v_j=25$ m³/s 时，隧道内风速由 1.89 m/s 减小至 1.8 m/s，减小幅度为 4%，风机升压效率由 0.725 减小至 0.658，减小幅度为 8%；当风机出口风速 $v_j=30$ m³/s 时，隧道内风速由 2.41 m/s 减小至 2.29 m/s，减小幅度为 4.3%，风机升压效率由 0.821 减小至 0.742，减小幅度为 8.7%；当风机出口风速 $v_j=35$ m³/s 时，隧道内风速由 2.91 m/s 减小至 2.77 m/s，减小幅度为 4.1%，风机升压效率由 0.871 减小至 0.8，减小幅度为 8.3%。这是由于随着风机安装高度的增加，风机与隧道顶部间距减小，风机出口高速风流与拱顶及其侧壁的摩擦阻力增加，因此风机通风效率降低，隧道内断面风速减小，然而当风机布置高度固定时，随着风机出口风速的增加，风机通风效率呈增加趋势。

（2）由图 5.2-7～图 5.2-11 可以看出，当射流风机安装角度为 0°时，直线隧道内风速场、风流场分布规律如下：

① 当射流风机安装高度由 5.77 m 增加至 6 m 时，射流风机与隧道顶部距离减小，风机出口风流受拱顶两侧轮廓限制效应明显增强，因此在风机出口前方 100 m 处（L=300 m），安装高度 H=5.77 m 的风机出口风流中心区域风速较大，射流扩散较慢，而安装高度 H=6 m 的风机出口射流已得到了有效扩散。

② 直线隧道内，风机出口前方 200 m 处（L=400 m）、300 m 处（L=500 m），安装高度 H=5.77 m 的风机出口射流扩散程度较安装高度 H=6 m 的风机小。

③ 随着射流风机布置高度的增加，隧道内断面风速减小，射流风机升压效率降低。随着风机布置高度 H 由 5.6 m 增加至 5.77 m，当风机出口风速 v_j=25 m³/s 时，隧道内风速由 1.87 m/s 减小至 1.79 m/s，减小幅度为 2.9%，风机升压效率由 0.71 减小至 0.65，减小幅度为 5.9%；当风机出口风速 v_j=30 m³/s 时，隧道内风速由 2.39 m/s 减小至 2.28 m/s，减小幅度为 5.7%，风机升压效率由 0.81 减小至 0.73，减小幅度为 5.7%；当风机出口风速 v_j=35 m³/s 时，隧道内风速由 2.87 m/s 减小至 2.76 m/s，减小幅度为 2.9%，风机升压效率由 0.87 减小至 0.79，减小幅度为 5.9%。这是由于随着风机安装高度的增加，风机与隧道顶部间距减小，风机出口高速风流与拱顶及其侧壁的摩擦阻力增加，因此风机通风效率降低，隧道内断面风速减小，然而当风机布置高度固定时，随着风机出口风速的增加，风机通风效率呈增加趋势。

综合比较曲线隧道与直线隧道内射流风机增压作用可以看出：由于模型隧道避免计算沿程阻力，沿程阻力系数为 0.0215，而在模型 1500 m 的计算长度范围内，沿程阻力引起的通风能量损失基本与曲线隧道局部结构引起的风流损失一致。

5.2.3 风机安装角度影响规律

1. 条件参数

（1）隧道曲线半径：R=890 m，R=+∞（直线隧道）；
（2）射流风机间距：1.5 m；
（3）射流风机安装角度：0°、3°、5°、7°；
（4）隧道出入口风压：0 Pa；
（5）射流风机安装高度：5.4 m、5.77 m；
（6）射流风机出口风速：25 m³/s、30 m³/s、35 m³/s。

2. 计算结果

计算结果如图 5.2-12～图 5.2-22 所示。

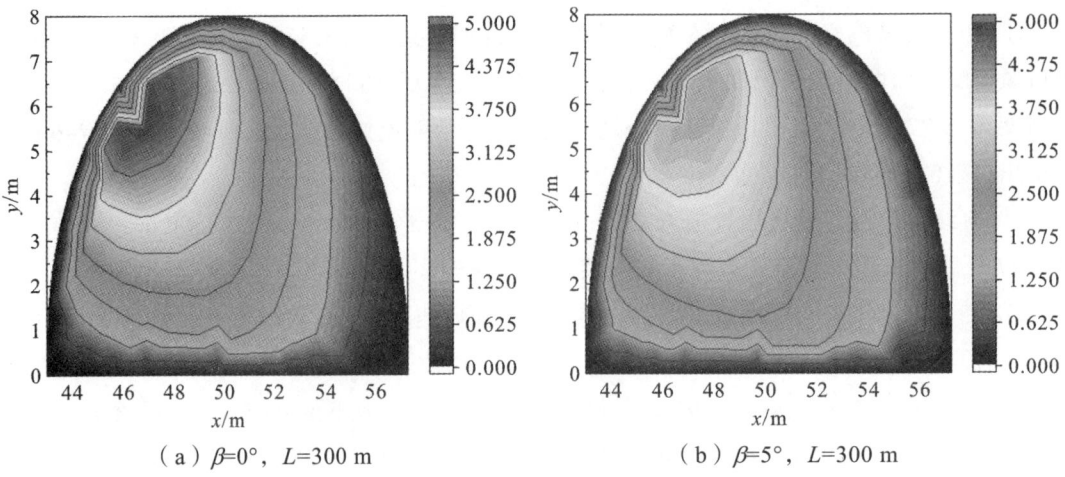

（a）$\beta=0°$，$L=300$ m　　　　　　（b）$\beta=5°$，$L=300$ m

图 5.2-12　曲线隧道 $L=300$ m 处风速场分布（$R=890$ m）

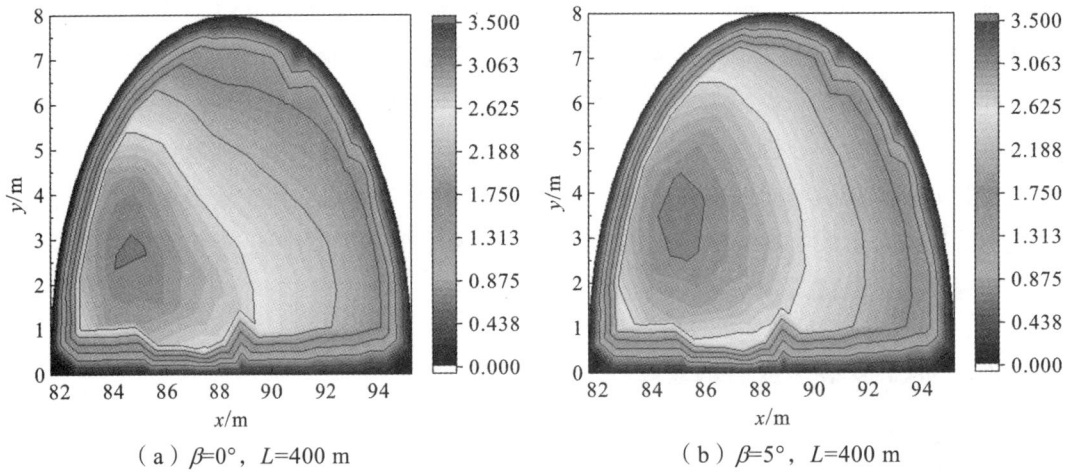

（a）$\beta=0°$，$L=400$ m　　　　　　（b）$\beta=5°$，$L=400$ m

图 5.2-13　曲线隧道 $L=400$ m 处风速场分布（$R=890$ m）

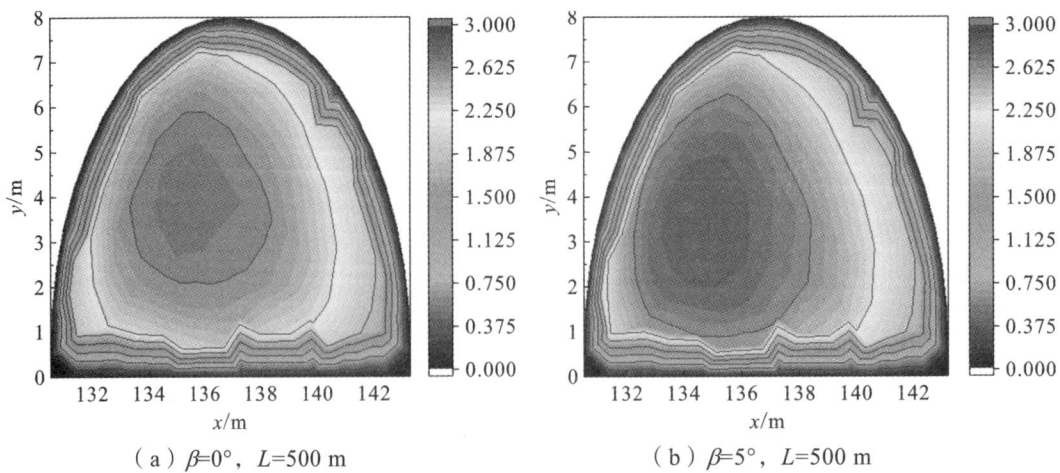

（a）$\beta=0°$，$L=500$ m　　　　　　（b）$\beta=5°$，$L=500$ m

图 5.2-14　曲线隧道 $L=500$ m 处风速场分布（$R=890$ m）

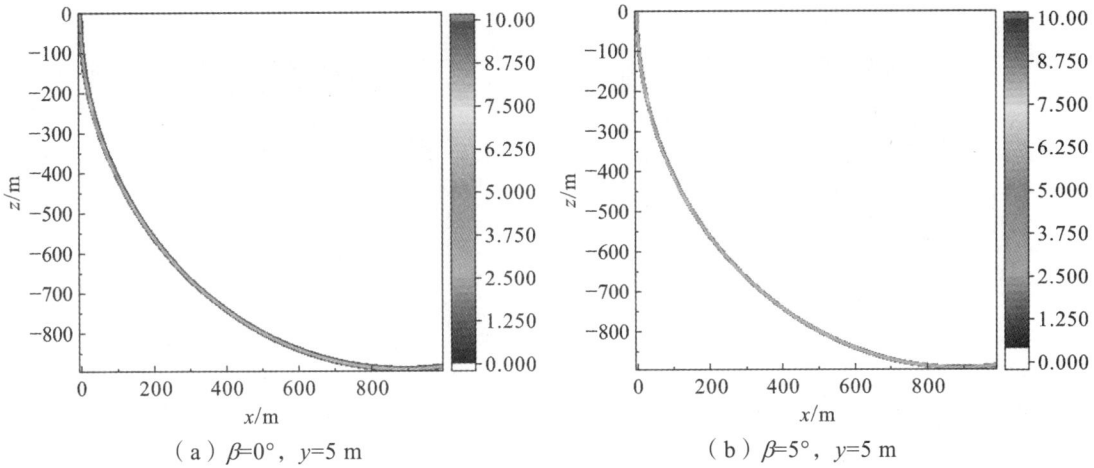

(a) $\beta=0°$, $y=5$ m　　　　　(b) $\beta=5°$, $y=5$ m

图 5.2-15　曲线隧道高度 5 m 处风速场分布图（R=890 m）

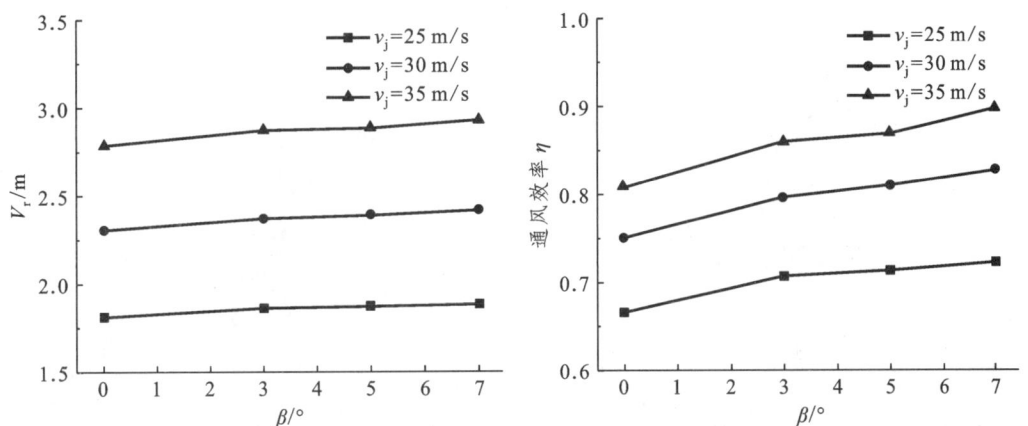

图 5.2-16　曲线隧道 v_r 随 β 变化规律（R=890 m）　　图 5.2-17　曲线隧道 η 随 β 变化规律（R=890 m）

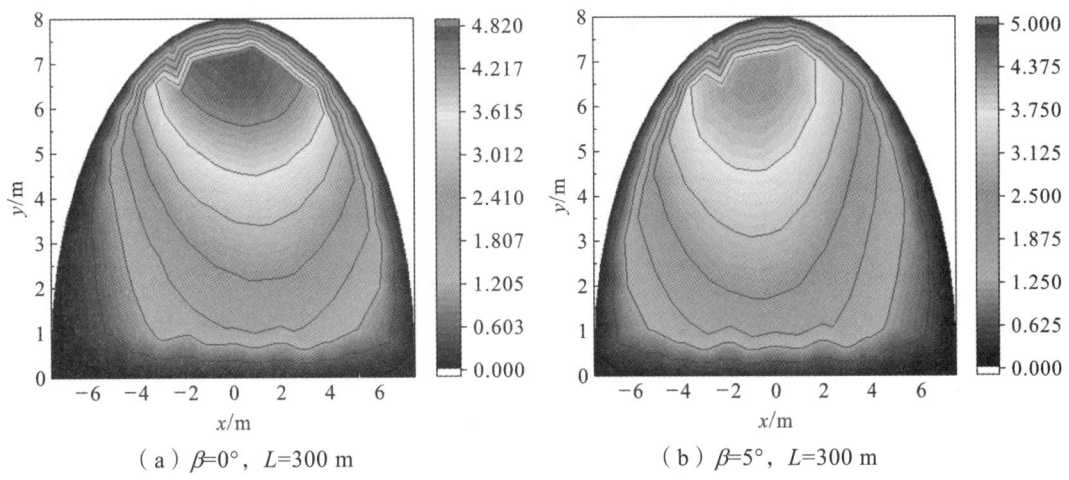

(a) $\beta=0°$, L=300 m　　　　　(b) $\beta=5°$, L=300 m

图 5.2-18　曲线隧道 L=300 m 处风速场分布（R=+∞）

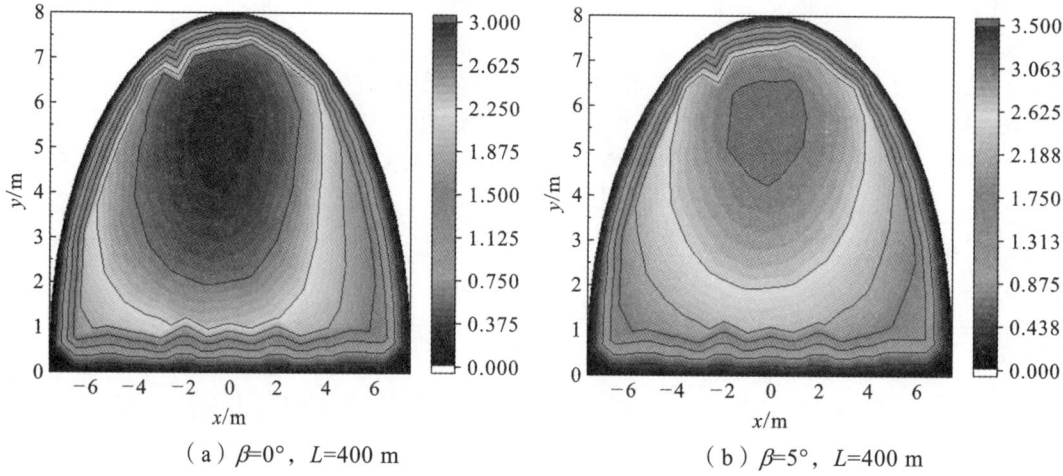

（a）$\beta=0°$，$L=400$ m　　　　（b）$\beta=5°$，$L=400$ m

图 5.2-19　曲线隧道 $L=300$ m 处风速场分布（$R=+\infty$）

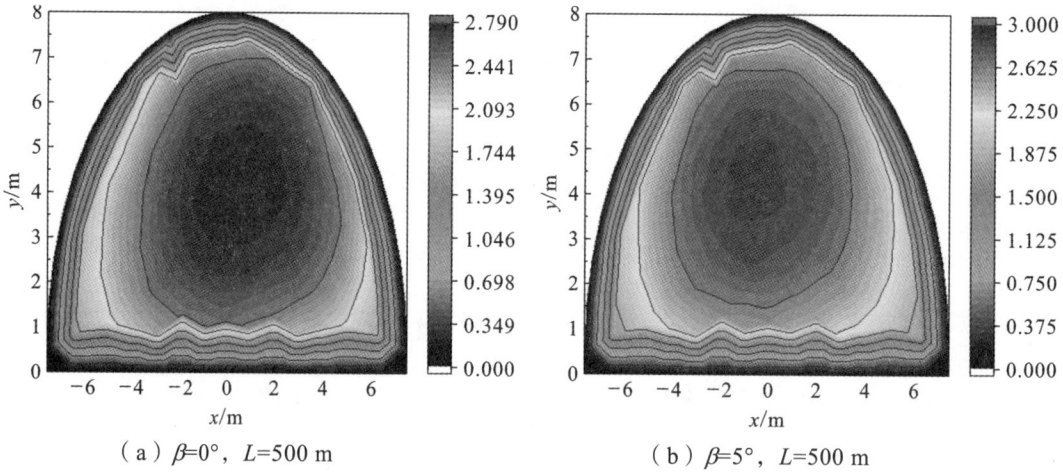

（a）$\beta=0°$，$L=500$ m　　　　（b）$\beta=5°$，$L=500$ m

图 5.2-20　曲线隧道 $L=500$ m 处风速场分布（$R=+\infty$）

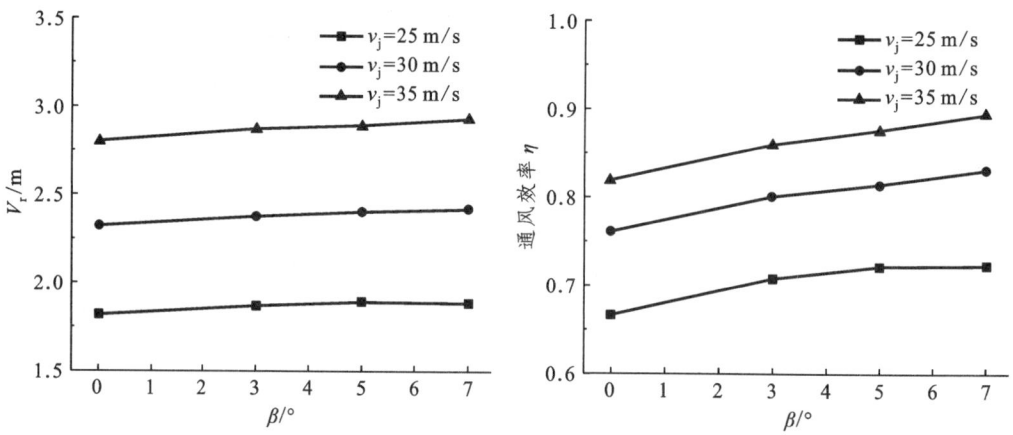

图 5.2-21　曲线隧道 v_r 随 β 变化规律（$R=+\infty$）　图 5.2-22　曲线隧道 η 随 β 变化规律（$R=+\infty$）

（1）由图 5.2-12～图 5.2-17 可以看出，当射流风机安装高度为 5.4 m 时，曲线隧道内风速场、风流场分布随安装角度 β 的变化规律如下：

① 当射流风机安装角度由 0°增加至 5°时，射流风机与隧道顶部距离增加，风机出口风流受拱顶两侧轮廓限制效应减弱，风机出口风流扩散较好，因此在风机出口前方 100 m 处（L=300 m），安装角度 β=0°的风机出口风流中心在隧道内左侧拱肩处较为集中，而安装角度 β=5°的风机出口风流中心区域则在隧道内左侧拱肩处已经扩散。

② 射流风机出口风流方向与风机轴线方向一致，风机出口风流受到曲线隧道外侧轮廓的限制，因此在风机出口前方 200 m 处（L=400 m），隧道内左侧（曲线外侧）风速高于隧道内右侧（曲线内侧）风流。

③ 当曲线隧道半径为 890 m 时，在射流风机前方 300 m 区域，风机出口射流基本扩散，但由于曲线隧道的结构特点，隧道内左侧风速仍高于右侧，其中当风机安装角度 β=5°时，隧道右侧风速较大。

④ 随着射流风机布置高度的增加，隧道内断面风速减小，射流风机升压效率降低。随着风机安装角度 β 由 0°增加至 7°，当风机出口风速 v_j=25 m³/s 时，隧道内风速由 1.82 m/s 增加至 1.89 m/s，增加幅度为 3.3%，风机升压效率由 0.67 增加至 0.72，增加幅度为 7%；当风机出口风速 v_j=30 m³/s 时，隧道内风速由 2.3 m/s 增至 2.42 m/s，增加幅度为 3.7%，风机升压效率由 0.75 增至 0.83，增加幅度为 7.9%；当风机出口风速 v_j=35 m³/s 时，隧道内风速由 2.79 m/s 增至 2.93 m/s，增加幅度为 3.5%，风机升压效率由 0.81 增至 0.897，增加幅度为 7.5%。这是由于随着风机安装角度的增加，风机与隧道顶部间距减小，风机出口高速风流与拱顶及其侧壁的摩擦阻力增加，因此风机通风效率降低，隧道内断面风速减小，然而当风机安装角度固定时，随着风机出口风速的增加，风机通风效率呈增加趋势。

（2）由图 5.2-18～图 5.2-22 可以看出，当射流风机安装高度为 5.4 m 时，曲线隧道内风速场、风流场分布随安装角度 β 的变化规律如下：

① 当射流风机安装角度由 0°增加至 5°时，射流风机与隧道顶部距离增加，风机出口风流受拱顶两侧轮廓限制效应减弱，风机出口风流扩散较好，因此在风机出口前方 100 m 处（L=300 m），安装角度 β=5°的风机出口风流中心扩散较好。

② 随着射流风机布置高度的增加，隧道内断面风速减小，射流风机升压效率降低。随着风机安装角度 β 由 0°增加至 7°，当风机出口风速 v_j=25 m³/s 时，隧道内风速由 1.81 m/s 增加至 1.89 m/s，增加幅度为 3.9%，风机升压效率由 0.66 增加至 0.72，增加幅度为 8%；当风机出口风速 v_j=30 m³/s 时，隧道内风速由 2.32 m/s 增至 2.42 m/s，增加幅度为 3.4%，风机升压效率由 0.76 增至 0.83，增加幅度为 7.1%；当风机出口风速 v_j=35 m³/s 时，隧道内风速由 2.8 m/s 增至 2.93 m/s，增加幅度为 3.3%，风机升压效率由 0.83 增至 0.897，增加幅度为 7%。这是由于随着风机安装角度的增加，风机与隧道顶部间距减小，风机出口高速风流与拱顶及其侧壁的摩擦阻力增加，因此风机通风效率降低，隧道内断面风速减小，然而当风机安装角度固定时，随着风机出口风速的增加，风机通风效率呈增加趋势。

对比直线隧道与曲线隧道在不同射流风机安装角度下隧道内的风速场与通风效率可以看出：随着射流风机出口风速的增加，风机出口高速射流与隧道壁面的内摩擦力增加，高速射流受到曲线隧道结构影响而形成的通风阻力增加,因此当出口风速为 30 m³/s 与 35 m³/s 时,相同风机安装角度下,直线隧道内风速略大于曲线隧道内风速。

5.2.4 风机安装高度与安装角度的相互影响规律

1. 条件参数

(1) 隧道曲线半径:R=890 m;
(2) 射流风机间距:1.5 m;
(3) 射流风机安装角度:0°、3°、5°、7°;
(4) 隧道出入口风压:0 Pa;
(5) 射流风机安装高度:5.4 m、5.77 m;
(6) 射流风机出口风速:25 m³/s、30 m³/s、35 m³/s。

2. 计算结果

计算结果如表 5.2-1~表 5.2-6 所示。

表 5.2-1 隧道内纵向风速(v_j=25 m³/s)

H/m	β/°			
	0	3	5	7
5.4	1.815	1.868	1.875	1.887
5.77	1.803	1.822	1.866	1.892

表 5.2-2 隧道内纵向风速(v_j=30 m³/s)

H/m	β/°			
	0	3	5	7
5.4	2.306	2.373	2.392	2.416
5.77	2.293	2.325	2.362	2.414

表 5.2-3 隧道内纵向风速(v_j=35 m³/s)

H/m	β/°			
	0	3	5	7
5.4	2.787	2.871	2.886	2.932
5.77	2.773	2.818	2.863	2.916

表 5.2-4 通风效率(v_j=25 m³/s)

H/m	β/°			
	0	3	5	7
5.4	0.667	0.707	0.713	0.723
5.77	0.658	0.672	0.706	0.726

表 5.2-5　通风效率（v_j =30 m³/s）

H/m	β/°			
	0	3	5	7
5.4	0.750	0.797	0.810	0.827
5.77	0.742	0.764	0.789	0.826

表 5.2-6　通风效率（v_j =35 m³/s）

H/m	β/°			
	0	3	5	7
5.4	0.808	0.860	0.869	0.898
5.77	0.799	0.827	0.855	0.888

由表 5.2-1～表 5.2-6 可以看出：随着射流风机安装高度的增加，隧道内风速减小，射流风机通风效率降低；随着风机安装角度的增加，隧道内风速增加，通风效率提高；当风机出口风速为分别为 25 m/s、30 m/s、35 m/s 时，风机安装高度 5.4 m 工况下，风机安装角度由 0°增加至 7°时，隧道内风速分别增加 4%、4.8%、5.2%，风机通风功率分别增加 8.4%、10.2%、11.1%，随着风速的增加，通风效率随安装角度增加的幅度提高；当风机出口风速为分别为 25 m/s、30 m/s、35 m/s 时，风机安装高度 5.77 m 工况下，风机安装角度由 0°增加至 7°时，隧道内风速分别增加 4.91%、5.3%、5.18%，风机通风功率分别增加 10.5%、11.4%、11.1%，随着风速的增加，通风效率随安装角度增加的幅度呈先增加而后减小的趋势，这是由于安装高度增加使得隧道顶部对风机出口风流的摩擦阻力增加，当风机风速提高时，隧道顶部与风流的摩擦阻力增加幅度较大。通过以上分析可以看出：当风机与隧道顶部距离增加时，调整风机安装角度对增加隧道通风效率的效果将更加明显。

第 6 章 螺旋隧道火灾烟气控制与人员疏散策略研究

6.1 隧道火灾基本特征

6.1.1 一般火灾发展过程

火灾是包含了湍流流动、混合、传热和传质、热解,以及各种化学反应的复杂物理化学过程。火灾的数值模拟就是利用有限元方法把这一过程完整准确地呈现出来,而不需要现场试验和实体模型试验。

温度和烟气是描述火灾发展过程的重要指标,根据火灾平均温度随时间的变化特点,可以把火灾分成初期发展阶段、充分燃烧阶段和减弱阶段。图 6.1-1 所示为火灾的发展过程。

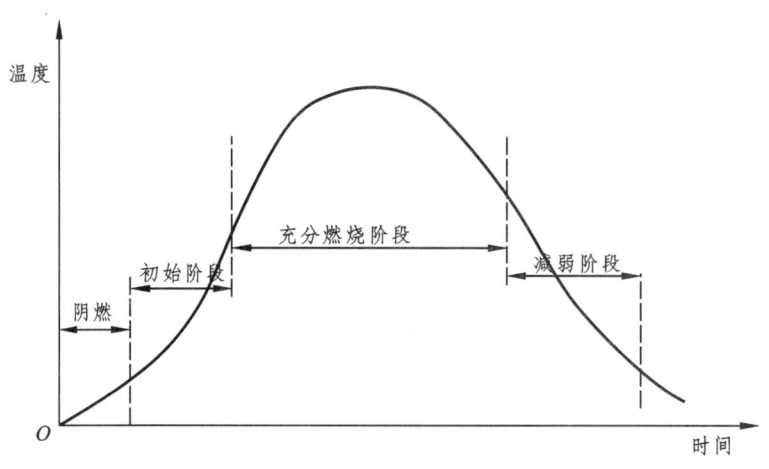

图 6.1-1 火灾发展过程示意图

1. 火灾初期发展阶段

火灾初期阶段,火区体积不大,与开放环境中的燃烧状况基本相同。此时,如果没有外来干预,火区将继续在原来的着火物体上扩散开来,直至燃烧殆尽,并未蔓延至别的燃烧物;如果空间内通风足够,火源引燃其他燃烧物体,火区的规模就会进一步扩大,达到轰燃之后,就标志着火灾进入充分发展阶段;如果通风量不足,氧气供应达不到继续燃烧需求,火灾就会自然熄灭。在这个阶段，通风状况对火区的发展发挥重要作用，火灾总的热释放率不高，平均温度也较低，只在着火物体附近会形成局部高温，不会对人员造成很大伤害。

2. 火灾充分燃烧阶段

火灾进入充分燃烧阶段以后，燃烧强度仍在增加，火灾范围迅速扩大，由于辐射热的作用，空间内的可燃气体很可能会被引燃，这样火灾会卷入其他的可燃物表面，使燃烧进一步扩大，温度迅速升高，然后，火灾由局部燃烧逐渐转变成全面燃烧，这种现象通常被称为"轰燃"。在这个阶段，由于火势迅速扩大，高温对空间内的设备和建筑结构都会造成损坏，甚至造成结构坍塌。对于安全疏散而言，如果在轰燃之前人员尚未逃生，则生存概率很小。

3. 火灾减弱阶段

火灾后期，随着可燃物燃烧殆尽，燃烧速度逐渐减小，温度逐渐降低，当火灾的平均温度降低到最高温度的80%时，认为火灾进入熄灭阶段，随后直至可燃物燃烧完全，火灾结束。这一阶段，由于燃烧释放的热量不会很快散失，平均温度仍然较高，而且燃烧物体周围还存在局部高温，要避免火灾向相邻建筑蔓延，注意确保消防人员的安全。

6.1.2 受限空间火灾发展过程

受限空间火灾的发展过程一般包括可燃物着火、火焰、羽流、顶棚射流、烟气层蔓延及沉降、开口流动等多个分过程。着火燃烧是火灾的初始阶段，受限空间火灾一般从阴燃开始，之后转化为明火燃烧，明火出现后燃烧速率大大增加，释放的热量迅速增多，在可燃物的上方形成温度较高、不断上升的火羽流。周围空气受到火羽流浮升力诱发的卷吸效应作用，不断被卷吸进入羽流，并与羽流中原有的气体发生掺混，羽流的质量流量不断增加，而其平均温度不断降低。

当羽流受到房间顶棚的阻挡后，便形成沿顶棚表面平行扩散蔓延的热烟气层，一般称为顶棚射流。顶棚射流在水平扩展的过程中，也要卷吸其下方的空气，但这种卷吸能力比垂直上升的羽流小得多，这导致顶棚射流的厚度增长较为缓慢。当火源功率较大或受限空间的高度较低时，火焰甚至可以直接撞击到顶棚，在顶棚之下形成局部火焰射流，火焰射流温度较高，助长了火灾的蔓延。当顶棚射流受到房间竖直墙壁的阻挡，便开始沿墙壁向下流动。但由于烟气温度仍较高，它将只下降一定的距离便转向上浮，这是一种反浮力壁面射流。重新上升的热烟先在墙壁附近积聚起来，达到一定厚度时又会慢慢向室内中部扩展，不久就会在顶棚下方形成较为均匀的热烟气层。一般情况下，这种热烟气层与下部的空气层之间分界面清晰、稳定，随着室内火灾的发展，热烟气层逐渐增厚，烟气层与空气层之间分界面的高度不断下降。

随着热烟气层高度的下降，如果房间内有通向外部的开口，当烟气层高度沉降到开口高度时，烟气便会通过开口溢出，流到室外或者相邻的空间。烟气通过开口的上部空间排放到着火房间外的同时，新鲜空气通过开口的下部空间进入到着火房间内。如果开口直接与外界空间相通（如窗户等），则火灾所产生的烟气将直接排放到外部空气中；如果在城市，这种火灾烟气将给城市空气环境带来局部影响；如果开口与建筑物内的其他空间相通（如与建筑物内走廊或者相邻房间相通的门等），火灾烟气将扩散到建筑物的其他空间中，对建筑物内其他部分的空气质量造成影响，甚至威胁到其他空间的人员安全。当可燃物足够多，火灾规模较大时，这两者（尤其是后者）都会使火灾进一步蔓延，从而引起整个建筑物乃至城市局部区域更大规模的火灾。

轰燃是受限空间火灾的特殊火行为。随着火灾的增长，火焰、热烟气层和高温壁面通过辐射将大量的热量反馈给可燃物，从而可加剧可燃物的热解和可燃气体的气化（热分解）析出，使燃烧面积扩大，以至于蔓延到其周围的可燃物体上。当辐射传热很强时，离起火物较远的可燃物也会被引燃，形成非连续可燃物之间的火蔓延，火势将进一步增强，室内温度将继续升高。当温度增加到一定程度时，在某时刻，几乎室内所有可燃物表面同时着火燃烧，这种相互促进作用最终使火灾转化为一种极为猛烈的燃烧——轰燃。一旦发生轰燃，室中的可燃物基本上都开始燃烧，会造成严重的后果。

如前所述，受限空间内的火灾发展过程大体可分成 3 个主要阶段，即初期发展阶段（或称轰燃前火灾阶段）、充分燃烧阶段（或称轰燃后火灾阶段）及减弱阶段（或称火灾的衰减阶段）。在火灾初期发展阶段，火灾的燃烧强度不断增大，温度不断升高，如果受限空间的通风足够好,火灾规模将持续增大，受限空间内可燃物的燃烧与空间边界的相互热作用更加剧烈，火灾发展逐渐达到轰燃阶段。此时，受限空间内所有可燃物表面都将着火燃烧，火焰基本上充满整个受限空间，如果受限空间存在对外开口，高温火焰将直接从开口窜出，对相邻空间或建筑造成重要影响。轰燃是受限空间内的火灾由初期发展阶段转到火灾充分燃烧阶段的标志。此时，火灾的燃烧热释放速率逐渐达到某一最大值，由进入受限空间的氧气供应量来决定（即通风控制燃烧），室内温度经常会升到 800 ℃ 以上，对受限空间内的所有物体及建筑物本身的结构造成破坏，一旦建筑的主承重结构在火灾的高温作用下失效，就会造成建筑物的部分毁坏或全部倒塌。随着受限空间内可燃物挥发分的大量迅速消耗，火灾燃烧速率减小，转变成主要由受限空间内的可燃物数量来决定的火灾，火灾逐渐进入到减弱阶段。一般定义减弱阶段是从受限空间内平均温度降到其峰值的 80% 左右开始的，最后火焰熄灭，燃烧产物变成炽热的焦炭。

6.1.3 烟气危害性分析

通常，火灾烟气的毒性是由燃烧产生的麻醉性气体和刺激性气体共同决定的。烟气的毒性取决于发生阴燃的时间或起火燃烧的时间。由于阴燃为不完全燃烧，空气中二氧化碳与一氧化碳之比接近 1，这是导致人员中毒昏迷的最主要原因。一般有毒的燃烧产物和烟气都是在热解速率较低的情况下产生的，此时两者的浓度较小，并且房间内温度相对较低，因此有充足的时间供人员逃生。但是如果人没有发现火灾，那么就很可能会因为长时间地遭受烟气和燃烧产物的侵害而中毒身亡。

烟气中危害最大也最常见的是一氧化碳对人的麻醉作用，当其浓度超过 1000 cm^3/m^3 时，就会对人产生严重危害。烟气中的二氧化碳对人的危害也不可小视。当房间通风不良而使二氧化碳浓度持续上升时也会使人发生危险，二氧化碳浓度小于5%时无毒，达到5%时人的呼吸就显得比较困难费力，而紧张有力的呼吸将会导致其他烟气或燃烧产物被人体大量吸入。当二氧化碳浓度大于5%时，它对人会产生一定的麻醉作用，达到7%～10%时，人在几分钟内便会出现昏迷而丧失行为能力。尽管一氧化碳的毒性比二氧化碳强，但是在明火燃烧情况下，二氧化碳才是致人昏迷的主要原因。此外，燃烧产物中的烟气含有大量的热能，建筑物火灾达到轰燃点时，室内温度可达500 °C，甚至高达800 °C以上，人体暴露在高温烟气中，在极短的时间内就会被烫伤甚至烧死。燃烧产生的大量烟气，使火场上的能见度大大降低，人在浓烟中往往辨不清方向而产生恐惧感，从而导致惊慌失措，给人员疏散逃生和灭火救援工作带来极大困难。火灾中烟气温度极高，超过一般可燃物的燃点，而其中一氧化碳等可燃性不完全燃烧产物能够继续燃烧，这些气体燃烧产物在对流、辐射等作用下能够产生新的火点，甚至引起火场上可燃物迅速着火而形成轰燃，成为火势发展和蔓延扩大的最重要因素。

　　火灾烟气是燃烧中产生的包含有气相、液相、固相复杂成分的气溶胶状物质。其中：气相包括空气、可燃物热解或燃烧时释放的可燃与不可燃气体成分；液相包括燃烧生成的水及未完全燃烧的液体燃料；固相则主要为碳烟颗粒或其他固体未燃小颗粒。根据火灾中主要燃烧物的不同烟气成分又有所不同。

　　火灾烟气之所以会对火场中的人员造成严重危害，是因为其危害性主要表现为毒害性、减光性和恐怖性。火灾烟气的这三个危害性不仅对人们造成了生理上的危害，而且还造成了心理上的危害。其中：烟气的毒害性和减光性表现为对人体生理上的危害，而恐怖性则是对火场中人员心理上的危害。

　　首先，火灾烟气的毒害性表现为火场中大量烟气的产生使火场氧气含量低于人生理上所需要的正常值。通常认为当空气中氧气含量降低到15%时，就会造成人体肌肉活动能力下降；继续降低到10%～14%时，人就产生四肢无力的感觉，同时智力产生混乱，在火场中分辨不清方向；当氧气含量降到6%～10%时，人就会立刻晕倒；而当氧气含量降低到6%以下时就足以致人死亡。在实际着火中，氧气的最低浓度可达到3%左右，所以对处于火场中的人员来说缺氧是其毒害性的一个重要表现。其次，火灾烟气的毒害性表现为火灾烟气中常常含有各种有毒气体，如一氧化碳、氰化氢、硫化氢等，火场烟气中这些物质的含量往往超过人生理正常所允许的最高浓度，从而造成人中毒身亡。再次，烟气中的悬浮微粒也是对人体有害的。危害最大的颗粒是直径小于10 μm的浮尘，它们肉眼看不见，能长期漂浮在大气中，少则数小时，长则数年，使人体处于火灾烟气的亚致死环境下。而对于微粒直径小于5 μm的浮尘，则会通过气体扩散作用，由呼吸道进入人体肺部，这些浮尘能够黏附并聚集在肺泡壁上，引起呼吸道疾病，增加心脏病死亡率，从而对人造成直接危害。最后，火场环境通常都是高温的，火灾中的烟气将携带这些高温进行扩散。在着火场所，烟气温度往往可高达数百摄氏度，对于某些地下建筑，火灾烟气温度甚至可达1000 °C以上。通常，人们只能短时间地忍受65 °C的火灾烟气，当人体接触到120 °C的火灾烟气时，15 min内便会受到不可恢复的伤害。因此，高温的火灾烟气也极具危害性。综上所述，火灾烟气的毒害性可归纳为缺氧、毒害、尘害和高温。

　　火灾烟气的减光性则表现为烟颗粒对可见光的遮蔽性。通常，可见光的波长为0.4～

0.7 μm，而火灾中烟气颗粒的粒径在几微米到几十微米，即烟气颗粒粒径要比可见光波长大 10~100 倍，而烟颗粒又是对光不透明的，对光有完全遮蔽的能力。当火场中烟气弥漫时，可见光因为受到烟颗粒的遮蔽而大大减弱，使得火场能见度降低，从而影响人员对疏散方向及标志的辨识。

目前烟气的减光性主要以光学密度、消光系数、能见度、减光百分比等参数来表示。烟气的减光性主要基于朗伯-比尔定律来解释。朗伯-比尔定律用来说明物质对单色光的吸收强弱与吸光物质浓度、厚度间的关系。分开来解释，即朗伯定律解释光吸收与物质厚度间的关系，比尔定律解释光吸收与物质浓度间的关系。

假设恒定功率的单色平面波与烟气颗粒相遇后，烟颗粒散射和吸收单色光的功率可得到

$$P_e / P_0 = X_e \times A_e \tag{6.1}$$

式中：X_e——消光效率因子；
A_e——烟气粒子的几何截面面积。

由于消光因子可按米散射理论来计算，因此可以认为 P_e 与 A_e 成正比。取一段烟气颗粒薄层 dx，当单色平行光束通过此烟气薄层后，光强度减小 dI_λ，减小到 $I_\lambda(x) - dI_\lambda$，根据前述朗伯-比尔定律可以得到

$$dI_\lambda / I_\lambda(x) = -Z \times \int_0^\infty X_e \cdot A_e \cdot P(r) dr dx \tag{6.2}$$

式中：$I_\lambda(x)$——距离入射光 x 处的光强；
Z——烟颗粒浓度；
$P(r)dr$——烟颗粒尺度分布概率密度。

关于火灾中烟气颗粒粒径分布的研究已有许多。马绥华利用数值模拟软件获得了烟气颗粒分布的一系列结果。Tommy Hertzberg 等通过试验的方法得到了不同可燃物燃烧后烟气颗粒的分布。假设：烟气颗粒与颗粒间距离均匀，则烟气颗粒分布函数 $P(r)$ 近似与颗粒所在位置无关；烟气颗粒平均自由程远大于烟气颗粒直径。在此两个假设下对式 6.2 积分，得到

$$I_\lambda(x) = I_{0\lambda} \exp\left[\int_0^\infty X_e \cdot A_e \cdot P(r) \cdot Z \cdot X\right] \tag{6.3}$$

定义消光因子 X_e 与烟颗粒几何截面面积 A_e 的乘积为消光截面面积 S_e，即

$$S_e = X_e \cdot A_e \tag{6.4}$$

则所研究空间平均消光截面面积 $\overline{S_e}$ 可表示如下：

$$\overline{S_e} = \int_0^\infty S_e \cdot P(r) dr \tag{6.5}$$

则式 6.1~式 6.5 可写为

$$I_\lambda(x) = I_{0\lambda} \exp\left(-Z \cdot \overline{S_e} \cdot X\right) \tag{6.6}$$

火灾烟气的恐怖性则表现为处于火场中的人员面对熊熊大火，尤其是火场发生爆燃时，对冲出火场门窗的火焰和滚滚浓烟产生恐惧的心理反应。加之火场能见度降低，黑暗的空间也给人一种恐惧感。这些恐惧心理常常造成人们不顾一切地乱窜，向着与安全出口相反的方向逃生，造成疏散的混乱局面，甚至有人被这些恐惧感吓得失去了活动能力，因此，烟气的这种危害性也不可小觑。

6.2　火灾数值模拟基本理论

6.2.1　软件原理

1. 火灾过程计算机模拟概述

基于数学物理模型或者经验公式，利用计算机软件来定量计算火灾的发展与烟气的流动过程是火灾科学研究的重要手段之一。火灾动力学过程的计算机模型可分为随机性模型和确定性模型两大类。随机性模型把火灾的发展看成一系列连续的事件或者状态，由一个事件转变到另一个事件（如由着火到稳定燃烧、非连续可燃物之间的火蔓延等），可用某种数学统计方法（如马尔可夫链转移矩阵等）来表示。基于对有关的试验数据和火灾事故数据的分析，从而建立火灾发展过程中的一系列事件发生的概率与时间的函数关系。与此相对应的是，确定性模型则是以物理和化学基本规律为基础，如流体力学、传热学、燃烧学等，用相互关联的数学物理公式来预测火灾的发展过程。

火灾确定性模型是根据质量守恒、动量守恒和能量守恒等基本物理定律，计算火灾环境参量（包括温度、有毒有害产物浓度、烟气层高度、烟气蔓延速度等）随时间的变化。它将计算空间划分为若干个控制体（Control Volume）或者网格（Cell），每个控制体内的温度、烟气密度、组分浓度等参数都相等，质量守恒定律、动量守恒定律、能量守恒定律等基本定律将结合温度、烟气的浓度及人们关心的其他参数构成微分方程组，按步长（Time Step）通过迭代求解。在这里，设定合理的时间步长和控制体（网格）尺寸非常重要，如果时间步长设置得过小，将使得一个步长内计算结果的收敛需要很长时间，计算效率大大下降；而若设置得过大，则在该时间步长内火灾可发生较大的变化，计算结果相对就会较为粗糙，计算误差就会过大。因此，设定科学合理的时间步长和控制体（网格）尺寸，在保证计算精度的同时提高计算效率是非常重要的。

根据控制体设置策略的不同，火灾计算机模型可以分为区域模型（Zone Model）、网络模型（Net Model）和场模型（Field Model）或者计算流体动力学模型。区域模型是早些年应用最为广泛的一类火灾模型，它基于建筑火灾中热烟气层分层的基本现象把计算区域划分为两个控制体，即上部热烟气层与下部冷空气层，并认为烟气层厚度是由 0 均匀逐渐增加的，在上、下两层内物性参数均匀分布，烟气层高度在一个计算房间内均匀一致。在火源所在的房间，有时还增加一些控制体来描述烟气羽流与顶棚射流。在建筑物内，烟气可以从一个房间蔓延到另一个房间。如果烟气的温度足够高，则烟气在后一个房间内也会呈现明显的分层现象，因此也可运用区域模型进行计算。试验表明，在火灾发展及烟气蔓延的大部时间内，室内烟气分层现象相当明显。对于横截面积不太大的空间，区域模型算出的结果能够较好地反映烟气层的变化过程。同时，由于划分的控制体数目少，计算效率也很高。网络模型把整个建筑物作为一个系统，而其中的每个房间为一个控制体。网络模型可以考虑多个房间，能够计算离起火房间较远区域的情况，显然其计算结果比较粗糙。场模型（计算流体动力学模型）则从另一角度来处理问题，它把一个房间划为几百甚至上千个控制体，因而可以给出室内某些局部状况的变化。这种模型的计算量很大，当采用三维不定常方式计算多室火灾时，需要占用很长的机时，它的优势是可以获得某些参数的详细分布和随时间的变化过程，随着计算机技术的快速发展和计算机运算能力的提高，这种方法已在实际建筑工程的火灾安全评价中得到越来越广泛的应用。

2. 软件介绍

得益于近年来计算机技术的飞速发展，基于计算流体力学（CFD）的数值模拟也取得了相当可观的进步，现阶段用于流体力学数值模拟的软件主要有 FLUENT、STAR-CD、PHOENICS 等，另外有用于火灾动态模拟（Fire Dynamic Simulation，FDS）的数值模拟软件 PyroSim，其全称是 Thunderhead Engineering PyroSim，该软件由 NIST（美国国家标准与技术研究院）研发的，PyroSim 中不仅包括 FDS 计算求解部分，同时也为用户提供了一个建模时的可视化界面，还包括后处理的输出部分。NIST 直属美国商务部，从事物理、生物和工程方面的基础和应用研究，以及测量技术和测试方法方面的研究，提供标准、标准参考数据及有关服务，在国际上享有很高的声誉。

PyroSim 是一个互动的火灾与疏散模拟软件，它为用户提供了一个图形化的操作界面。它以计算流体动力学为依据，并对热驱动流进行了优化，可以预测烟雾、温度、一氧化碳和其他物质在火灾过程中的发生发展规律。PyroSim 适用范围很广，可以模拟很多情况，从单纯的通风模拟到各种状况下的火灾模拟都可以进行。建筑物在使用之前，为确保安全，常常使用模拟的结果对建筑物的安全进行评估，并协助消防员培训。

为确保输入文件的格式正确，PyroSim 提供直接输入反馈。PyroSim 提供公制和英制两种单位，用户可以在两者之间切换。此外，PyroSim 提供了高层次的二维和三维几何创建功能，如对角线墙、背景图片为素描、对象分组、灵活的显示选项，以及复制和复制的障碍物。为了建模时更加方便，用户还可以导入 DXF 和 FDS 格式的模型文件。

PyroSim 的优点在于不仅提供了三维图形化前处理功能，还可以达到可视化编辑的效果，用户可以一边编辑一边查看所建模型，不用再面对建模时所需的复杂枯燥的命令流。PyroSim 不仅提供建模、火源设置、燃烧材料设置、边界条件设置和帮助等功能，还能直接调用 FDS 和 Smokeview，并进行结果后处理。

综上所述，可以发现 PyroSim 在火灾模拟中具有突出优势。其包含的 FDS 火灾动力学模型可以较为详细地对火灾模式下的高温烟流进行模拟，并且可以通过 Smokeview 进行动画展示；它通过矩形网格来实现空间构建的研究，这样由于结构发生变化产生的非线性空间就可以通过控制网格的尺寸来逼近或拟合而实现；它提供的大涡模拟方法不仅降低了对计算机的要求，而且可以较好地模拟出地铁站点及区间隧道发生火灾时高温烟流的变化过程；它的混合分数模型对于研究相对封闭的特殊空间十分有利，因为它可以在含有不同组分的混合气体中定义出某种特定气体的质量与总质量之比；它所包含的 FDS+EVAC 模型能够耦合火灾和疏散模拟，为火灾和人员疏散的仿真模拟提供了便利，为后续编写地铁火灾事故下的应急预案提供了技术支持和数据支撑。

3.FDS 基本特点

FDS 采用数值方法求解一组描述低速、热驱动流的 N-S 方程，重点关注火灾导致的烟气运动和传导过程。对于时间和空间，均采用二阶的显式预估校正方法。FDS 包括大涡模拟和直接模拟两种方法。FDS 默认的运行方式是 LES。

FDS 中包括有限反应速率和混合分数两种燃烧模型。有限反应速率模型适用于直接数值模拟，混合分数模型适用于大涡数值模拟。在 FDS 中默认的是混合分数模型。FDS 采用矩形网格来近似表示所研究的建筑空间，用户搭建的所有建筑组成部分都应与已有的网络相匹配，不足一个网格的部分会被当作一个整网格或者被忽略掉。FDS 对空间所有的固体表面均赋予了热边界条件及材料燃烧特征信息，固体表面上的传热和传质通常采用经验公式进行处理。

FDS 通过求解灰色气体的辐射传输方程来处理火灾过程中的辐射传热。在有限的情况下，借助灰色气体模型来代替宽谱模型能够提供较好的精度。辐射方程可使用类似于对流运输的有限容积法来求解。FDS 采用了相对简单的关系式模拟感温、感烟探测器和水喷头的启动，这种关系式是根据水喷头与感温探测器的热惯性及烟气通过感烟探测器时的时间延迟建立的。

6.2.2 火灾数值模拟理论

1. 火灾理论模型

现阶段国内外火灾数值模拟的理论模型主要有 5 种：经验模型、场模型、区域模型、网络模型和混合模型。5 种模型的特点简要介绍如下：

（1）经验模型。

经验模型主要是将试验研究的一些经验模型和一些经过简化的半经验模型，建立起一套经验公式来描述火灾的各个过程，加上重要的热物理数据编制成软件，具有易操作、计算速度快等特点。目前，在此模型的基础上，美国国家标准与技术研究院（NIST）和丹麦火灾研究所分别开发了 FPETOOL 模型和 ARGOS 模型。但是，相比建筑领域在隧道工程中获取经验模型和数据的方法还未成熟。

（2）场模型。

场模型是基于 CFD 基本理论的模型，其理论基础是质量守恒（连续性方程）、动量守恒（N-S 方程）、能量守恒和化学反应的定律等。场模型采用有限差分法求解火灾过程中典型参数的空间分布及这些参数随时间的变化情况，如速度、温度、烟雾浓度等的空间分布和随时间变化情况。这一理论模型是目前应用最为广泛的火灾模拟模型。本研究使用的 PHOENICS 就是场模型数值模拟软件。

（3）区域模型。

在 1970 年之后，哈佛大学 Emmons 教授提出区域模型的基本思想，即在有限的宏观区域内，假定每个区域内的温度、浓度等相关参数均匀一致，彼此之间、区域边界之间、区域火源之间存在热质交换，奠定了区域模型的理论基础。目前，ASET、ASET-B、FIRST、CFAST、HAZARD 等模型都是以区域模型为理论基础的。

（4）网络模型。

网络模型是把一个系统中的每个区域都作为一个节点，每个节点的烟气浓度和温度等参数值相同，通过每个区域节点的烟气温度和浓度代表组分含量的传导来模拟火灾的发展。从理论上讲，网络模型和区域模型没有本质区别，网络模型的优点是模型简单，适合模拟多个区间的大型系统，但是结果相对粗糙。

（5）混合模型。

由于上述几种模型各有特点，所以目前很多学者经常综合应用优缺点互补的理论模型模拟火灾烟气的扩散，如场区模型或者场区网模型。场区网模型是在着火区采用场模型，在与着火区相连的非着火区采用区域模型，远离火区的部分采用网络模型。这样就可以充分发挥 3 种模型优点，具有很好的前景。

2. 火灾模拟控制方程

火灾的燃烧过程是耦合化学反应的复杂流动与传热过程，可用一组涵盖相关变量的偏微分方程（质量守恒方程、动量守恒方程和能量守恒方程）来描述。各方程的表述方式如下：

（1）质量守恒方程。

$$\frac{\partial \rho}{\partial t} = \nabla \cdot \rho \mu = 0 \tag{6.7}$$

式中：ρ——密度；

　　　t——时间；

　　　μ——速度矢量。

质量守恒方程第一项表示密度的时间变化率，第二项定义了质量对流。

（2）组分守恒方程。

$$\frac{\partial}{\partial t}(\rho Y_L) + \nabla \cdot \rho Y_L \mu = \nabla \cdot \rho K_L \nabla Y_L + m_L \tag{6.8}$$

式中：Y_L——第 L 种组分的浓度；

　　　m_L——单位空间内第 L 种组分的质量产生的速率；

　　　K——第 L 种组分的扩散系数。

组分守恒方程左边第一项为由密度变化引起组分改变的量，第二项则为组分的流入与流出。方程右边为控制域内由扩散导致的组分流入与流出及组分的生成率。

（3）动量方程。

$$\rho\left[\frac{\partial \mu}{\partial t} + (\mu \cdot \nabla)\mu\right] + \nabla p = \rho g + f + \nabla \cdot \tau \tag{6.9}$$

式中：g——重力加速度；

　　　f——外部施加的力矢量；

　　　τ——黏性力张量；

　　　p——压力。

动量方程的左边表示控制计算域内流体动量变化率，而右边则是附加于控制计算域上力的总和。这些力包括重力、一个外部力（f）和一个作用在控制计算域内流体上的定量黏性力（τ）。

（4）能量方程。

$$\frac{\partial}{\partial t}(\rho h)+\nabla \cdot \rho h u-\frac{\partial p}{\partial t}+u \cdot \nabla p=q'''-\nabla \cdot q_T+\nabla \cdot k\nabla T+\nabla \cdot \sum_{l} h_l(\rho D)\nabla Y_l \tag{6.10}$$

能量方程的左边代表了能量的净改变率，而右边则包含了对能量改变起直接作用的驱动系统的能量 HRR（q'''）、辐射热流（q_T）和对流项（$\nabla \cdot k\nabla T$），Δ 组分之间扩散产生的能量改变。

（5）状态方程。

$$P_0=\rho TR\sum_{i}\left(\frac{Y_i}{M_i}\right)=\frac{\rho TR}{M} \tag{6.11}$$

式中：P_0——参考压力；

　　　R——气体常数；

　　　M——混合气体分子质量；

　　　i——第 i 种组分。

3. 湍流模型

湍流是一种高度复杂的非稳态三维流动，湍流中各流体的各种物理参数都随时间和空间发生随机的变化。从形成机制上看，湍流可看成各种不同尺度的涡流叠合而成，大尺度的涡旋主要由流动的边界条件决定，小尺度的涡流主要由黏性力决定。大尺度的涡旋破裂后形成小尺度的涡旋，小尺度的涡旋破裂后形成更小尺度的涡旋，大尺度的涡旋不断从主流获得能量，并通过涡旋间的相互作用，逐渐把能量传递给小尺度涡旋，小尺度涡旋由于流体黏性作用不断消失，最终将机械能转化为流体的热能。由于边界的作用、扰动及速度梯度的作用，新的涡旋又不断产生，就构成了湍流。湍流可以通过以下湍流模型或方法进行模拟。

（1）直接模拟。

直接数值模拟方法（Direct Numerical Simulation，DNS）就是直接利用 N-S 方程对湍流求解，而不需要对湍流做任何简化和近似，理论上可以得到准确的计算结果。但是测试表明，DNS 只有在很小的空间和时间步长下才能分辨出湍流中详细的空间结构和时间剧烈变化的特性，目前的计算机能力还达不到这样的要求，所以还无法利用直接模拟的方法实现真正意义上的工程计算。

（2）大涡模拟。

目前计算机能够采用的最小尺度计算网格仍比最小涡的尺度要大许多，因此，只将比网格尺度大的湍流通过 N-S 方程直接计算，对于小尺度的涡则通过建立模型模拟对大尺度运动的影响，从而形成现在的大涡模拟法（Large Eddy Simulation，LES）。LES 方法对计算机的内存及 CPU 速度仍有较高要求，但低于 DNS 方法。

（3）Reynolds 平均法（RANS）。

多数观点认为，虽然瞬时的 N-S 方程可以用于描述湍流，但是使用解析的方法精确描写和建立方程都比较困难，而且即使得到这些细节对解决实际问题也没有太大意义。所以，人们就引入求解时均化的 N-S 方程，由此产生了 Reynolds 平均法。Reynolds 平均法的核心就是求解时均化的 N-S 方程，不仅避免了 DNS 方法的过大计算量，而且对工程实际应用可以取得很好的效果。

Reynolds 平均法是目前使用最为广泛的湍流数值模拟方法，根据 Reynolds 应力做出的假定或处理方式的不同，分为两类常用的湍流模型：Reynolds 应力模型和涡黏模型。涡黏模型包括零方程模型、一方程模型和两方程模型。目前，在工程中应用最多的就是两方程模型，最基本的两方程模型是引入关于湍动能 K 和耗散率 ε 的标准 K-ε 模型。

4. 燃烧模型

为了合理描述火灾这种特殊的燃烧过程，需要建立适当的燃烧模型。目前在 FDS 中包括有限反应速率和混合分数两种燃烧模型。有限反应速率模型适用于直接数值模拟，混合分数燃烧模型则适用于大涡数值模拟。在 FDS 中默认的是混合分数模型。

（1）混合分数模型。

混合分数定义了在多种组分的混合气体中某种气体的质量与总质量之比。因此，在可燃物表面处，燃料的混合分数为 1，在空气中，其值为 0；而在发生燃烧的区域，既有未燃气体，又有燃烧产物，它们都是时间和空间的函数，其混合分数可以表示为 $Z(X, t)$。如果可燃物和空气在混合的瞬间即可反应完毕，这种燃烧为"混合控制"（Mixing-Controlled），这意味着燃烧区域中各种有关的成分都可以分别用混合分数表示。在大部分应用场合都可接受这种假设，但在某些情形下这种假设不成立，例如，当起火房间通风不足时，可燃物和 O_2 不能迅速完全反应。

混合分数模型假定燃烧为单步不可逆反应的简单化学反应系统。当反应能够单步反应完毕时，其反应式可表示为

$$\text{Fuel} + O_2 \rightarrow \text{Produces} \tag{6.12}$$

混合分数 Z 可以定义为燃料（假设为 $C_xH_yO_z$）与含碳燃烧产物的质量分数的形式，即

$$Z = Y_F + \frac{W_F}{xW_{CO_2}}Y_{CO_2} + \frac{W_F}{xW_{co}}Y_{co} + \frac{W_F}{xW_C}Y_c \tag{6.13}$$

式中：Z——混合分数；

Y——组分的质量分数；

W——相对分子质量；

x——燃料 $C_xH_yO_z$ 每个分子中 C 的个数。

如果假设燃烧反应足够快，燃料和 O_2 在火焰表面不能共存，则可得

$$Z(x,t) = Z_f, \quad Z_f = \frac{Y_{O_2}^\infty}{sY_F^1 + Y_{O_2}^\infty} \tag{6.14}$$

所有的组分可通过"状态关系"与 Z 关联起来。

（2）有限反应速率模型。

如果只关心火灾过程的热效应，则混合分数模型是实用的；如果需要研究火灾过程中污染物和有毒、有害组分的产生状况，则需要引入包含相应产物反应生成机理和产生速率的有限化学反应模型。对于普通碳氢化合物的燃烧反应可表示为

$$v_{C_xH_y}C_xH_y + v_{O_2}O_2 \rightarrow v_{CO_2}C_xH_y + v_{H_2O}H_2O \tag{6.15}$$

相应的化学反应速率为

$$\frac{d[C_xH_y]}{dt} = -B[C_xH_y]^a[O_2]^b e^{-E/RT} \tag{6.16}$$

式中：B——反应活化能的指前因子；

E——反应活化能；

a、b——可燃物与 O_2 的反应级数。

5. 收敛判据

FDS 的 LES 方法中对时间步长及收敛放判据主要是通过 CFL（Courant Friedrichs-Lewy）判据来控制的，在该收敛控制方法中，计算时间步长是变化的，以控制数值模拟计算的 CFL 数小于某临界值。

CFL 条件为

$$\delta_{tmax}\left(\frac{|u_{ijk}|}{\delta x}, \frac{|v_{ijk}|}{\delta y}, \frac{|w_{ijk}|}{\delta z}\right) < 1 \tag{6.17}$$

FDS 中初始的时间步长由网格尺寸和流场特征速度决定，初始的默认时间步长为 $5(\delta x\ \delta y\ \delta z)l/3\sqrt{gH}$。其中：$\delta x$、$\delta y$ 和 δz 是各个方向上的最小网格尺寸，H 是计算区域的高度，g 是重力加速度。在计算的过程中，时间步长是自适应变化的，估算速度 $u(n+1)e$、$v(n+1)e$ 和 $w(n+1)e$ 在每个时间步长都会被检测以保证满足 CFL 条件。如果该条件无法满足，时间步长将会被设置为所允许最大值的 0.8 倍。估算速度将会被重新确定，然后再代入 CFL 条件进行验证。CFL 条件保证了方程求解过程的更新时间不会大于允许一小团流体穿过网格的时间。对于大多数的大尺度计算，对流传输要比扩散传输明显，因此 CFL 条件尤为重要。某 FDS 计算工况中，时间步长和 CFL 的值随计算进程发生变化，当流场基本稳定之后时间步长

也将逐渐趋于一个准稳态值，计算过程中所有步骤的 CFL 值均小于 1。

6.3 金家庄螺旋隧道火灾烟气蔓延特征

6.3.1 金家庄螺旋隧道火灾通风数值仿真模型

1. 模型建立

（1）网格划分。

FDS 软件中，为有利于大涡模拟，选用直线均匀网格，使用时障碍物适应矩形单元网格，将弧形结构转化为长方体堆叠结构。通过三维网格集合上的二阶精确有限差分来进行近似控制。密度、温度、压力等标量变量定义在单元格中心，速度分量定义于单元面上，涡量分量定义于单元边缘线上。本次模拟中将螺旋隧道弧形结构简化为多个长方体堆叠，对隧道模型进行近似简化。

FDS 只能划分立方体网格，且立方体越接近于正方体，模拟结果越准确。在 FDS 中，由网格组成的计算域也只能是立方体的样式，为合理利用资源，节省计算时间，采用多个网格叠加的方式进行计算域的建立，在网格接触处进行合理处理以满足 FDS 模拟的条件，即两相邻单元网格大小满足整数倍的关系。综合考虑计算结果的精确程度和计算负担，对离火源较远的网格区域采用火源附近 2 倍大小进行设计，将火源附近模拟区域空间划分为 $0.5 \times 0.5 \times 0.5$ 网格，将较远处划分为 $1.0 \times 1.0 \times 1.0$ 网格。划分后网格总数为 402450 个，运行时间大约为数十小时。

（2）模型建立。

为了降低对计算机的要求并保证计算结果又快又准，PyroSim 软件包含的 FDS 火灾动力学模型只采用一种近似立方体的网格，并且实体模型的边界会在建立实体模型以后自动靠近最近的网格。

本研究以金家庄螺旋隧道为例建立实体物理模型，隧道模型长度为 750 m，隧道曲线半径为 890 m。图 6.3-1 为螺旋隧道的实体模型设计及网格划分图。

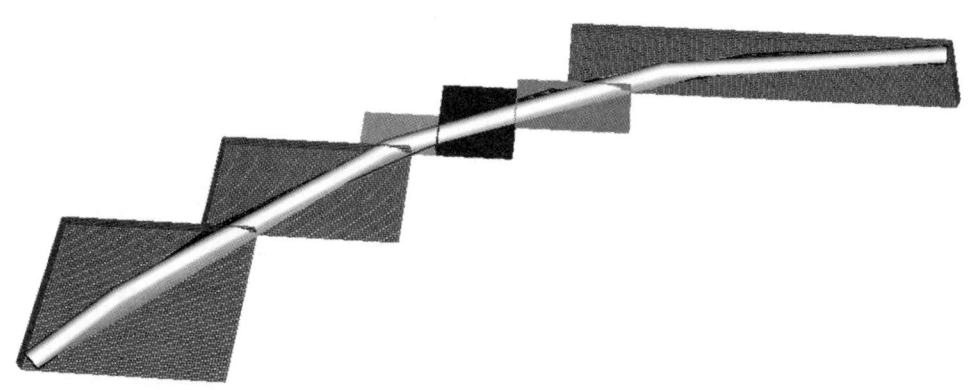

图 6.3-1　螺旋隧道模型设计及网格划分图

(3)火源的设定。

火灾规模的确定是火灾数值模拟中的重要步骤,合理的火源规模选择可以使模拟更贴近实际情况,增加模拟的可靠度。通常对于火源的设定有以下几种形式:

① 稳定火源。

一般情况下,火源在自然状态下的发展是不稳定的,将其理想化为稳定状态,更容易描述,方便研究。每单元楼层面积的火源热释放值为 500 kW/m²,特殊大空间中依据可燃物的数量,将拥有可燃物的建筑空间每单元热释放率设为 225 kW/m²。

② 不稳定火源。

火源从起火到充分燃烧阶段,一般初始阶段热释放非常低,当达到某一临界点后开始充分燃烧,其热释放率就会与时间呈平方关系增长。为模拟火灾从起火到充分燃烧阶段的变化,将这一过程理想化为以下抛物线形式:

$$Q = a(t-t_0)^2 \tag{6.18}$$

式中:Q——火源的热释放率;

a——火源的增长系数;

t——开始燃烧后的时间;

t_0——有效的着火时间。

通常在研究中不考虑火灾的前期酝酿时间,认为火灾从出现有效燃烧时算起,所以公式可以写为

$$Q = at^2 \tag{6.19}$$

式中:t——有效燃烧后的时间。

表 6.3-1 列出了一些火源增长模式的系数。

表 6.3-1 火源增长模式的系数

火源增长模式	增长系数/(kW/s²)	增长时间/s
慢速型火源	0.002931	600
中速型火源	0.01127	300
快速型火源	0.04689	150
超快型火源	0.1878	75

火灾初期增长可分为慢速、中速、快速和超快速等 4 种类型。NFPA92B(2000)中广泛使用了增长时间的观点,并把增长时间定义为有效燃烧增长到 1055 kW 以后的时间。

③ 实测火源热释放率曲线。

实测火源增长曲线是利用不同方法实际测量各项可燃物的热释放率而得到的实际发生火灾的热释放率。由于实测的难度较大且存在一定的偏差,各可燃物的实际热释放率并没有给出确切值。

对于以上火源模式,非稳态的火源热释放率更符合火灾实情。公路隧道火灾热释放率的

研究表明,在数值模拟计算中非稳态热释放率能够很好地反映温度的变化。因此,本文选取 t^2 快速型火源增长形式,相应的增长系数 a 取 $0.04689\ kW/s^2$,火灾功率取 $50\ MW$ 时可由上式计算出达到最大火源功率时间为 $206.526\ s$。FDS 软件模拟时记录火源处热释放速率变化曲线如图 6.3-2 所示。

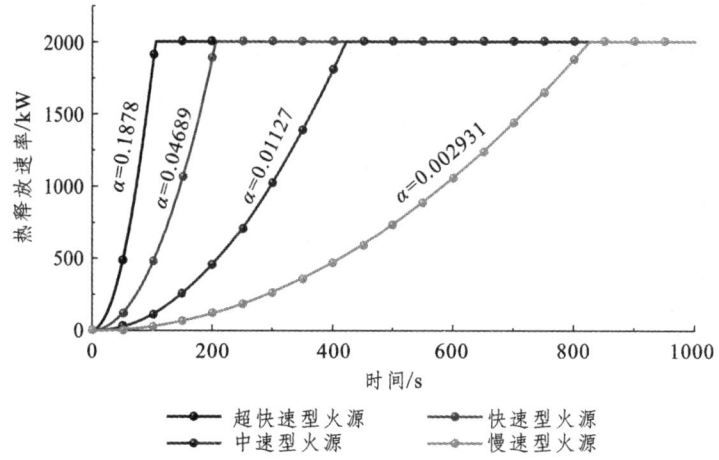

图 6.3-2　模拟工况火源处热释放速率变化曲线

由于隧道火灾事故一旦发生,后果都非常严重,根据国内外大量学者研究,对隧道内发生火灾的情况进行数值模拟时,一般取隧道内火源功率为 $20\ MW$。考虑特殊情况下多辆汽车连续起火的情况,选取 $50\ MW$ 作为模拟火灾的强度。为尽可能地得到接近真实的火灾产物,在火灾模拟中设置的可燃物必须含有 C、H、O、N 几种元素。

(4) 影响评价的指标。

通过查阅相关的文献资料,火灾状态下对人员安全影响最大的因素如下:热辐射、能见度、毒性、对热流、烟气层高度。由于在模拟过程中,无法对烟气的毒性进行模拟,且对流热的影响机理过于复杂,本研究选取了烟气层高度、烟气温度、CO 浓度以及能见度作为评判人员疏散安全的定量指标,并进一步引入综合考虑温度和 CO 浓度影响下的火灾风险值指标,以量化火灾的影响结果。

统计结果表明:火灾中大多数的人员死亡是烟气造成的,其中大部分是吸入了烟颗粒及有毒气体昏迷后致死的。烟气中各种有毒成分、腐蚀性成分、颗粒物以及火灾环境的高温缺氧,对生命财产以及生态环境都造成很大损害。因此,了解掌握火灾烟气特性及危害性具有重要的现实意义。通常在火灾科学研究中,我们关注的烟气特性主要为烟颗粒尺寸分布、烟气密度、烟气消光性、烟气能见度和烟气毒性等。烟气是可燃物燃烧时生成的产物,它是由燃烧产生的含有大量热量的气态、液态、固态物质与空气组成的混合物。烟气的产生是火灾安全科学研究中关心的基本问题之一。有焰燃烧、燃料的热解和阴燃等均会产生烟气。燃烧中产生烟气的多少与燃烧条件和燃料的化学性质有关。

① 烟气层高度。

烟气层高度是影响火灾状态下紧急救援与疏散的最大不利因素。由于烟气中含有大量的有毒有害气体,且含氧量很低,人体一旦吸入这些气体或皮肤、眼睛接触这类气体,会引起强烈的不良反应,对人体造成十分强烈的伤害。烟气层高度越高,人体接触这些有害气体的概率就越大。高温有害烟气中,一氧化碳、二氧化碳浓度很高,其临界危险值:一氧化碳浓度 2500 cm^3/m^3、二氧化碳浓度 1%。但是,FDS 软件对于一氧化碳浓度的预测并不是十分准确,而且地铁站内燃烧物能够产生的一氧化碳比较少,因此烟气层的实际状况并不能单纯地以一氧化碳浓度来衡量。本研究中,以 FDS 能够模拟出来的烟雾层指标来代表烟气层的情况。烟气层高度对人体的影响程度一般以不超过人眼位置来划分。一般而言,人眼的高度分布在 1.2~1.8 m,在此取平均值 1.5 m。当烟气层高度低于 1.5 m 时,我们认为烟气层对人员疏散安全有重大威胁;当烟气层高度大于 1.5 m 时,我们认为烟气层对人员疏散安全的影响较小。

② 温度指标。

根据大量的火灾事故医学统计以及生理试验数据,火灾过程中产生的高温烟气对人体有致命威胁,当较长时间处于高温烟气环境中,人死亡的概率会大大增加。高温烟气对人体生命安全的威胁,单从温度的角度上来说,主要是考虑人眼位置烟气的特征温度。同样,人眼位置的特征高度平均值取为 1.5 m。不同温度对人体安全的影响各有差异,在一定温度下,温度越高,对人体的安全影响越大。表 6.3-2 列出了人体对温度的耐受时间。可以看出,在温度条件为 100 ℃ 时,人体的耐受时间为 12 min;当温度为 180 ℃ 时,人体耐受时间仅为 1 min。地铁内对于疏散时间的要求约为 6 min,临界温度若选取为 180 ℃,耐受时间过短;临界温度若取小于 60 ℃,耐受时间又过长。因此,选择临界温度为 100 ℃,在耐受时间范围内,地铁站可以完成疏散过程。

表 6.3-2 人对高温的耐受时间

温度条件/ ℃	耐受时间/min
<60	>30
100	12
180	1

人员逃生路径的最高温度不超过 60 ℃,火灾现场最初 6 min 的允许温度为 49 ℃,距离地面或楼面 2 m 以上空间的平均烟气温度不大于 200 ℃,2 m 以下空间的烟气温度不大于 60 ℃。因此,本研究选取 49 ℃ 为极限温度指标,即 6 min 时人眼高度处的温度不应超过 49 ℃。

③ CO 浓度指标。

火灾中产生的有毒有害气体有一氧化碳(CO)、氢化氰(HCN)、丙烯醛、氯化氢(HCl)、氮氧化物(NO_x)等。在火灾事故中通常有 50% 受害者死于 CO 的毒性作用,故 CO 浓度是主要的危险指标。《地铁设计规范》中要求火灾气流中 CO 含量最大浓度为 2000 cm^3/m^3,现场最初 6 min 的平均浓度不超过 1500 cm^3/m^3,15 min 内平均浓度不超过 800 cm^3/m^3。根据有关研究，人员安全疏散时的 CO 最高安全浓度为 1400 cm³/m³，综合以上因素，本研究选取 1400 cm³/m³ 作为 CO 安全浓度临界值。人在不同 CO 浓度和接触时间下的症状见表 6.3-3。

表 6.3-3　不同 CO 浓度和接触时间下人员症状

CO 浓度/(cm³/m³)	接触时间/min	症状
200	120~180	前头部会轻微头痛
400	60~120	前头部痛、呕吐；2.5~3.5 h，后头部痛
800	45	头痛、头晕、恶心，2 h 后意识不清
1000	60	失去知觉
1600	20	头痛、头晕、恶心，2 h 后死亡
3200	5~10	头痛、头晕、恶心，30 min 后死亡
6400	1~2	头痛、头晕、恶心，15~30 min 后死亡
12800	1~3	失去知觉，有生命危险

④ 能见度指标。

能见度是指在疏散过程中，火灾状态下能够看清楚物体的最大距离。火灾时会产生烟气，这些烟气中大量的粉尘颗粒有遮光效果，因此能见度会比较低。在进行火灾状态下的疏散时，若能见度过低，可能会造成疏散人群难以找到安全出口或疏散方向，从而对疏散的效果造成严重影响。在不同大小的空间环境下，烟气能见度有所不同。表 6.3-4 分别列出了大空间和小空间的能见度临界值。

表 6.3-4　大小空间能见度临界值

位置	能见度临界值/m
小空间	5
大空间	10

2. 模拟工况

为了研究螺旋隧道发生火灾后烟气扩散及隧道内烟雾和温度场对人员逃生的影响，设置不同的隧道曲线半径，在不同纵向风风速条件下进行数值模拟分析。结合隧道具体情况及对比分析，设置隧道曲线半径分别为 890 m、800 m、700 m，设置火源功率分别为 20 MW、50 MW，设置隧道内纵向风速分别为 0 m/s、1 m/s、2 m/s、3 m/s 以及 4 m/s，共计设置 30 个工况。工况设置具体情况如表 6.3-5 ~ 表 6.3-7 所示。

（1）隧道曲线半径 890 m。

对于曲线半径为 890 m 的情况，分别设置不同的火源功率及纵向风速，具体工况设置为工况 1 至工况 10，见表 6.3-5。

表 6.3-5 工况设置

工况编号	曲线半径/m	火源功率/MW	风速/(m/s)
工况 1	890	50	0
工况 2	890	20	0
工况 3	890	50	1
工况 4	890	20	1
工况 5	890	50	2
工况 6	890	20	2
工况 7	890	50	3
工况 8	890	20	3
工况 9	890	50	4
工况 10	890	20	4

（2）隧道曲线半径 800 m。

对于曲线半径为 800 m 的情况，分别设置不同的火源功率及纵向风速，具体工况设置为工况 11 至工况 20，见表 6.3-6。

表 6.3-6 工况设置

工况编号	曲线半径/m	火源功率/MW	风速/(m/s)
工况 11	800	50	0
工况 12	800	20	0
工况 13	800	50	1
工况 14	800	20	1
工况 15	800	50	2
工况 16	800	20	2
工况 17	800	50	3
工况 18	800	20	3
工况 19	800	50	4
工况 20	800	20	4

（3）隧道曲线半径 700 m。

对于曲线半径为 700 m 的情况，分别设置不同的火源功率及纵向风速，具体工况设置为工况 21 至工况 30，见表 6.3-7。

表 6.3-7 工况设置

工况编号	曲线半径/m	火源功率/MW	风速/（m/s）
工况 21	700	50	0
工况 22	700	20	0
工况 23	700	50	1
工况 24	700	20	1
工况 25	700	50	2
工况 26	700	20	2
工况 27	700	50	3
工况 28	700	20	3
工况 29	700	50	4
工况 30	700	20	4

3. 测点分布

（1）人眼特征高度（$Z=1.5$ m）基准面。

一般情况下人眼特征高度取值在 1.2～1.8 m 之间，本研究选取 1.5 m 作为人眼特征高度。在已有烟气温度变化规律研究的基础上，发现在人眼特征高度上烟气变化规律随时间的持续，危险性在不断增大。因此，危险判断标准中 1.5 m 的人眼特征高度对危险判断具有非常重要的意义。

① 烟气层界面高于人眼特征高度（通常为 1.2～1.8 m，取 1.5 m），若烟气温度超过 180 ℃，其热辐射强度大于 0.25 W/cm^2，就能够对人造成灼伤，可以认为达到危险状态。

② 如果烟气层界面低于人眼特征高度，热烟气直接对人员造成烧伤，这种情况下烟气层温度为 110～120 ℃。

③ 当烟气层界面低于人眼特征高度，烟气内有毒气体对人员造成伤害，可以根据某种有害燃烧产物的浓度是否达到了危险临界浓度来判定危险状态。

（2）温度及可见度测点。

FDS 中的切片只能是一个平面的切片，对于曲线隧道来说，设置沿着隧道中轴线竖直的切面是不现实的。在本次模拟的曲线隧道模型中，设置水平面的切片以监测隧道内温度变化情况以及可见度的变化情况，分别设置距离隧道路面 1.5 m、3.5 m、6.5 m、7.5 m 高度处的温度以及可见度切片。另外，在隧道内火源下游设置了热电偶以监测隧道内火灾烟气的温度，分别设置在火源正上方以及火源下游 20 m、40 m、60 m 处。每处设置距离隧道路面高度分别为 1.5 m、3.5 m、6.5 m、7.5 m 的 4 个热电偶，总计 16 个热电偶。

（3）CO 浓度测点。

在没有纵向风的条件下，由于火灾烟气的特性，烟气会均匀地向上下游两侧蔓延，上下游的 CO 浓度相当，故只需监测火源一侧的浓度即可；在有纵向风的情况下，由于风会把有毒有害烟气吹向火源的下游，故只需在火源下游设置监测点即可。简便起见，在火源下游某处距离隧道路面高度 1.5 m 处设置了 CO 体积浓度测点，监测火源下游的 CO 体积浓度。

6.3.2 金家庄螺旋隧道火灾烟气蔓延特性

本研究选用目前通用的危险判断标准：

（1）试验表明，当人体受到的热辐射能量超过 2.5 kW/m² 时，人体将被热量严重灼伤，即当人体上部烟气温度超过 180 ℃ 时，烟气对人体的伤害将达到这种程度。

（2）当热烟气层的高度低于人眼特征高度（取 1.5 m）时，人体将被直接烧伤或吸入热气造成伤害，这种危险临界温度为 70 ℃。

（3）烟气界面低于人眼特征高度，即当 CO 浓度升至 0.2%、CO_2 浓度升至 1%或 O_2 浓度降到 15%时，可认为该燃烧产物浓度达到危险临界浓度，所处环境已经进入危险状态。本次模拟采取的是 1.5 m 的人眼特征高度，如无特殊说明，本书中出现的水平方向的研究截面为与地板基准面上方距离 1.5 m 的人眼特征高度截面。

1. 温度场

（1）整体分析。

相关统计资料和研究资料表明，发生火灾时产生的高温和大量烟雾是造成财产损失和人员伤亡的罪魁祸首。众所周知，人体对温度的要求是非常严苛的，特别是对高温的耐受力十分有限，表 6.3-8 给出了人体在不同温度下的极限忍受时间。

表 6.3-8 人体对温度的耐受程度统计

温度/ ℃	时间/min
71	60
82	49
93	33
104	26
120	15
140	5
170	1
300~400	无法忍受

可以发现，人体是无法忍受 300 ℃ 以上的高温，对 170 ℃ 以上的温度的极限忍受时间也难以超过 1 min。鉴于高温对人体产生的巨大危害以及火灾时隧道内高温烟流的复杂变化情况，特进行如下分析。

在 FDS 软件的可视化配套软件 Smokeview 中，分别截取时间 t=50 s，t=100 s，t=150 s，

$t=200$ s，$t=250$ s，$t=300$ s，$Z=1.5$ m 截面的温度场测试断面图来分析。提取隧道内各时间点温度随时间在水平截面（$Z=1.5$ m）扩散变化情况信息进行分析。从模拟区域内各时间段的温度情况可看出，隧道温度场变化规律如下：

① 作为热量的扩散源，在整个火灾模拟过程中，火源处上方都是温度最高的区域，且其温度很快达到峰值。随后高温烟气先从着火处上升到隧道顶部后向两端扩散，高温区域主要集中在火源顶部区域。

② 在火灾发展过程中，温度场的分布大体上是离火源点越远，温度越低；随着火灾发生时间的增加，在同一水平面高度，高温区域会越来越大，到 250 s 时高温区域将不再明显增大。

③ 随着火灾的持续，高温烟气逐渐向下扩散。在人眼特征高度，烟气温度不断升高，同时高温区域主要集中在火源附近。

④ 2 m/s 的纵向风风速可以较好地控制曲线隧道内烟气的扩散。

（2）人眼特征高度（$Z=1.5$ m）基准面。

① 890 m 曲线半径分析。

在前面烟气温度变化规律研究的基础上，发现在人眼特征高度上烟气变化规律随时间的持续，危险性在不断增大。因此，危险判断标准中 1.5 m 的人眼特征高度对危险判断具有非常重要的意义。在程序运行结束后，在输出文件夹中找到 $Z=1.5$ m 的温度测试断面数据进行画图，如图 6.3-3 所示。

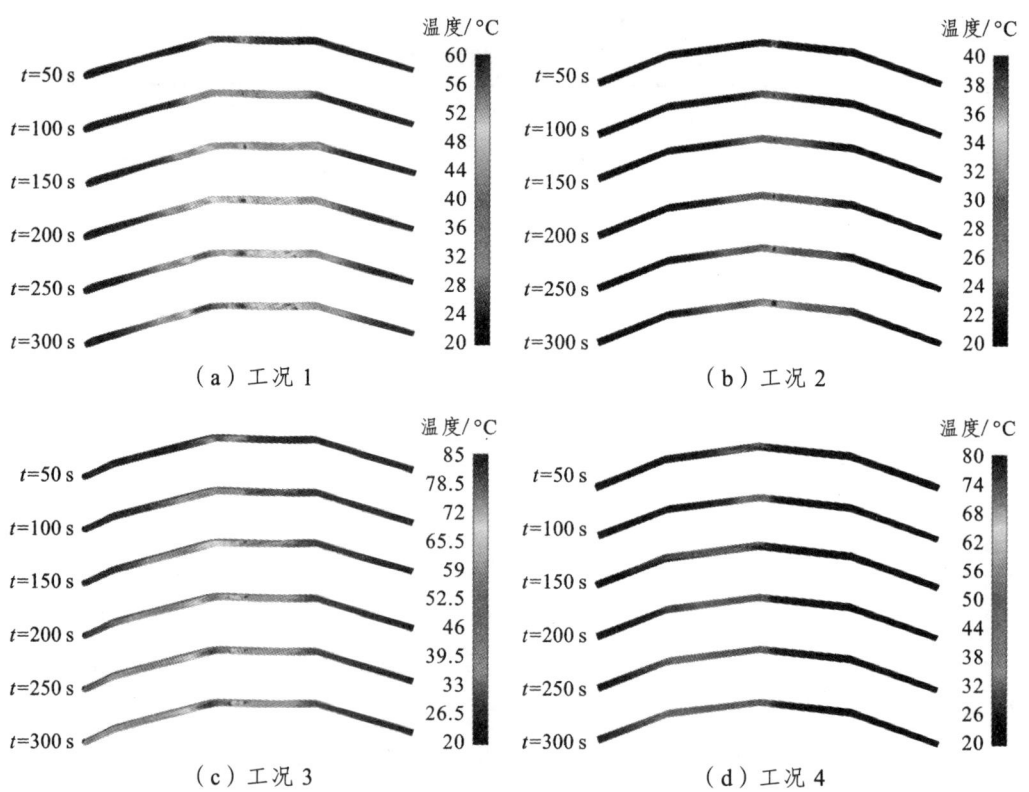

（a）工况 1

（b）工况 2

（c）工况 3

（d）工况 4

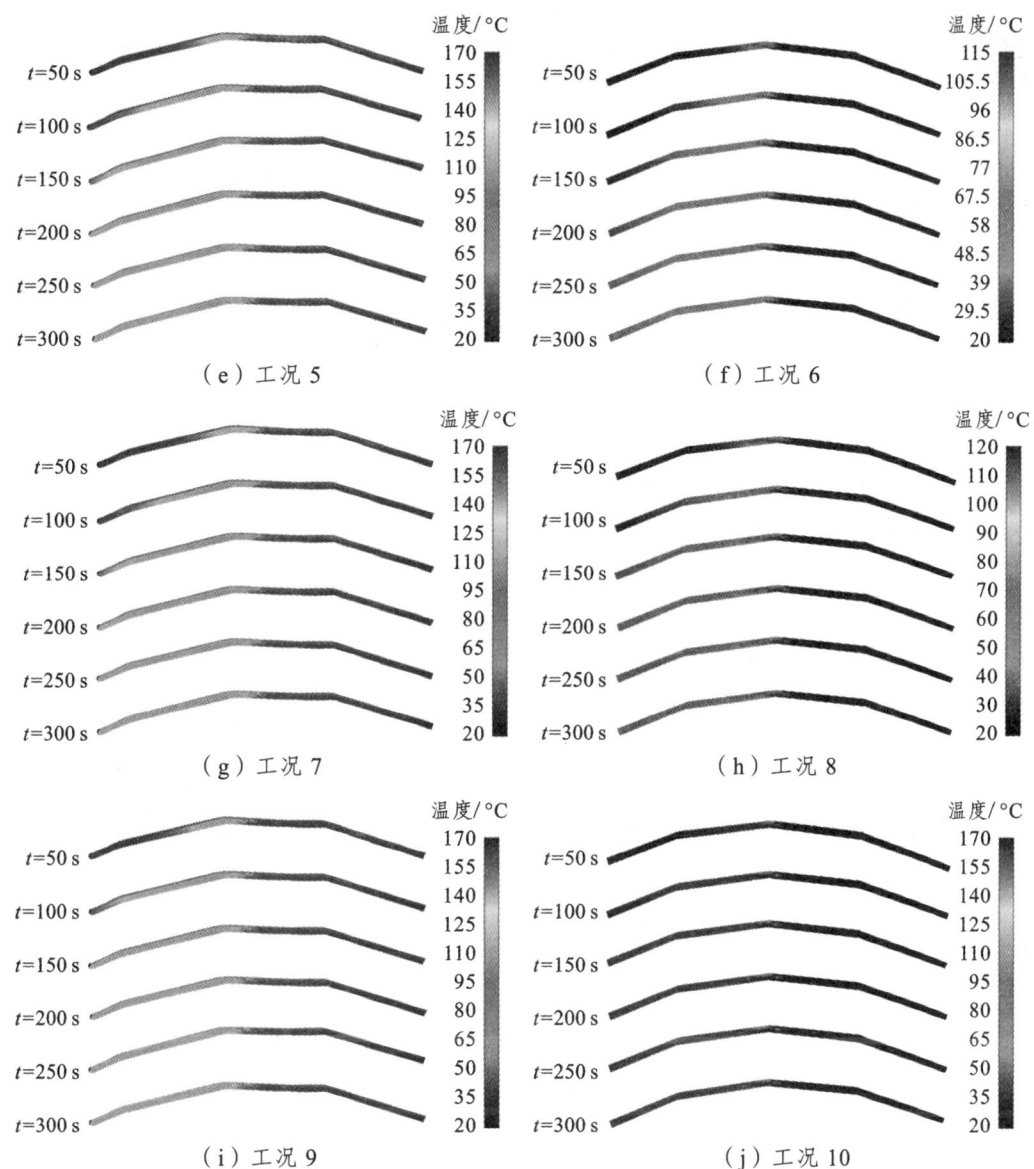

图 6.3-3 不同时刻人眼特征高度温度分布云图（R=890 m）

整体来看，螺旋隧道内火灾的火源功率对隧道内温度分布存在着较大的影响，隧道内的温度与火源功率成正相关，火源功率仍然是决定隧道内温度的主要因素；同时，随着隧道内环境风速的增加，隧道内温度逐渐升高。当隧道内没有环境风速时，隧道内温度分布大致呈现对称的情况，随着隧道内环境风速的增长，火灾的烟气回流长度逐渐缩短，火灾烟气有着向下游蔓延的趋势。当火源功率为 20 MW 时，1 m/s 的环境风速便可以有效地控制烟气回流；当火源功率增长到 50 MW 时，1 m/s 的环境风速条件下烟气仍然出现了一定程度的回流，当环境风速为 2 m/s 时，烟气回流得到了有效的控制。关于各图的具体分析如下：

由图 6.3-3（a）可以看出：火源热释放率为 50 MW 时，在没有纵向风的情况下，人眼特征高度面上，在 50 s 时高温区域较小，火灾发展规模较小；100 s 时逐渐出现大于 60 ℃ 的区域；150 s 时最高温区域开始出现并逐渐向两侧扩展；到 200 s 时大于 60 ℃ 高温区域基本不再变化。

由图 6.3-3（b）可以看出：火源热释放率为 20 MW 时，在没有纵向风的情况下，人眼特征高度面上，隧道最高温度为 40 ℃，且只出现在火源附近。随着模拟时间的增加，火源两侧高温区域逐渐扩大，但隧道内温度一直处于较为安全的状态。

由图 6.3-3（c）可以看出：火源热释放率为 50 MW、风速为 1 m/s 时，人眼特征高度面上，在 50 s 时高温区域较小，火灾发展规模较小；100 s 时逐渐出现大于 60 ℃ 的区域；150 s 时高温区域开始逐渐向两侧扩展并表现出明显的不对称性,相较工况一高温区域有减小趋势，但最高温度有升高趋势；到 200 s 时高温区域基本不再变化，且主要集中在火源下游区域，但随着时间的增长，最高温度有所升高。

由图 6.3-3（d）可以看出：火源功率为 20 MW、环境风速为 1 m/s 时，在人眼特征高度面上，隧道内整体温度相对无环境风速时有所升高，最高温度为 80 ℃。随着时间的增长，隧道内火源下游高温区域逐渐扩大，但最高温度不高于 80 ℃，温度方面能满足逃生条件。1 m/s 的环境风速条件下，隧道内温度升高区域基本控制在火源一侧，说明此时 1 m/s 的环境风速能够控制烟气蔓延防止回流；同时，在控制烟气回流的同时，环境风的存在使得隧道内烟气气流增加。

由图 6.3-3（e）可以看出：火源热释放率为 50 MW、风速为 2 m/s 时，人眼特征高度面上，在 50 s 时高温区域较小，火灾发展规模较小；100 s 时逐渐出现大于 120 ℃ 的区域；随着时间的增加，高温区域基本不再变化，大于 100 ℃ 温度区域只在隧道下游出现一些细微的变化，隧道上游不再发生变化。

由图 6.3-3（f）可以看出：火源热释放率为 20 MW、风速为 2 m/s 时，隧道内整体温度相对于无风和 1 m/s 风速时有所提高。在此工况下，200 s 时隧道下游洞口处温度出现升高的情况，即此时隧道火灾烟气已经蔓延至隧道洞口位置处。

由图 6.3-3（g）可以看出：火源热释放率为 50 MW、风速为 3 m/s 时，人眼特征高度面上，在 50 s 时高温区域较小，火灾发展规模较小；100 s 时逐渐出现大于 110 ℃ 的区域；150 s 时 170 ℃ 最高温区域仍在火源附近，高温区域基本不再变化，且主要集中在火源下游区域。

由图 6.3-3（h）可以看出：火源热释放率为 20 MW、风速为 3 m/s 时，隧道内温度进一步提高，控烟效果良好，火灾烟气蔓延至隧道洞口时间进一步缩短。

由图 6.3-3（i）可以看出：火源热释放率为 50 MW、风速为 4 m/s 时，人眼特征高度面上，在 50 s 时高温区域有所增大，说明较大的风速助燃效果明显；100 s 时逐渐出现大于 120 ℃ 的区域；150 s 之后 170 ℃ 最高温区域出现在火源附近，高温区域基本不再变化，主要集中于火源下游。

由图 6.3-3（j）可以看出：火源热释放率为 20 MW、风速为 4 m/s 时，隧道内整体温度相对于其他风速较小的情况进一步提高。同时火灾烟气蔓延至隧道洞口时间进一步缩短，除了火源附近出现最高温度外，隧道内其余地方温度控制在 100 ℃ 以下。

② 800 m 曲线半径分析。

针对隧道曲线半径为 800 m 的工况，将隧道模型曲线半径改为 800 m，其余条件保持不变并运行程序,得到模拟结果,在输出文件夹中找到 $Z=1.5$ m 的温度测试断面数据,绘制 800 m 隧道曲线半径工况下的隧道火灾温度分布云图,如图 6.3-4 所示。

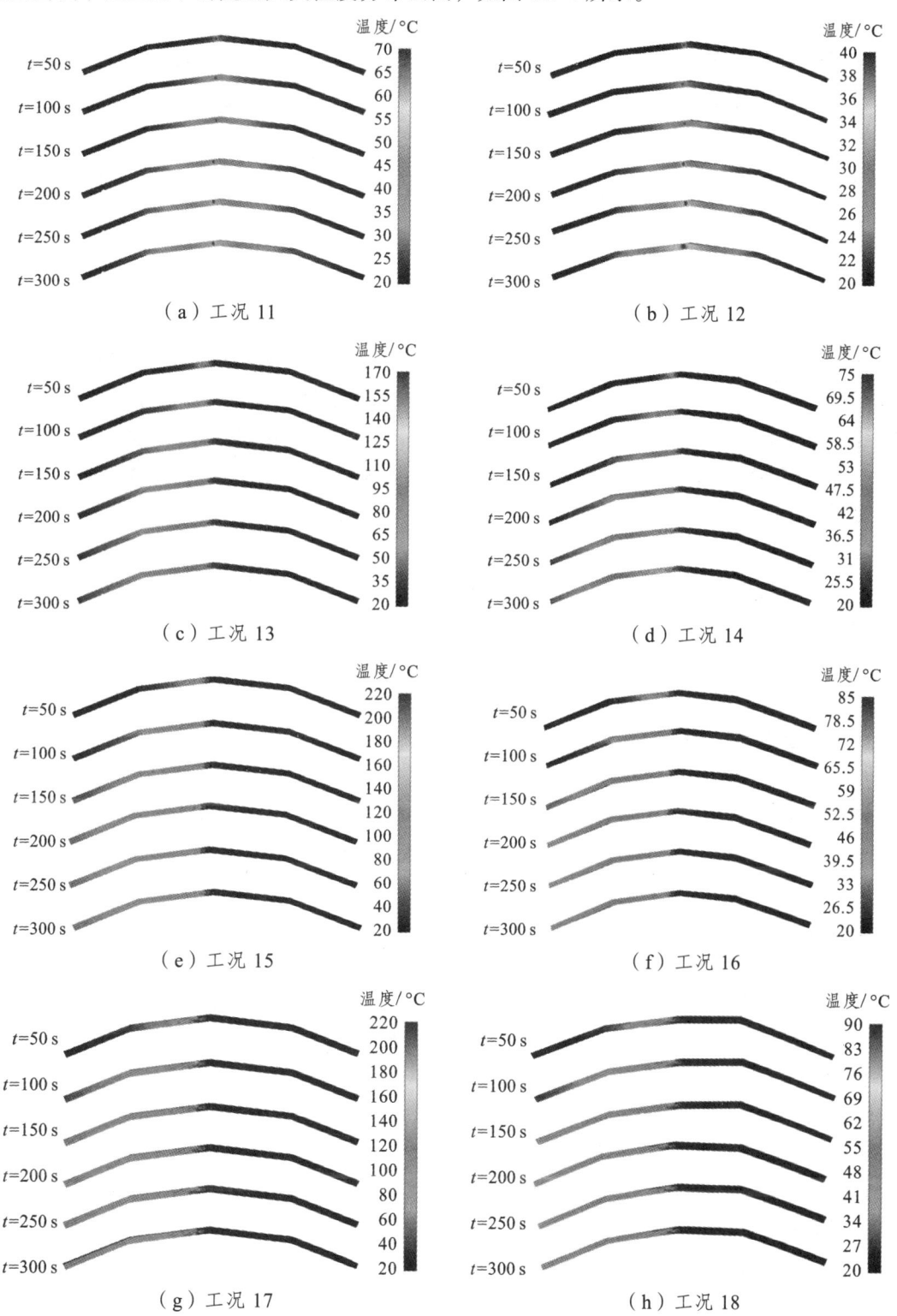

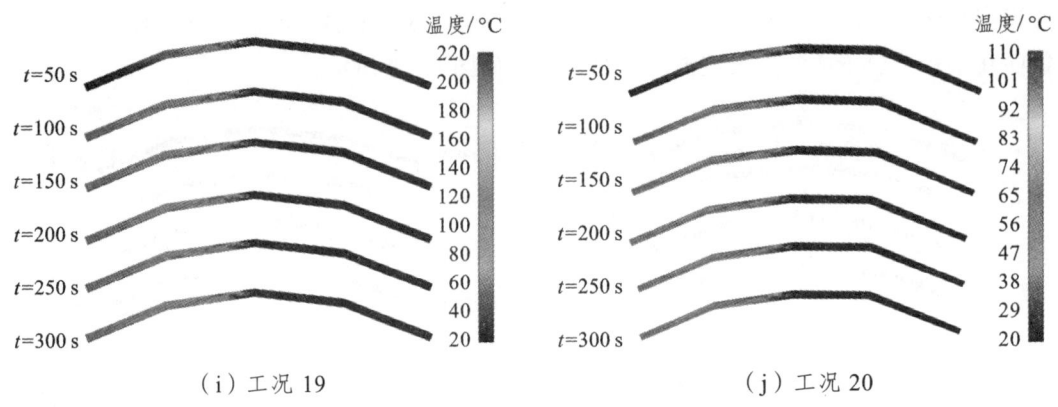

(i) 工况 19　　　　　　　　　　　　　　(j) 工况 20

图 6.3-4　不同时刻人眼特征高度温度分布云图（R=800 m）

整体来看，隧道曲线半径为 800 m 时，火源功率为 50 MW 的隧道内最高温度相对于 890 m 曲线半径有所升高，而火源功率为 20 MW 的隧道内最高温度则有所降低。在 800 m 隧道曲线半径的情况下，控制烟气回流的最小风速变小，即 1 m/s 的环境风速可以较好地控制火源热释放率为 50 MW 和 20 MW 条件下的烟气，防止烟气回流。关于各图的具体分析如下：

由图 6.3-4（a）可以看出：火源热释放率为 50 MW 时，在没有纵向风的情况下，人眼特征高度面上，在 50 s 时高温区域较小，火灾发展规模较小；100 s 时逐渐出现大于 50 ℃ 的区域，火源附近的温度一直维持着最高温度，随着时间增长，隧道内温度高于 50 ℃ 的区域逐渐扩大。

由图 6.3-4（b）可以看出：火源热释放率为 20 MW 时，在没有纵向风的情况下，人眼特征高度面上，隧道最高温度为 40 ℃，且只出现在火源附近。随着模拟时间的增加，火源两侧高温区域逐渐增加，但隧道内温度一直处于较为安全的状态。

由图 6.3-4（c）可以看出：火源热释放率为 50 MW、风速为 1 m/s 时，人眼特征高度面上，隧道内最高温度升高到 170 ℃，除了火源附近温度较高外，隧道一侧逐渐出现温度高于 110 ℃ 的区域，并随着时间不断扩大，此时隧道内的风速已经能够较好地控制烟气，防止回流。

由图 6.3-4（d）可以看出：火源功率为 20 MW、环境风速为 1 m/s 时，在人眼特征高度切面上，隧道内整体温度相对无环境风速时有所升高，最高温度由 40 ℃ 升高到 75 ℃。除了火源附近维持最高温度之外，隧道内其余区域最高温度在 50 ~ 60 ℃ 之间，且高温区域随着时间增长不断扩散变大，但基本能够很好地控制在火源一侧。

由图 6.3-4（e）可以看出：火源热释放率为 50 MW、风速为 2 m/s 时，人眼特征高度面上，除了火源附近为最高温度 220 ℃ 外，其余地方的最高温度在 120 ℃ 左右，由于火灾烟气控制在火源下游，火源上游温度不再发生变化。

由图 6.3-4（f）可以看出：火源热释放率为 20 MW、风速为 2 m/s 时，隧道内整体温度相对于无风和 1 m/s 风速时有所提高。在此工况下，200 s 时隧道下游洞口处温度出现升高的情况，即此时隧道火灾烟气已经蔓延至隧道洞口位置处。

由图 6.3-4（g）可以看出：火源热释放率为 50 MW、风速为 3 m/s 时，人眼特征高度面上，隧道内最高温度维持 220 ℃ 不再变化，但火灾烟气到达隧道洞口时间进一步缩短，100 s 左右时，隧道火灾烟气已经蔓延至隧道洞口附近。之后随着时间进一步增长，隧道内高温区域基本不再发生变化，且主要集中在火源下游区域。

由图 6.3-4（h）可以看出：火源热释放率为 20 MW、风速为 3 m/s 时，隧道内最高温度为 80 ℃，隧道内温度相对于 2 m/s 风速进一步提高，除火源附近外其余地方最高温度在 50～70 ℃ 之间，控烟效果良好，火灾烟气蔓延至隧道洞口时间进一步缩短。

由图 6.3-4（i）可以看出：火源热释放率为 50 MW、风速为 4 m/s 时，人眼特征高度面上，相对于 3 m/s 风速，在 50 s 时高温区域有所扩大，但最高温度基本上都维持在 100 ℃，这是高温烟气蔓延造成的结果。

由图 6.3-4（j）可以看出：火源热释放率为 20 MW、风速为 4 m/s 时，隧道内整体温度相对于其他风速较小的情况进一步升高。同时火灾烟气蔓延至隧道洞口时间进一步缩短，除了火源附近出现最高温度外，隧道内其余地方温度普遍在 60 ℃ 以下，这与工况 8 的温度相近，说明风速从 3 m/s 到 4 m/s 的变化使得烟雾扩散速度变快，但并没有使得隧道内温度升高。

③ 700 m 曲线半径分析。

针对隧道曲线半径为 700 m 的工况，将隧道模型曲线半径改为 700 m，其余条件保持不变并运行程序，得到模拟结果，在输出文件夹中找到 $Z=1.5$ m 的温度测试断面数据，绘制 700 m 隧道曲线半径工况下的隧道火灾温度分布云图，如图 6.3-5 所示。

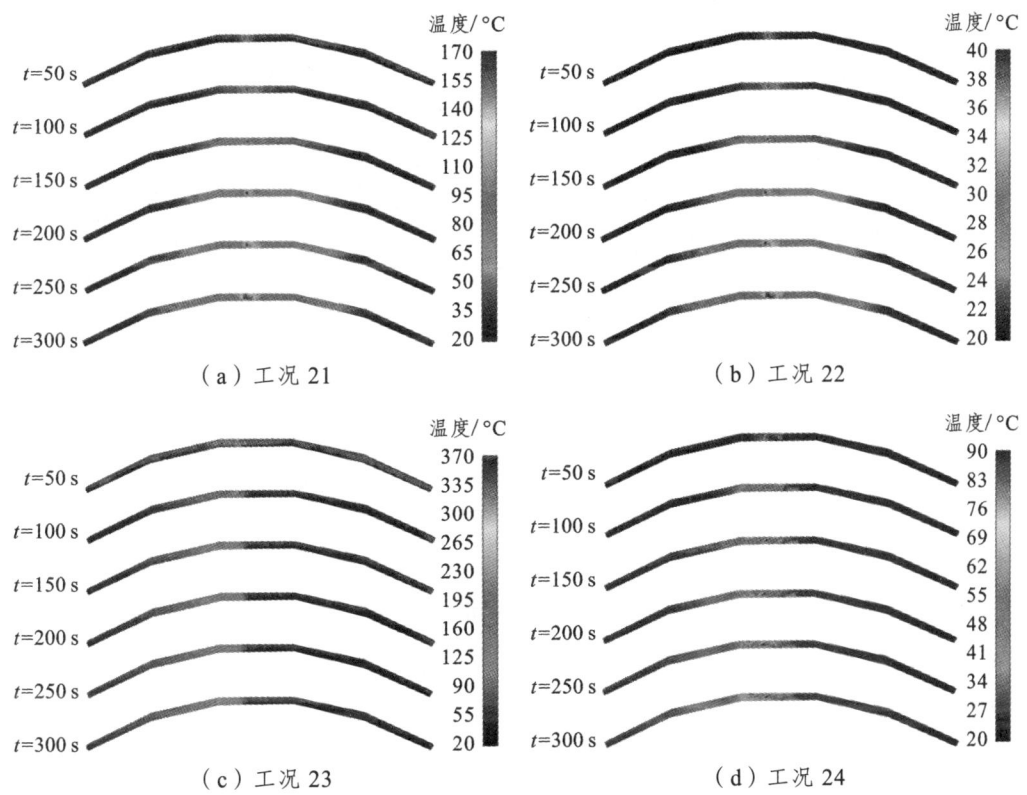

（a）工况 21　　　　　　　　　　（b）工况 22

（c）工况 23　　　　　　　　　　（d）工况 24

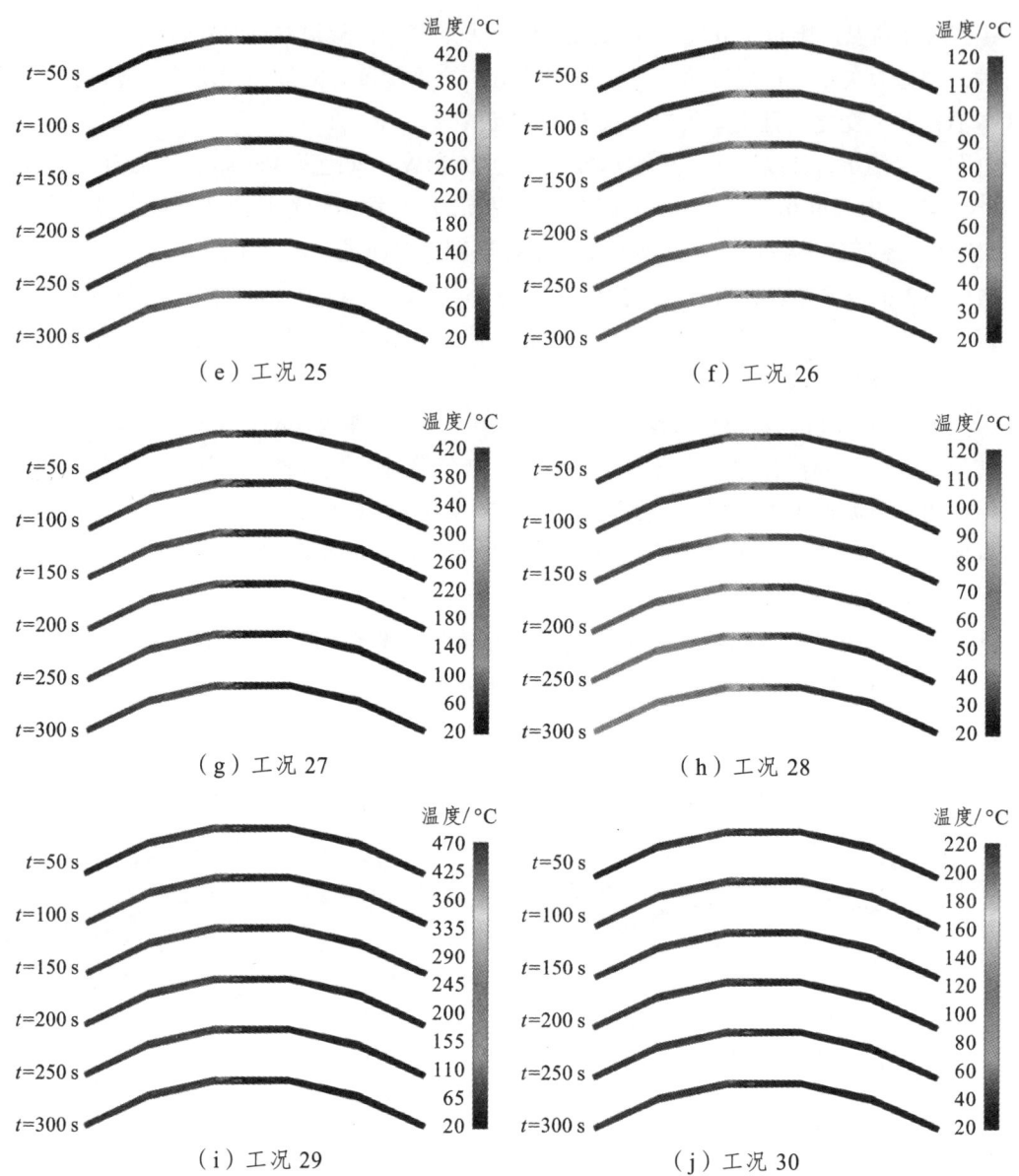

图 6.3-5 不同时刻人眼特征高度温度分布云图（R=700 m）

整体来看，隧道曲线半径为 700 m 时，火源功率为 50 MW 的隧道内最高温度相对于 800 m 曲线半径隧道有所升高，火源功率为 20 MW 的隧道内最高温度也相对有所升高。在 800 m 和 700 m 隧道曲线半径的情况下，1 m/s 的环境风速可以较好地控制火源热释放率为 50 MW 和 20 MW 条件下的烟气，防止烟气回流。关于各图的具体分析如下：

由图 6.3-5（a）可以看出：火源热释放率为 50 MW 时，在没有纵向风的情况下，人眼特征高度面上，在 50 s 时高温区域较小，但最高温度达到了 170 ℃；100 s 时逐渐出现大于 120 ℃ 的区域，火源附近的温度一直维持着最高温度，随着时间增长，隧道内温度高于 120 ℃ 的区域逐渐扩大。

由图 6.3-5（b）可以看出：火源热释放率为 20 MW 时，在没有纵向风的情况下，人眼特征高度面上，隧道最高温度为 40 ℃，且只出现在火源附近。随着模拟时间的增加，火源两侧高温区域逐渐扩大，但隧道内温度一直处于较为安全的状态。

由图 6.3-5（c）可以看出：火源热释放率为 50 MW、风速为 1 m/s 时，人眼特征高度面上，隧道内最高温度增长到 370 ℃，除了火源附近温度较高外，隧道一侧逐渐出现温度高于 120 ℃ 的区域并随着时间不断扩大，此时隧道内的风速已经能够较好地控制烟气，防止回流。

由图 6.3-5（d）可以看出：火源功率为 20 MW、环境风速为 1 m/s 时，在人眼特征高度面上，隧道内整体温度相对无环境风速时有所升高，最高温度由 40 ℃ 升高到 90 ℃。除了火源附近维持最高温度之外，隧道内其余区域最高温度在 70 ℃ 左右，且高温区域随着时间增长不断扩散变大，但基本能够很好地控制在火源一侧。

由图 6.3-5（e）可以看出：火源热释放率为 50 MW、风速为 2 m/s 时，人眼特征高度面上，除了火源附近为最高温度 420 ℃ 外，其余地方的最高温度在 140 ℃ 左右，由于火灾烟气控制在火源下游，火源上游温度不再发生变化。

由图 6.3-5（f）可以看出：火源热释放率为 20 MW、风速为 2 m/s 时，隧道内整体温度相对于无风和 1 m/s 风速时有所提高，隧道内火源附近最高温度为 120 ℃，隧道内其余地方最高温度为 100 ℃。在此工况下，150 s 时隧道下游洞口处温度出现升高的情况，即此时隧道火灾烟气已经蔓延至隧道洞口位置处。

由图 6.3-5（g）可以看出：火源热释放率为 50 MW、风速为 3 m/s 时，人眼特征高度面上，隧道内最高温度维持在 420 ℃，其余区域最高温度在 120 ℃ 左右。火灾烟气到达隧道洞口时间相对于 2 m/s 风速工况进一步缩短，100 s 左右时，隧道火灾烟气已经蔓延至隧道洞口附近。之后随着时间进一步增长，隧道内高温区域基本不再发生变化，且主要集中在火源下游区域。

由图 6.3-5（h）可以看出：火源热释放率为 20 MW、风速为 3 m/s 时，隧道内最高温度为 120 ℃，隧道内温度相对于 2 m/s 风速进一步提高，除火源附近外其余地方最高温度在 100 ℃ 左右，控烟效果良好，火灾烟气蔓延至隧道洞口时间进一步缩短。

由图 6.3-5（i）可以看出：火源热释放率为 50 MW、风速为 4 m/s 时，人眼特征高度面上，最高温度为 470 ℃，除火源附近外的其余地方最高温度为 130 ℃。

由图 6.3-5（j）可以看出：火源热释放率为 20 MW、风速为 4 m/s 时，隧道内最高温度相对于其他风速较小的情况进一步升高，达到了 220 ℃。但隧道内其余区域最高温度维持在 60 ℃ 左右，这与工况 8 的温度相近，说明风速从 3 m/s 到 4 m/s 的变化使得烟雾扩散速度变快，但并没有使得隧道内温度升高。

（3）不同曲线半径工况的对比分析。

结合图 6.3-3~图 6.3-5，对不同曲线半径工况进行对比分析。结果发现：在火源功率为

50 MW 的情况下，隧道内最高温度随着隧道半径的减小而升高。当隧道曲线半径为 890 m 时最高温度为 170 ℃，隧道曲线半径为 800 m 时最高温度为 220 ℃，隧道曲线半径为 700 m 时最高温度升高至 470 ℃。在火源功率为 20 MW 的情况下，则没有出现这样的规律，隧道曲线半径为 890 m 时最高温度为 170 ℃，隧道曲线半径为 800 m 时最高温度为 110 ℃，但隧道曲线半径为 700 m 时最高温度升高至 220 ℃。

2. 能见度

（1）整体分析。

隧道内滞留人员紧急疏散的一个重要参数是高温烟流的层高，高温烟流直接降低了站内的能见度，严重影响了人们的视野。通常，高温烟流离地面越近，能见度就越低，逃生速度也相应的变慢。所以，滞留人员在紧急疏散时，如果能确保逃生路径上的烟气层高度保持在一个相对安全的范围，滞留人员就会有更多的安全疏散时间，疏散成功的概率相对而言就升高了。

火灾产生的高温烟层在沿着隧道内流动扩散的过程中，一边向外围辐射大量的能量，一边与周边环境发生热交换，同时在不断发展变化的压力场的作用下，高压区热流持续向低压区流动，给隧道内人员带来很大程度上的危害。高温烟流随着时间的推进不断向火源区域上下游发展扩散，一方面大幅度降低了站内的能见度，大大增加了人员的紧急疏散难度和消防人员的紧急救援难度，另一方面烟层中所包含的大量有害有毒气体会给人体带来巨大的危害，不仅会刺激人的眼睛和呼吸道黏膜，还会造成人员的心理恐慌。因此，对隧道内火灾不同工况时能见度的发生发展规律进行细致的探究是十分必要的。

（2）人眼特征高度（1.5 m）基准面。

① 890 m 曲线半径分析。

对于隧道曲线半径为 890 m 的情况，首先建立 890 m 曲线半径隧道模型，分别设置火源功率为 50 MW 和 20 MW，设置隧道内纵向风速为 0 m/s、1 m/s、2 m/s、3 m/s 以及 4 m/s，该曲线半径对应的工况共计 8 个，对每个工况进行模拟计算，计算完成后提取计算结果中 Z=1.5 m 切面的可见度数据并绘制可见度云图，如图 6.3-6 所示。

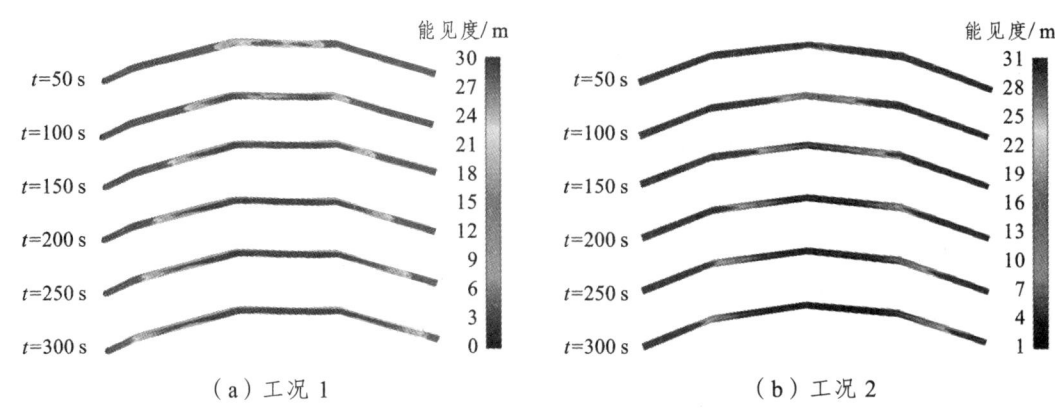

（a）工况 1　　　　　　　　　　　　（b）工况 2

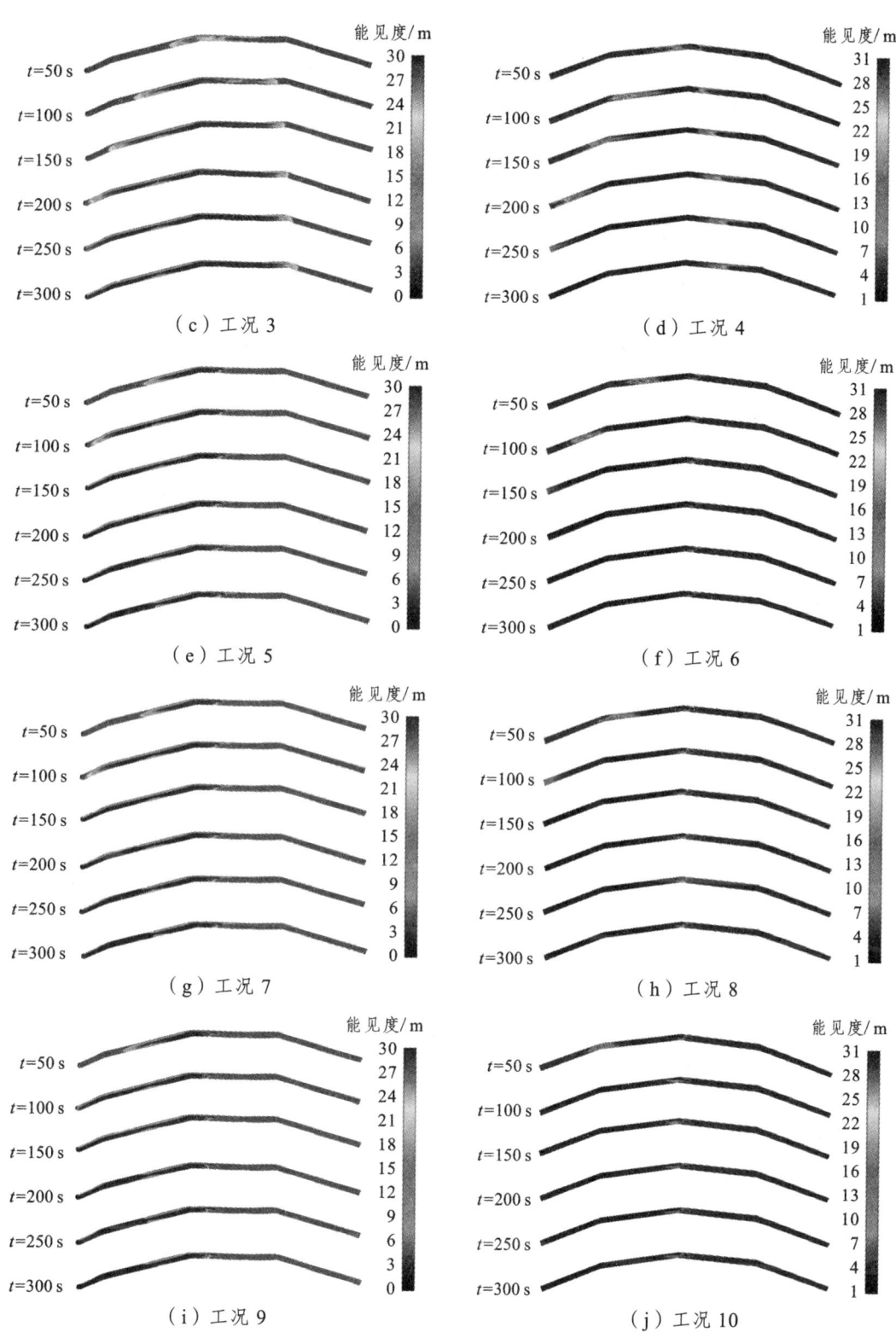

图 6.3-6 不同时刻 $Z=1.5$ m 测试断面能见度分布云图（$R=890$ m）

整体来看，螺旋隧道内火灾的火源功率对隧道内可见度有着较大的影响，火源功率越大，同样条件下隧道内可见度越小；在没有环境风速的条件下，隧道内两侧可见度呈对称分布，随着隧道内环境风速的增加，能见度逐渐得到较好的控制，在火灾功率为 50 MW 和 20 MW 的条件下，2 m/s 的环境风速能够较好地在火源一侧控制可见度分布，即 2 m/s 的环境风速能够较好地控制隧道内火灾烟气蔓延。关于各图的具体分析如下：

由图 6.3-6（a）可以看出：火源热释放率为 50 MW 时，在没有纵向风的情况下，人眼特征高度面（Z=1.5 m）上，火源两侧稍远地方在 50 s 时开始出现能见度较小的区域，说明两侧离火源稍远位置处烟气开始下沉，使得该处可见度降低，而此时火源附近烟气尚未发生下沉；100 s 时火源附近及两侧能见度均变小，说明火源附近及两侧烟气均开始发生下沉；150 s 时火源两侧能见度均较低并逐渐向两侧扩展，之后随着时间的增长，低可见度区域逐渐向火源两侧蔓延。

由图 6.3-6（b）可以看出：火源热释放率为 20 MW 时，在没有纵向风的情况下，人眼特征高度面上，50 s 时除火源附近外其余区域可见度均较高，说明此时烟气尚未出现下沉；100 s 时火源两侧可见度降至 20 m 之下，说明烟气出现部分下沉；150 s 时人眼特征高度面上开始出现可见度为零的情况，此时烟气浓度已经较高；随着时间进一步增长，隧道内烟气进一步蔓延。

由图 6.3-6（c）可以看出：火源热释放率为 50 MW、风速为 1 m/s 时，人眼特征高度面上，在 50 s 时火源一侧稍远处出现可见度较小的区域，说明烟气在火源下游稍远位置处出现下沉；100 s 时低可见度区域逐渐扩大至火源两侧，但呈现不对称的情况；随后，可见度较低的区域进一步扩大并表现出明显的不对称性，在 250 s 时，火灾烟气蔓延至隧道洞口。

由图 6.3-6（d）可以看出：火源功率为 20 MW、环境风速为 1 m/s 时，在人眼特征高度切面上，火源附近可见度出现降低的情况，说明火源附近即发生了烟气下沉；随着时间的增长，隧道内火源下游可见度较低区域逐渐增加，并表现出不对称性，在烟气蔓延的末端也出现了可见度降低的情况，但降低幅度小于较近位置，说明烟气蔓延的末端位置并未出现烟气下沉，在 250 s 时，火灾烟气蔓延至隧道洞口。

由图 6.3-6（e）可以看出：火源热释放率为 50 MW、风速为 2 m/s 时，人眼特征高度面上，在 50 s 时可见度较低区域已经蔓延较远，在 150 s 时已经蔓延至隧道洞口；随着时间的增长，隧道下游可见度一直较低，隧道上游不再发生变化。

由图 6.3-6（f）可以看出：火源热释放率为 20 MW、风速为 2 m/s 时，隧道内整体可见度降低速度变快。在此工况下，150 s 时隧道下游洞口处可见度出现降低的情况，即此时隧道火灾烟气已经蔓延至隧道洞口位置处。

由图 6.3-6（g）可以看出：火源热释放率为 50 MW、风速为 3 m/s 时，人眼特征高度面上，在 50 s 时可见度较低区域已经较大；100 s 时烟雾蔓延接近洞口，随后火源下游可见度一直维持着较小的状态，火灾烟气控制在火源一侧。

由图 6.3-6（h）可以看出：火源热释放率为 20 MW、风速为 3 m/s 时，隧道内可见度降低速度相对于 2 m/s 风速进一步加快，火灾烟气蔓延至隧道洞口时间进一步缩短。

由图 6.3-6（i）可以看出：火源热释放率为 50 MW、风速为 4 m/s 时，人眼特征高度面上，在 50 s 时可见度大范围降低，可见度较低的范围相对于 3 m/s 风速进一步增大；100 s 时火灾烟气便已蔓延至隧道洞口。

由图 6.3-6（j）可以看出：火源热释放率为 20 MW、风速为 4 m/s 时，隧道内整体可见度相对于其他风速较小的情况进一步降低。同时火灾烟气蔓延至隧道洞口时间进一步缩短，除 50 s 时烟气末端仍有一定可见度外，隧道下游内其余地方可见度均较低，与工况 9 相比，隧道内可见度变化的趋势较为接近。

② 800 m 曲线半径分析。

对于隧道曲线半径为 800 m 的情况，将隧道模型曲线半径改为 800 m，分别设置火源功率为 50 MW 和 20 MW，设置隧道内纵向风速为 0 m/s、1 m/s、2 m/s、3 m/s 以及 4 m/s，计算完成后提取计算结果中 $Z=1.5$ m 切面的可见度数据并绘制可见度云图，如图 6.3-7 所示。

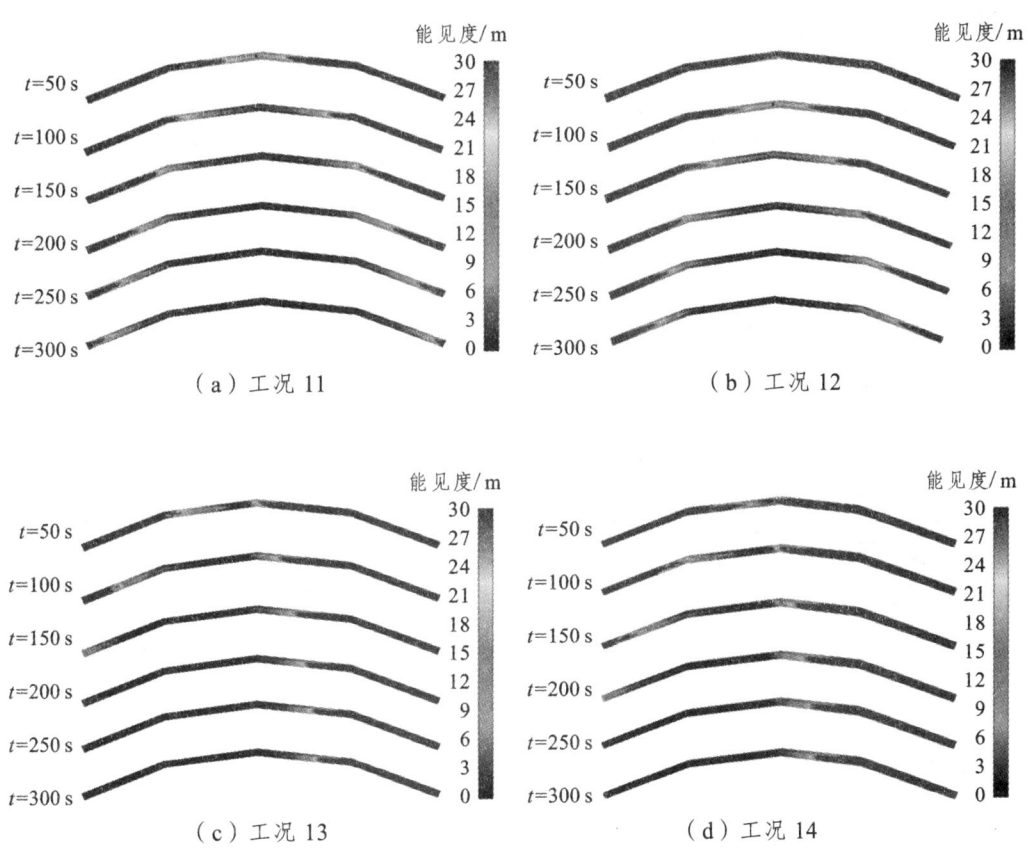

（a）工况 11　　　　　　　　（b）工况 12

（c）工况 13　　　　　　　　（d）工况 14

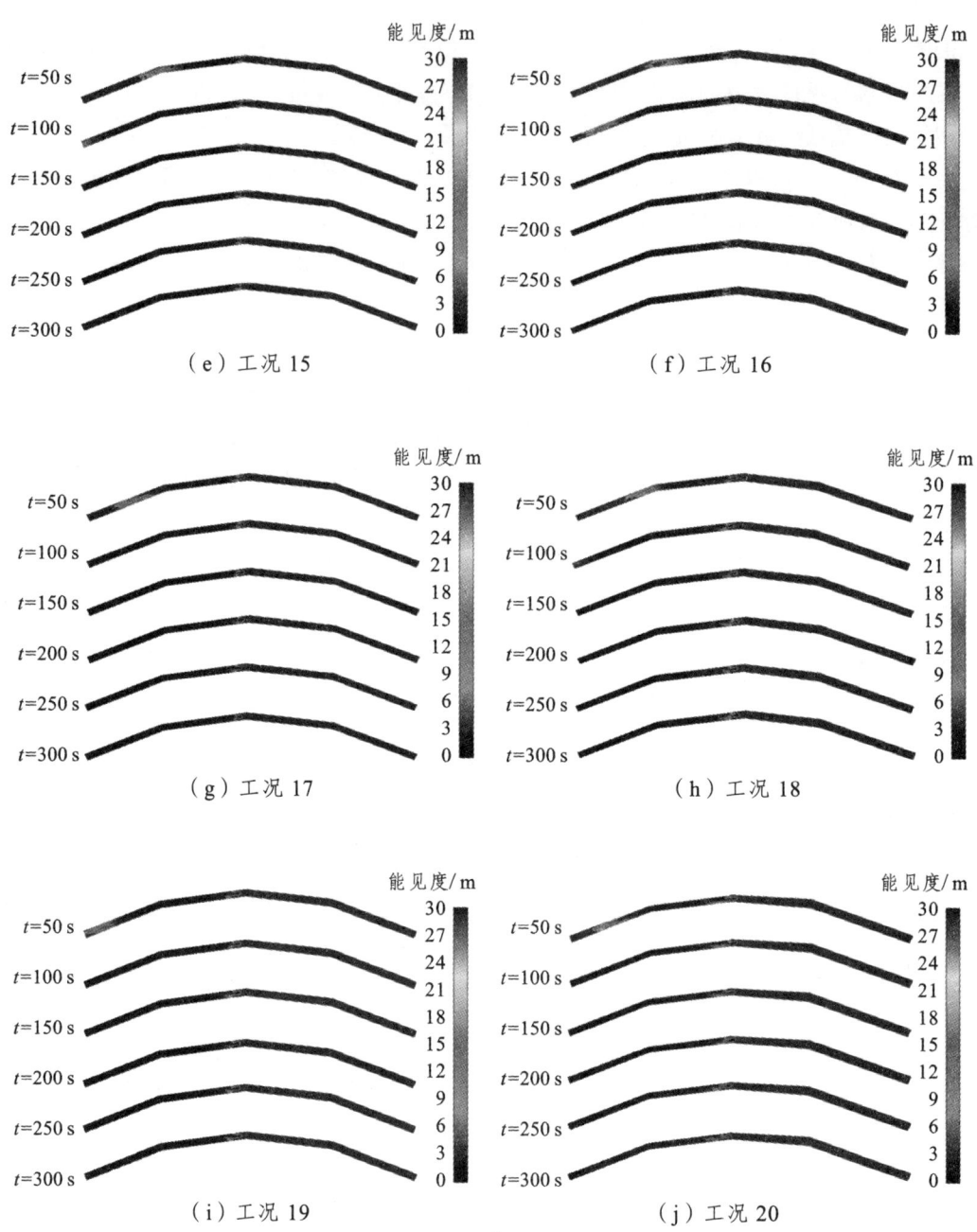

图 6.3-7　不同时刻 $Z=1.5$ m 测试断面能见度分布云图（$R=800$ m）

整体来看，螺旋隧道内火灾的火源功率对隧道内可见度有着较大的影响，火源功率越大，同样条件下隧道内可见度越小，可见度较低区域越大；在没有环境风速的条件下，隧道内两侧可见度呈对称分布，随着隧道内环境风速的增加，能见度逐渐得到较好的控制，在火灾功率为 50 MW 和 20 MW 的条件下，2 m/s 的环境风速能够较好地在火源一侧控制可见度分布，即 2 m/s 的环境风速能够较好地控制隧道内火灾烟气的蔓延。关于各图的具体分析如下：

由图 6.3-7（a）可以看出：火源热释放率为 50 MW 时，在没有纵向风的情况下，人眼特征高度面（Z=1.5 m）上，火源两侧在 50 s 时开始出现能见度小于 20 m 的区域，说明火源两侧烟气开始下沉，使得该处可见度降低；100 s 时火源两侧能见度降低至 0，说明火源附近烟气浓度已经较高；随着时间的增长，低可见度区域逐渐向火源两侧蔓延。

由图 6.3-7（b）可以看出：火源热释放率为 20 MW 时，在没有纵向风的情况下，人眼特征高度面上，50 s 时除火源附近一小部分区域之外其余区域可见度均较高，说明此时烟气尚未出现下沉；100 s 时火源两侧可见度降至 20 m 之下，说明烟气出现部分下沉；150 s 时人眼特征高度面上开始出现可见度为零的情况，随后可见度为零的区域进一步扩大，随着时间进一步增长，隧道内烟气进一步蔓延，火源两侧烟气对称分布。

由图 6.3-7（c）可以看出：火源热释放率为 50 MW、风速为 1 m/s 时，人眼特征高度面上，在 50 s 时火源一侧出现可见度较小的区域，说明烟气在火源下游位置处出现下沉；100 s 时低可见度区域逐渐扩大至火源两侧，但呈现不对称的情况；随后，可见度较低的区域进一步扩大并表现出明显的不对称性，在 150 s 时，火灾烟气蔓延至隧道洞口。

由图 6.3-7（d）可以看出：火源功率为 20 MW、环境风速为 1 m/s 时，在人眼特征高度切面上，火源附近可见度出现降低的情况，说明火源附近发生了烟气下沉；随着时间的增长，隧道内火源下游可见度较低区域逐渐扩大，并表现出不对称性，在烟气蔓延的末端也出现了可见度降低的情况，但降低幅度小于距火源较近位置，说明烟气蔓延的末端位置烟气下沉小于距火源较较近位置；在 200 s 时，火灾烟气蔓延至隧道洞口。

由图 6.3-7（e）可以看出：火源热释放率为 50 MW、风速为 2 m/s 时，人眼特征高度面上，在 50 s 时可见度较低区域已经蔓延较远，在 100 s 时已经蔓延至隧道洞口；随着时间的增长，隧道下游可见度一直较低，隧道上游可见度不再发生变化。

由图 6.3-7（f）可以看出：火源热释放率为 20 MW、风速为 2 m/s 时，隧道内整体可见度降低速度变快。在此工况下，150 s 时隧道下游洞口处可见度出现降低的情况，即此时隧道火灾烟气已经蔓延至隧道洞口位置处。

由图 6.3-7（g）可以看出：火源热释放率为 50 MW、风速为 3 m/s 时，人眼特征高度面上，在 50 s 时可见度较低区域已经接近洞口；100 s 时烟雾蔓延出洞口，随后火源下游可见度一直维持着较小的状态，火灾烟气控制在火源一侧。

由图 6.3-7（h）可以看出：火源热释放率为 20 MW、风速为 3 m/s 时，隧道内可见度降低速度相对于 2 m/s 风速情况进一步加快，火灾烟气蔓延至隧道洞口时间进一步缩短。

由图 6.3-7（i）可以看出：火源热释放率为 50 MW、风速为 4 m/s 时，人眼特征高度面上，在 50 s 时可见度大范围降低，可见度降低范围已延伸至洞口，相对于 3 m/s 风速情况进一步扩大。

由图 6.3-7（j）可以看出：火源热释放率为 20 MW、风速为 4 m/s 时，隧道内整体可见度相对于其他风速较小的情况进一步降低。同时火灾烟气蔓延至隧道洞口时间进一步缩短，除 50 s 时烟气末端仍有一定可见度外，隧道下游内其余地方可见度均较低，与工况 9 相比，隧道内可见度变化的趋势较为接近。

③700 m 曲线半径分析。

对于隧道曲线半径为 700 m 的情况，将隧道模型曲线半径改为 700 m，分别设置火源功率为 50 MW 和 20 MW，设置隧道内纵向风速为 0 m/s、1 m/s、2 m/s、3 m/s 以及 4 m/s，该曲线半径对应的工况共计 8 个，对每个工况进行模拟计算，计算完成后提取计算结果中 $Z=1.5$ m 切面的可见度数据并绘制可见度云图，如图 6.3-8 所示。

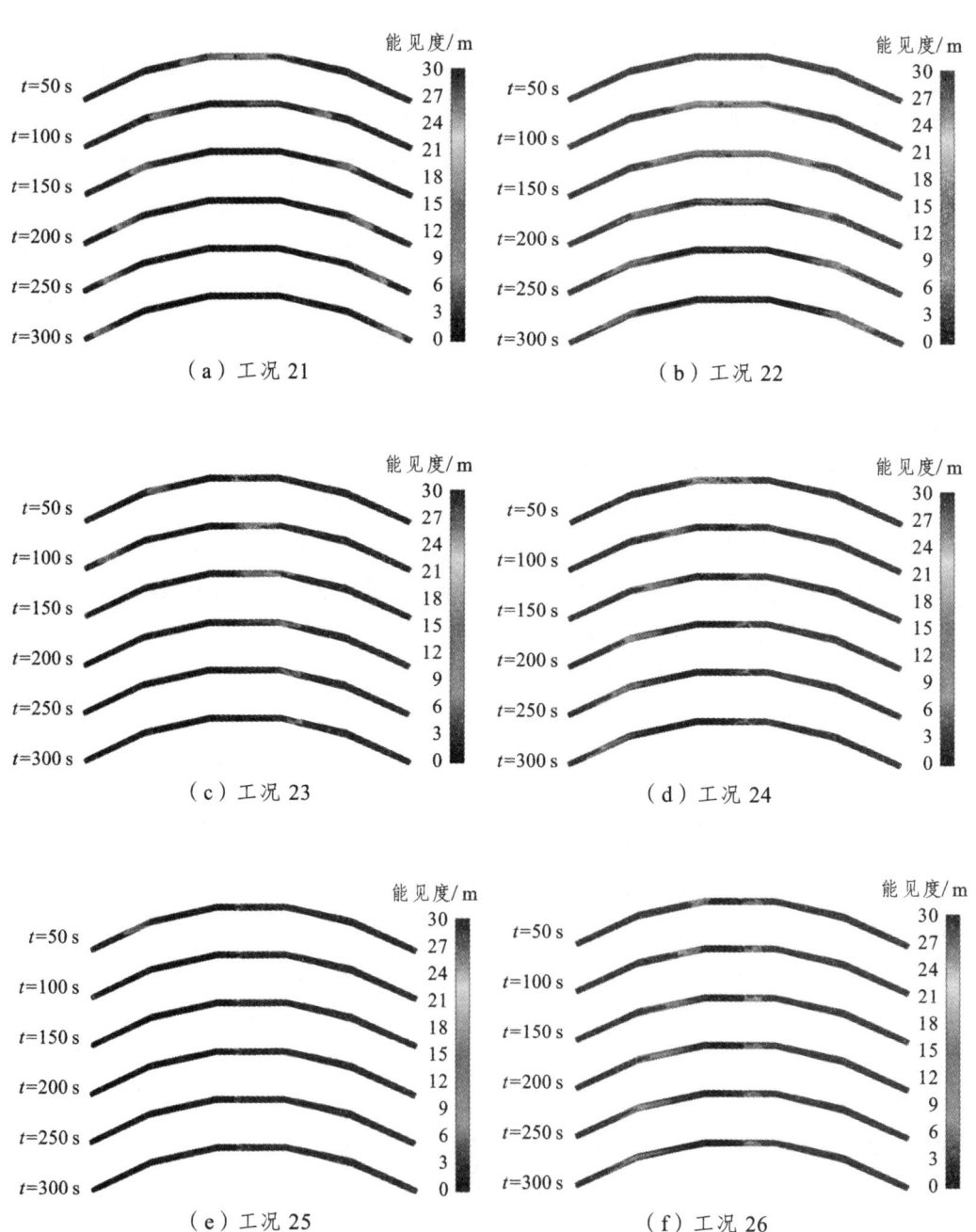

（a）工况 21

（b）工况 22

（c）工况 23

（d）工况 24

（e）工况 25

（f）工况 26

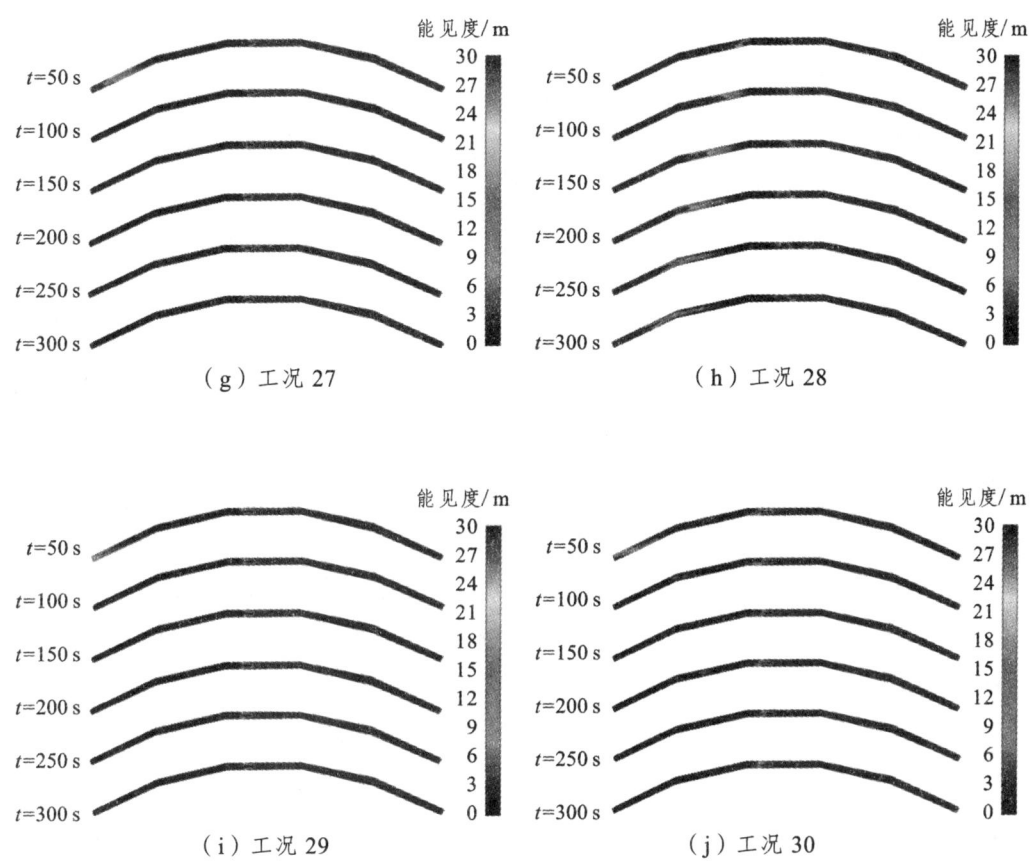

图 6.3-8 不同时刻 $Z=1.5$ m 测试断面能见度分布云图（$R=700$ m）

整体来看，螺旋隧道内火灾的火源功率对隧道内可见度有着较大的影响，火源功率越大，同样条件下隧道内可见度越小，可见度较低区域越大；在没有环境风速的条件下，隧道内两侧可见度呈对称分布，随着隧道内环境风速的增加，能见度逐渐得到较好的控制，在火灾功率为 50 MW 和 20 MW 的条件下，2 m/s 的环境风速能够较好地在火源一侧控制可见度分布，即 2 m/s 的环境风速能够较好地控制隧道内火灾烟气蔓延。关于各图的具体分析如下：

由图 6.3-8（a）可以看出：火源热释放率为 50 MW 时，在没有纵向风的情况下，人眼特征高度面（$Z=1.5$ m）上，火源下游稍远位置在 50 s 时开始出现能见度为 0 的区域，火源两侧不对称地分布着可见度小于 20 m 的区域；100 s 时火源两侧能见度降低至 0，且区域已经较广；随着时间的增长，低可见度区域逐渐向火源两侧蔓延。

由图 6.3-8（b）可以看出：火源热释放率为 20 MW 时，在没有纵向风的情况下，人眼特征高度面上，50 s 时除火源附近一小部分区域之外其余区域可见度均较高，说明此时烟气尚未出现下沉；100 s 时火源两侧可见度降至 20 m 之下，说明烟气出现部分下沉；150 s 时人眼特征高度面上开始出现可见度为 0 的情况，随后可见度为 0 的区域进一步扩大，随着时间进一步增长，隧道内烟气进一步蔓延，火源两侧烟气基本呈现对称分布。

由图 6.3-8（c）可以看出：火源热释放率为 50 MW、风速为 1 m/s 时，人眼特征高度面上，在 50 s 时火源一侧出现可见度为 0 的区域，说明烟气在火源下游位置处出现下沉；100 s 时低可见度区域逐渐扩大至火源两侧，但呈现不对称的情况；随后，可见度较低的区域进一步扩大并表现出明显的不对称性，在 150 s 时，火灾烟气蔓延至隧道洞口。

由图 6.3-8（d）可以看出：火源功率为 20 MW、环境风速为 1 m/s 时，在人眼特征高度面上，火源附近可见度出现降低的情况，说明火源附近发生了烟气下沉；随着时间的增长，隧道内火源下游可见度较低区域逐渐扩大，并表现出不对称性，在烟气蔓延的末端也出现了可见度降低的情况，但降低幅度小于距火源较近位置，说明烟气蔓延的末端位置烟气下沉小于距火源较近位置。

由图 6.3-8（e）可以看出：火源热释放率为 50 MW、风速为 2 m/s 时，人眼特征高度面上，在 50 s 时可见度较低区域已经蔓延较远，在 100 s 时已经蔓延至隧道洞口；随着时间的增长，隧道下游可见度一直较低，隧道上游可见度不再发生变化。

由图 6.3-8（f）可以看出：火源热释放率为 20 MW、风速为 2 m/s 时，隧道内整体可见度降低速度与 1 m/s 风速情况相近。在此工况下，300 s 时隧道下游洞口处未出现可见度降低的情况，即此时隧道火灾烟气仍未蔓延至隧道洞口位置处。

由图 6.3-8（g）可以看出：火源热释放率为 50 MW、风速为 3 m/s 时，人眼特征高度面上，在 50 s 时可见度较低区域已经接近洞口；100 s 时烟雾蔓延出洞口，随后火源下游可见度一直维持着较小的状态，火灾烟气控制在火源一侧。

由图 6.3-8（h）可以看出：火源热释放率为 20 MW、风速为 3 m/s 时，隧道内可见度降低速度与 2 m/s 风速情况相近。

由图 6.3-8（i）可以看出：火源热释放率为 50 MW、风速为 4 m/s 时，人眼特征高度面上，在 50 s 时可见度大范围降低，可见度降低范围已延伸至洞口，相对于 3 m/s 风速情况进一步扩大。

由图 6.3-8（j）可以看出：火源热释放率为 20 MW、风速为 4 m/s 时，隧道内整体可见度相对于其他风速较小的情况降低幅度较大。火灾烟气蔓延至隧道洞口时间大幅缩短，除 50 s 时烟气末端仍有一定可见度外，隧道下游其余地方可见度均较低，与工况 9 相比，隧道内可见度变化的趋势较为接近。

（3）不同曲线半径工况的对比分析。

结合图 6.3-6~图 6.3-8，对不同曲线半径工况进行对比分析。结果发现：在火源功率为 50 MW 的情况下，隧道内可见度降低幅度随着隧道曲线半径的减小而增大。在火源功率为

20 MW 的情况下，不同曲线半径隧道内可见度降低幅度则表现出不确定性，隧道曲线半径 890 m 的工况可见度降低程度与隧道曲线半径为 800 m 工况相近，但隧道曲线半径为 700 m 时，隧道内可见度降低程度则较小。随着隧道曲线半径的减小，控制隧道内烟气回流所需的最小风速也减小。

参考文献

[1] 崔颖. 寒区长大隧道路面变形病害形成机制与防治措施研究[D]. 石家庄: 石家庄铁道大学, 2022.

[2] 蒋树屏, 林志, 王少飞. 2018 年中国公路隧道发展[J]. 隧道建设（中英文）, 2019, 39（7）: 1217-1220.

[3] 张标东. 汉鄂高速巴家湾隧道路面病害分析与处治方案[J]. 交通世界, 2015（12）: 132-134.

[4] RAN Y H, LI X, CHENG G D. Distribution of Permafrost in China: An Overview of Existing Permafrost Maps[J]. Permafrost and Periglacial Processes, 2012, 23(4): 322-333.

[5] 李长伟, 郭倬宇, 支彬, 等. 寒区隧道防寒设计与研究现状及发展[J]. 市政技术, 2024, 42（7）: 44-53.

[6] 田四明, 王伟, 刘建友, 等. 寒区铁路隧道防寒抗冻关键技术研究与展望[J]. 隧道建设（中英文）, 2024, 44（1）: 21-34.

[7] 夏才初, 张国柱, 曹诗定, 等. 寒区公路隧道防冻保暖技术及其发展趋势[C]//中国公路学会隧道工程分会, 甘肃省交通运输厅. 2009 年全国公路隧道学术会议论文集. 重庆: 重庆大学出版社, 2009.

[8] 胡顺利. 螺旋隧道火灾通风数值模拟研究[D]. 成都: 西南交通大学, 2013.

[9] 陈湘生, 徐志豪, 包小华, 等. 中国隧道建设面临的若干挑战与技术突破[J]. 中国公路学报, 2020, 33（12）: 1-14.

[10] 吕志攀. 高速公路螺旋隧道施工技术的关键要素探讨[J]. 广西城镇建设, 2020（12）: 90-91.

[11] 杨超, 王志伟. 公路隧道通风技术现状及发展趋势[J]. 地下空间与工程学报, 2011, 7（4）: 819-824.

[12] JANG H M, CHEN F. On the determination of the aerodynamic coefficients of highway tunnels[J]. Journal of Wind Engineering and Industrial Aerodynamics, 2002, 90(8): 869-896.

[13] 王书涛. 港珠澳海底隧道通风物理模型试验研究[D]. 西安: 长安大学, 2010.

[14] 王聪. 长大公路隧道纵向通风技术通风效果现场测试研究[D]. 成都: 西南交通大学, 2007.

[15] 王峰. 曲线公路隧道营运通风关键参数研究[D]. 成都: 西南交通大学, 2010.

[16] 陈海峰. 公路隧道火灾通风数值模拟研究[D]. 合肥: 中国科学技术大学, 2009.

[17] OKA Y, ATKINSON G T. Control of smoke flow in tunnel fires[J]. Fire Safety Journal, 1995, 25(4): 305-322.

[18] WU Y, BAKAR M Z A. Control of smoke flow in tunnel fires using longitudinal ventilation systems-a study of the critical velocity[J]. Fire Safety Journal, 2000, 35(4): 363-390.

[19] ROH J S, RYOU H S, KIM D H, et al. Critical velocity and burning rate in pool fire during longitudinal ventilation[J]. Tunnelling and Underground Space Technology, 2007, 22(3): 262-271.

[20] KURIOKA H, OKA Y, SATOH H, et al. Fire properties in near field of square fire source with longitudinal ventilation in tunnels[J]. Fire Safety Journal, 2003, 38(4): 319-340.

[21] YOON S W, RIE D H, KIM H Y. Smoke control of a fire in a tunnel with vertical shaft[J]. Journal of Loss Prevention in the Process Industries, 2009, 22(6): 954-957.

[22] INGASON H, LI Y Z. Model scale tunnel fire tests with longitudinal ventilation[J]. Fire Safety Journal, 2010, 45(6-8): 371-384.

[23] INGASON H, LI Y Z. Model scale tunnel fire tests with point extraction ventilation[J]. Journal of Fire Protection Engineering, 2011, 21(1): 5-36.

[24] FAN C, CHEN J, ZHOU Y, et al. A simple method to improve smoke exhaust effectiveness of a shallow-buried urban tunnel fire with natural ventilation[J]. Combustion Science and Technology, 2021, 193(3): 355-378.

[25] WOODBURN P J, BRITTER R E. CFD simulation of a tunnel fire-Part I [J]. Fire Safety Journal, 1996, 26(1): 35-62.

[26] JOJO-CUNNINGHAM Y, GUO X, ZHOU C, et al. Resolving the Volumetric Flow Field Inside a Cylindrical Water Ladle Model with Gas Stirring[J]. IUTAM Bookseries, 2024, 41: 285-301.

[27] BARI S, NASER J. Simulation of smoke from a burning vehicle and pollution levels caused by traffic jam in a road tunnel[J]. Tunnelling and Underground Space Technology, 2005, 20(3): 281-290.

[28] KUNIKANE Y, KAWABATA N, YAMADA T, et al. Influence of stationary vehicles on backlayering characteristics of fire plume in a large cross section tunnel[J]. JSME International Journal Series B Fluids and Thermal Engineering, 2006, 49(3): 594-600.

[29] MIGOYA E, CRESPO A, GARCI J, et al. A simplified model of fires in road tunnels. Comparison with three-dimensional models and full-scale measurements[J]. Tunnelling and Underground Space Technology, 2009, 24(1): 37-52.

[30] LEE Y P, TSAI K C. Effect of vehicular blockage on critical ventilation velocity and tunnel fire behavior in longitudinally ventilated tunnels[J]. Fire Safety Journal, 2012, 53: 35-42.

[31] GANNOUNI S, MAAD R B. Numerical study of the effect of blockage on critical velocity and backlayering length in longitudinally ventilated tunnel fires[J]. Tunnelling and Underground Space Technology, 2015, 48: 147-155.

[32] BALLESTEROS-TAJADURA R, SANTOLARIA-MORROS C, BLANCO-MARIGORTA E. Influence of the slope in the ventilation semi-transversal system of an urban tunnel[J]. Tunnelling and Underground Space Technology, 2006, 21(1): 21-28.

[33] MERCI B. One-dimensional analysis of the global chimney effect in the case of fire in an inclined tunnel[J]. Fire Safety Journal, 2008, 43(5): 376-389.

[34] CHOW W K, GAO Y, ZHAO J H, et al. Smoke movement in tilted tunnel fires with longitudinal ventilation[J]. Fire Safety Journal, 2015, 75: 14-22.

[35] 胡隆华，霍然，王浩波，等.公路隧道内火灾烟气温度及层化高度分布特征试验[J]. 中国公路学报，2006，19（6）：79-82.

[36] 王彦富，蒋军成，龚延风，等. 隧道火灾拱顶附近烟气最高温度的研究[J]. 中国安全科学学报，2007（10）：39-44.

[37] 杨宇轩，刘畅，仇培云，等. 含坡度隧道车辆阻塞下全尺寸火灾实验[J]. 清华大学学报（自然科学版），2020，60（12）：1030-1038.

[38] 杨其新，阎治国. 秦岭终南山特长公路隧道火灾模型试验研究[J]. 广西交通科技，2003（3）：18-25.

[39] 刘晓阳，李炎锋，李俊梅，等. 纵向通风条件下对隧道内烟气运动影响因素的实验研究[J]. 中国安全生产科学技术，2012，8（4）：24-28.

[40] 王婉娣. 长大公路隧道火灾通风三维数值模拟研究[D]. 成都：西南交通大学，2004.

[41] 张发勇. 双洞长大公路隧道火灾事故通风数值模拟研究[D]. 成都：西南交通大学，2005.

[42] 陈丹丹. 互换式通风公路隧道火灾烟气浓度场的数值模拟和试验研究[D]. 兰州：兰州交通大学，2013.

[43] 余明高，苏冠锋，陈静. 双火源对隧道火灾临界风速影响的数值研究[J]. 火灾科学，2017，26（1）：20-28.

[44] 陈海峰，周德闯，王浩波，等. 隧道坡度对临界风速影响的数值研究[J]. 火灾科学，2009，18（3）：148-153.

[45] 赵望达，李洪. 坡度对隧道火灾影响的数值模拟研究[J]. 消防科学与技术，2009，28（2）：83-86.

[46] 蒋琪. 单洞双向公路隧道火灾通风排烟控制研究[D]. 成都：西南交通大学，2017.

[47] 李俊梅，许鹏，李炎锋，等. 坡度对隧道拱顶烟气最高温度影响的数值模拟与实验研究[J]. 北京工业大学学报，2014，40（5）：707-713.

[48] 彭锦志. 坡度对特长公路隧道火灾烟气蔓延特性影响研究[D]. 长沙：中南大学，2011.

[49] 李炎锋，王红艺，赵明星，等. 有坡度隧道火灾温度场分布规律研究[J]. 消防科学与技术，2016，35（12）：1677-1679.

[50] 黄有波，吕淑然，杨凯. 火源功率与隧道阻塞比对临界风速变化规律影响研究[J]. 中国安全生产科学技术，2015，11（8）：10-15.

[51] 何佳. 小半径曲线隧道火灾事故通风数值模拟研究[D]. 长沙：中南大学，2008.

[52] 张天乐. 高速公路螺旋型小半径曲线隧道线形与照明安全研究[D]. 长沙：长沙理工大学，2009.

[53] 胡顺利. 螺旋隧道火灾通风数值模拟研究[D]. 成都：西南交通大学，2013.

[54] 王峰，董国海，王明年. 曲线隧道火灾烟气控制临界风速的研究[J]. 现代隧道技术，2015，52（5）：84-89.

[55] 韦涛. 螺旋公路隧道火灾数值模拟研究[D]. 成都：西南交通大学，2016.

[56] 芦峰. 曲线型公路隧道火灾烟气控制模拟研究[D]. 哈尔滨：哈尔滨工业大学，2017.

[57] WU Y, BAKAR M Z A. Control of smoke flow in tunnel fires using longitudinal ventilation systems-a study of the critical velocity[J]. Fire Safety Journal, 2000, 35(4): 363-390.

[58] 蒋亚强. 不同排烟条件下通道内火灾烟气的输运特性研究[D]. 合肥：中国科学技术大学，2009.

[59] 潘李伟. 烟气控制条件下狭长空间烟气分层蔓延特性研究[D]. 合肥：中国科学技术大学，2011.

[60] 胡隆华，霍然，王浩波，等. 公路隧道内火灾烟气温度及层化高度分布特征试验[J]. 中国公路学报，2006，19（6）：79-82.

[61] 彭伟. 公路隧道火灾中纵向风对燃烧及烟气流动影响的研究[D]. 合肥：中国科学技术大学，2008.